语 言 病 理 学

林　馨◎主　编
王　枫◎副主编

浙江工商大學出版社
ZHEJIANG GONGSHANG UNIVERSITY PRESS

图书在版编目(CIP)数据

语言病理学 / 林馨主编.—杭州：浙江工商大学出版社，
2010.12 (2020.1 重印)

ISBN 978-7-81140-270-4

Ⅰ．①语… Ⅱ．①林… Ⅲ．①语言病理学–高等学校–
教材 Ⅳ.①H0

中国版本图书馆 CIP 数据核字(2010)第 260500 号

语言病理学

林　馨　主编

责任编辑	王黎明
封面设计	包建辉
责任印制	包建辉
出版发行	浙江工商大学出版社
	(杭州市教工路 198 号　邮政编码 310012)
	(Email：zjgsupress@163.com)
	(网址：http://www.zjgsupress.com)
	电话：0571–88904980,88831806(传真)
排　版	杭州朝曦图文设计有限公司
印　刷	虎彩印艺股份有限公司
开　本	787mm×960mm　1/16
印　张	17
字　数	305 千
版 印 次	2010 年 12 月第 1 版　2020 年 1 月第 4 次印刷
书　号	ISBN 978-7-81140-270-4
定　价	38.00元

编写人员名单

主　　编　林　馨　浙江中医药大学
副 主 编　王　枫　浙江中医药大学
编写人员　王永华　浙江中医药大学
　　　　　林　馨　浙江中医药大学
　　　　　王　枫　浙江中医药大学
　　　　　卢亦鲁　浙江民政康复中心
　　　　　赵乌兰　浙江中医药大学

CONTENTS

目　录

第十三章　吞咽障碍 / 244

前　言

　　语言病理学是多学科交叉的边缘学科，在我国该学科还是一门新兴学科，各高等院校中还没有设立语言病理学专业，而是放在其他相关专业中开设(目前主要在康复专业和听力学专业中开设)，因此没有现成的统一教材。开展该课程的院校一般采用适合自己所属专业的相关教材或自编教材，在一定程度上影响了教学。因此，我们在学院领导的支持下着手编写《语言病理学》教材。

　　本书共分十三章四大部分内容：

　　第一部分由第一、二、三章组成，阐述了语言学相关知识及正常儿童的语言发展，从而为学习者理解掌握各类言语和语言病理表现打下坚实的基础。第二部分由第四、五章组成，阐述了语言障碍的相关内容，包括语言发展迟缓和失语症的概念、病因、分类、典型表现、评估矫正与训练。第三部分由第六、七、八章组成，阐述了言语障碍的相关内容，包括构音障碍、嗓音障碍和口吃的概念、病因、分类、典型表现、评估矫正与训练。第四部分由第九、十、十一、十二、十三章组成，阐述了言语和语言问题表现最为突出的疾病的相关内容，包括弱智儿童的言语和语言障碍、听力障碍儿童的言语和语言障碍、自闭症儿童言语和语言障碍、唇腭裂儿童的言语和语言障碍的概念、病因、分类、典型表现、评估矫正与训练。另外，由于在引起言语、语言障碍的疾病中，常同时伴有吞咽障碍，因此，虽然吞咽功能并不直接参与交流，但也被纳入到语言病理学的研究范畴中。我们在第四部分中对吞咽障碍进行较详细的介绍，供听力学专业、康复专业及从事言语和语言康复工作的人员使用。

　　本书的编写得到了浙江中医药大学听力与言语科学学院院长王永华教授的大力支持和悉心指导，在此表示衷心的感谢。本书在编写的过程中，参考了大量科研成果和相关文献，已在书中一一列出，在此对文献作者表示深深的谢意。限于编写者的水平，书中不当之处在所难免，恳请广大读者提出宝贵意见。

编　者

2013 年 7 月

第一章　绪　论

人类是群居动物,而交流不仅是人类相互传递信息的需要,也是人类的本能。语言病理学(speech-language pathology)就是研究这一信息传递过程出现障碍的原因以及对障碍的预防、评估、矫正与训练的学科。也就是说,语言病理学是研究由不同原因导致交流障碍(communication disorders)的学科。由于它要求研究者掌握神经科学、小儿科学、人体解剖学、耳鼻咽喉科学、精神科学、口腔矫形学、头颈颌面外科及语言学、语音学、声学、心理学、行为学、社交学和教育学等多学科领域的相关知识,因此语言病理学是一门多学科交叉的综合性学科。虽然该学科在发达国家的研究已有半个多世纪的历史,而且近 30 年来,欧美发达国家已相继设立语言病理学专业并建立语言治疗师学校,在相关的临床科室配备了专业的语言病理学医师和治疗师,但在我国语言病理学还是一门新兴学科,各高等院校也还没有设立语言病理学专业。现在活跃于一线工作的绝大多数人员只是通过进修、短期培训或自学等途径获得语言病理学知识的耳鼻喉科医生、教育工作者、言语和语言康复工作者等。

随着人民生活水平的不断提高与医学事业的发展,人们开始关注和重视语言障碍本身以及由此带来的社会及心理问题,而不低的语言障碍发病率更体现出语言病理学研究的重要性。据 1987 年第一次全国残疾人抽样调查结果显示,我国共有残疾人 5164 万人,其中听力语言残疾占 1770 万,14 岁以下聋儿 171 万,7 岁以下聋儿 74 万。2006 第二次全国残疾人普查结果显示,我国残疾人总数 8296 万人,其中听力残疾 2004 万人,占残疾人总数 24.16%;言语残疾 127 万人,占残疾人总数 1.53%;6～14 岁学龄残疾儿童 246 万人,其中听力残疾儿童 11 万人,言语残疾儿童 17 万人。另外,急性脑血管病患者至少有 1/3 以上可导致言语障碍,相当数量的智力低下、脑瘫儿童伴有言语障碍。这些数据足以使我们意识到开展语言病理学研究的迫切性。虽然在听力言语康复方面我们已作出很多成绩,但对非听力障碍原因引起的交流障碍的研究,还有很多问题需要解决。

第一节　概　述

一、语言病理学的概念

　　语言病理学是研究因听功能障碍、言语障碍及语言障碍等导致交流障碍的学科。由于在引起言语、语言障碍的疾病中,常伴有吞咽障碍,因此虽然吞咽功能并不直接参与交流,也被纳入到语言病理学的研究范畴中。虽然这一学科正在我国兴起并发展,但其使用的一些名词、术语却至今仍未能很好地统一。究其原因,一方面,与语言病理学有关的术语多为外来语,由于介绍这些名词、术语的人员的专业不同或受教育(培训)背景的不同,造成了一些术语的解释或定义上的差别。另一方面,在学科发展迅速的今天,一些概念在不断更新,过去所用的名词、术语,有的已被替代,从而使一些名词、术语在不同学科、著作,甚至辞书中的解释都有所不同。针对这种现状,顾瑞教授与于萍教授曾撰文呼吁,为了促进学科发展,为了学术交流并和国际接轨,有必要统一和规范专业用语。首先,学科的名称到底采用什么更合适呢? 于萍教授提出了自己的建议, 语言病理学一词来自英语"speech-language pathology",直译成中文是"言语—语言病理学"。法文名是"pathologie du langage",直译成中文是"语言病理学",于萍教授建议"speech-language pathology"的翻译采用"语言病理学",而非"言语—语言病理学",这一学科也称为"语言病理学"。因为广义来说,言语是语言的口头表达形式,是以语音为代码的语言,是将语言符号转变为声音的过程。因此,言语障碍也可以理解为语言障碍的一种,在已达意的情况下,以简洁为首选,因此不采用"言语—语言病理学"。

　　语言病理学的研究范畴:

　　①对语言功能及其发育的检查和评估。

　　②语言障碍的对策和康复治疗。

　　语言病理学的工作包括:

　　①语言障碍的筛查、评估、解释、认定、诊断、康复和预防。

　　②言语障碍、语言障碍、吞咽障碍患者康复计划的制定与执行,包括训练指导、疗效评估和心理咨询。

　　③交流辅助或替代系统的评估、选择和改进。

④言语技能和效果的提高(如提高言语清晰度,减少方言口音)。

二、中国古代语言病理研究

人类自从有语言以来,就伴随着语言问题的存在,这些问题最早的文字记载可追溯到殷商时代。商朝的统治阶级十分迷信鬼神,他们在祭祀、打猎、出征等时候,都要用龟甲和兽骨来占卜。占卜后,就把当时发生的情况和占卜的结果用文字刻在龟甲、兽骨上,这就是中国最早的文字——甲骨文。迄今为止,已发现了大约15万片有字甲骨,4500多个单字。这些甲骨文所记载的内容极为丰富,涉及到商代社会生活的诸多方面,不仅包括政治、军事、文化、社会习俗等内容,而且涉及天文、历法、医药等科学技术。其中就保留了不少对各种具体疾病的贞问记录,也有涉及到耳、口、牙、喉等发音器官的记载,如"贞:言其有疾?"(《甲骨文合集》13637正)

殷商以后,在各种史书中就有更多关于言语障碍的记载,如战国《楚辞·七谏》云:"言语讷謇兮,又无强辅。"王逸注云:"謇者,难也。难谓之謇,亦谓之謇;口吃谓之,亦谓之謇,其义一也。"《汉书·平帝记》:"每疾一发,害于言语。"指汉平帝在疾病发作时就不能好好说话。西汉《淮南子》:"人大怒破阴,大喜坠阳,薄气发喑,惊怖为狂。"说明情志可以导致"喑"的发生,认识到除外邪以外,精神因素在疾病的发生当中也起重要作用。《魏书·李冲列传》:"冲素性温柔,而一旦暴恚,遂发病荒悸,言语乱错,犹扼腕叫詈,称李彪小人。"说的是李冲平时性情温柔,只是在突然生病的时候,才会言语错乱,骂李彪是个小人。《隋书·诚节传·卢楚传》:"楚少有才学,鲠急口吃,言语涩难。"指卢楚从小就有口吃的毛病,一着急就言语迟钝艰难,说话不流畅。

与史书相比,古代医书中的记载则更为生动详尽,其中对构音器官的解剖、发音机理、言语和语言障碍的表现、病因病机以及检查治疗等方面都有所阐述。

关于构音器官的解剖,如《难经》第四十二难中记载:"……口广二寸半,唇至齿长九分,齿以后至会厌深三寸半,大容五合,舌重十两,长七寸,广二寸半。咽门重十二两,广二寸半……喉咙重十二两,广二寸,长一尺二寸,九节。"这是中国最早有关咽喉、口腔解剖的记载,虽没有现代医学那么清晰准确和科学,但已与近代解剖所知尺寸相近,让人肃然起敬。

《灵枢·肠胃》篇曰:"唇至齿长九分,口广二寸半。齿以后至会厌深三寸半,大容五合。舌重十两,长七寸,广二寸半。咽门重十两,广二寸半,至胃长一尺六寸。"公元前1世纪,托名扁鹊所著的《难经》对喉的解剖有了详细记载,如"喉咙重十二两,广二寸,长一尺二寸,九节"。又有不少咽喉、嗓音病之记载,如"咽干""咽塞""咽嘶""语声不出""声纹""声嘤""语声喑""声喝"。

关于人体发音机理,如《灵枢·忧恚无言》指出:"会厌者,声音之户也;口唇者,声音之扇也;舌者,声音之机也;悬雍垂者,声音之关也;颃颡者,分气之所泄也;横骨者,神气所使,主发舌者也。"会厌,《难经·四十四难》称其为"吸门",意为呼吸之门户。《灵枢集注》:"在咽喉之前,会厌也;在咽喉之上,乃咽、喉交会之处。凡人饮食,则会厌掩其喉咙后而可入于咽。此喉咙之管,故为'声音之户',谓声音之从此而外出也。"《类经》卷二十一:"会厌者,喉间之薄膜也,周围会合,上连悬雍,咽喉食息之道得以不乱者,赖其遮厌,故谓之会厌,能开能阖,声由以出,故谓之户"。《医林改错》更明确指出:"会厌,即舌后之白片,乃遮盖喉门之物也。"颃颡,鼻咽部,为咽上上腭与鼻相通的部位,《医宗金鉴·正骨心法要旨·头面部》:"玉堂在口内上腭,一名上含,其窍即颃颡也。"横骨,相当于舌骨。这段话指出喉咙、口唇、舌、悬雍垂、颃颡、横骨的不同活动与声音的形成有密切关系,是声音形成的主要器官。同时也指出声音的产生和调节与神气密切相关,神气指挥着横骨,横骨为舌所附着。可见,《内经》认为,言语声音的形成,是以神气为根本,舌为主,喉咙、会厌、口唇、悬雍垂、颃颡、横骨为辅的一个构音系统协调运动的结果。

上述的论述虽然与现代医学对发音机制的认识十分接近,但却能看出一个明显的不足,即忽视了言语活动与大脑的联系,强调的是"神气为根本,舌为主"的发音机制,这里的"神明"强调的是为心所主的"神明",言语的表达和理解,是神的具体表现。"心主神明"成为中医学的重要基础理论,为历代多数医家所遵从,并贯彻于整个中医学理论体系。《素问·调经论》:"心藏神。"《素问·灵兰秘典论》曰:"心者,君主之官,神明出焉。"《素问·六节藏象论》云:"心者,生之本,神之变也。"《灵枢·邪客》云:"心者,五脏六腑之大主,精神之所舍也。"神明,指精神、意识、思维等高级中枢神经活动,而《素问·阴阳应象大论》曰:"心主舌","在窍为舌"。故《景岳全书》云:"心为声音之主也。"可见,心所主的"神"在发音过程中起着非常重要的作用,而由于心和舌的关系,故在所有构音器官中舌的功能最为突出,并自古被作为言语的象征。当然中医基本理论强调的是整体观念,在言语的产生机制上除心之外肝、脾、肺、肾这些内脏也都与言语有不同程度的关系,并在言语构成上起着不同的作用。《灵枢·经脉》云:"足厥阴气绝,则筋缩而引卵与舌。"可见,肝与言语的关系主要体现在构音方面。此外,《素问·宣明五气》有"五气所病,肝为语"之说。对此句的解释,《黄帝内经临证切要》指出:"此句指人之说话与肝胆之气疏泄是否正常有关。若肝胆之气条达,则话语适当,语气平和。反之若其气机失调,无论过亢或抑郁,均可使人话语失宜，或喋喋不休，或默然寡语。"可见，肝亦与言语的表达有关。《灵枢·经脉》云："足太阴之脉，是动则病，舌本强，食则呕。""舌本强，食则呕"在临床上多见于中风伴有构音障碍者。《难经·四十难》："肺主声。"虞庶注："肺，金也。金击之有声，故五音皆出于肺也。"肺主声，指肺气鼓动声带而发声。肺气足则声音洪亮，肺气虚则声音低微。肺气壅塞，声音嘶哑，为金实不鸣；肺气大伤，声音嘶哑，为金破不鸣。《景岳全书》云："肺为声音之户也。"临床上，经常可以看到发音障碍的同时兼见气短音微的现象。《景岳全书》云："肾为声音之根也。"《医门补要》："肾为声音之根，肺为声音之户，虚人劳力，损上元气，气海空浮，丹田气不与在上肺气相接，故喉哑难出声。"《景岳全书》："声由气而发，肺病即夺气，此气为声音之户也。肾藏精，精化气，阴虚则无气，此肾为声音之根也。"肺为气之主，脾为气之源，肾为气之根，故肺脾肾三脏亏虚，均可导致声音难出而喑。赵百孝总结了历代医家的论述指出：在发音构音方面，以肺、肾、肝、脾关系最为密切。在词句的理解、组织和表达方面，则以心为主，兼及肾和肝。故《景岳全书》有云："是知声音之病，虽由五脏，而实唯心之神、肺之气、肾之精为之主耳。"但应指出的是，五脏与言语的关系，在不同的疾病中，其作用亦有所侧重。如喉痹、失音之类，多从肺、肾论治，而中风不语、痴呆等所致言语障碍，则多从心、肾、肝、脾论治。

虽然我们知道，掌握并运用语言有赖于一个健全大脑的正常逻辑思维活动，在中医漫长的发展过程中，"心主神明"虽作为正统、主导的理论传于后世，但期间也不乏"脑神论"的出现，只是内容零散。先秦两汉时期，对"脑"与"神"就有较深的认识，如东汉《春秋·元命苞》有"人精在脑。头者，神之所居"的记载。《素问·脉要精微论》云："头者，精明之府"。张仲景《金匮玉函经》亦云："头者，身之元首，人神所注。"《灵枢·本藏》对人的高级精神活动层次还有更深刻的认识："志意者，所以御精神，收魂魄，适寒温，和喜怒者也。"认为志意（精神）对生理功能有重要的调节作用，又有"志意和则精神专直，魂魄不散，悔怒不起，五脏不受邪"。显然，这里的志意（精神、意识）不来源于五脏而应出于脑。隋·杨上善《黄帝内经太素》曰："头为心神所居"，宋·陈无择《三因极一病证方论》曰："头者，诸阳之会……百神所聚。"均点出了脑藏神的本质，但这些阐述均羞报一现，未加深论。明清时期，李时珍提出了"脑为元神之府"。清·王清任提出："灵机记性不在心在脑。"清·程杏轩《医述》提出："脑藏伤，则神志失守。"从理论上明确提出了脑主元神的观点。关于言语与脑的关系，至清·王清任开始有更明确的认识。《医林改错·口眼歪斜辨》曰："舌中原有两管，内通脑气，即气管也，以容气之往来，使舌能转能言。"同时，他还注意到，婴儿随着年龄的增长，脑髓逐渐充实，言语才渐渐成句。曰："小儿初生时，脑未全，囟门软，……舌不言；至周岁，脑渐生，囟门渐长，……舌能言一二字。至三四岁，脑髓满，囟门长全，……言语成句。"总的来说，鉴于文化传统的影响，言语与脑的关系被认识得较晚，而是更多地将言语与五脏，尤其是心联系在一起。近有心主神明与脑主神明之争，亦有心脑共主神明之说。

关于言语和语言障碍的表现，如《素问·诊要经终论》："阳明终者，口目动作，善惊妄言，色黄，其上下经盛，不仁则终矣。"这是对"阳明终"之人的症状描述，意思是说"阳明终"的人，口和眼睛都乱动作，闻木音则惕然而惊，且妄言骂詈而不避亲疏。《伤寒论》312条中指出："少阴病，咽中伤，生疮，不能语言，声不出者……"这是对一个人咽喉部溃疡，声门不利，而难于言语，甚则声音不出情形的描述。关于脑卒中失语早在《内经》中就有记载，以后医家又不断发挥，如《千金方·论杂风状》之"舌强不能言"、《医学正传·中风》之"暴喑"、《证治要诀·中风》之"语涩"、《医学入门·中风》之"呼言不出"、《杂病证治准绳·中风》之"失音不语"等，皆是对其形象的描述。古代还有"瘖痱""风懿""风喑"等记载。

中医对于言语疾患病因病机的认识概括起来大体有这样几种：一是发音器官的问题，包括发音器官本身的疾患和某种疾病引起的发音器官异变，而导致言语异常；二是精神失常引起的言语异常；三是其他一些原因。

发音器官本身疾患或者某种疾病引起发音器官异变而导致言语异常的，《灵枢·忧恚无言》指出："厌小而薄，其开阖利，出气易；其厌大而厚，则开阖难，其气出迟，故重言也。""重言"与口吃相似。这是用由会厌导致"气"的变化来解释言语障碍的发病机理。《灵枢·忧恚无言》又云："人卒然无音者，寒气客于厌，则厌不能发，发不能下，至其开阖不致，故无声。"此为暴瘖，即所谓的"金实不鸣"。如《千金方》云："风寒之气客于中，滞而不能发，故喑不能言。"是说人不能发音是与受了风寒之气有关。古人则认为声哑无音系寒邪客于会厌，会厌开阖不利所致。若肺阴不足，或肺燥津伤，喉失所养，亦可见声音嘶哑或失音，喉干或痛，即所谓"金破不鸣"。此为久瘖，故此《临证指南医案·失音》曰："金实则无声，金破亦无声。"又有《素问·奇病论》中记载："人有生身，九月而喑，此为何也？……胞之络脉绝也。……胞络者，系于肾，少阴之脉，贯肾系舌本，故不能言。……无治也，当十月复。"这就是说，妇女有的怀孕到九个月，因为胎大而使肾脉断绝不通，肾气不能上荣舌根，故舌根僵直，舌调不灵而致失语。不需治疗，可待胎儿足月分娩，胞络复通，肾脉上营，复归能言，此名子瘖。《素问·脉解篇》："内夺而厥，则为瘖痱（痱），此肾虚也。"《汉语大字典》："痱，中风病。"《医学纲目·中风》云："其舌强不语，唇吻不收者，经称为痱病。"据经文"痱之为病也……其言微知……甚则不能言"可知，痱病有言语障碍，即喑。喑（瘖）之义，

《说文·疒部》："不能言也。"《太素·经脉病解》云："瘖,不能言也。"故《素问·脉解篇》有"暗徘(痱)"连词。刘河间释云："内夺而厥,谓肾脉虚弱,其气厥不至舌下,则舌暗不能言,足废不能用,经名暗痱。"《千金药方》谓："风懿者,奄忽不知人,咽中塞,窒窒然,舌强不能言,病在脏腑。"隋·巢元方《诸病源候论》记载更详："风癔候:风邪之气,若先中于阴,病发于五脏者,其状奄忽不知人,喉里噫噫然有声,舌强不能言……风舌强不得语候,脾脉络胃,夹咽,连舌本,散舌下,心之别脉系舌本,今心脾二脏受风邪,故舌强不得语。"提出心肝脾中风可致失语。《医学纲目》:"风暗者,以风冷之气客于中,滞而不能发,故使口噤不能言,与涎塞心肺同候,此以口噤为差耳。""暗痱""风懿""风暗"皆以语言功能障碍为主证,前两者伴有神昏,病在脏腑;而"暗痱"则完全不能言语,"风懿"虽不能言语,但喉里噫噫然有声。《医学纲目》指出:"经云邪搏于阴则为暗,然有二证,一曰舌暗,乃中风舌不转运之类,但舌本不能转运言语,而喉咽音声则如故也。二曰喉暗,乃劳嗽失音之类,任喉中声嘶,而舌本则能转运言语也。"这些说法,无论把病因归于外邪入侵还是内邪作祟,都认为与言语发音器官有关。

精神失常引起的言语异常,此类言语疾患大多不是现代意义上的言语和语言障碍,多为精神失常的伴随症状,医书上有妄言、狂言、谵语、郑声等记载,如《素问·厥论》:"阳明之厥,则癫疾欲走呼,腹满不得卧,面赤而热,妄见而妄言。"所谓阳明,就是发热的意思。发热之极、神志谵妄、幻觉丰富和躁狂骚动,均是古人对于感染中毒性精神病的观察记录。《内经》:"狂始发,少卧不饥……善骂詈,日夜不休。狂言善笑,好歌乐,妄行不休。"张仲景云:"三阳合病,腹满身重,口不仁而面垢,谵语遗尿。"仲景又云:"阳明病,其人多汗,以津液外出,胃中燥,大便必鞕,鞕则谵语。"又云:"阳明病,谵语,有潮热反不能食,胃中必有燥矢。"《伤寒论·辨阳明病脉证并治法》:"夫实则谵语,虚则郑声。郑声者,重语也。"郑声者,语言重复,语声低弱,若断若续的危重症象,多见于疾病晚期,因正气虚衰,精神散乱所致。郑声为心气大虚,《伤寒绪论》卷下治郑声:脉微弱而和,手足温者,用生脉散、人参三白汤;气息短促,脉沉细欲绝者,用附子汤倍人参。《针灸甲乙经·阳厥大惊发狂痫》痫证"目妄见……暗不能言……狂言……"在《诸病源候论·风病诸候·风邪候》有"发则不自觉知,狂或妄言,悲喜无度是也",在《备急千金要方·风癫》对于癫证描述为"或有默默而不声,或复多言而漫说,或歌或哭……"

还有许多其他方面的疾病也可能引起言语上的异常表现。此类言语疾患也不是现代意义上的言语障碍,如《伤寒论》中曰:"摇头言者,里痛也。""胃无谷气,脾濇不通,口急不能言,战而慄也。"在发音器官检查方面,《喉科秘钥》上有这样的描述:

"宜于病人脑后,先点巨烛.再从迎面用镜照看,则光聚,而患处易见",这与目前临床上所使用的常规检查方法如出一辙。

在语言治疗用辅助器方面前人也有绝妙的研究,宋代沈括著《梦溪笔谈》卷十三记载有:"世人以竹木牙骨之类为叫子,置人喉中,吹之能作人言,谓之颡叫子.曾有病暗者,为人所苦,烦冤无以自言.诉讼者试取叫子,令颡之作声如傀儡子,粗能辨其一二,其冤获申……"意思是说:民间用竹木牙骨一类做成叫子,放进喉中用气一吹,能发出人说话的声音,称作"颡叫子"。曾经有个哑巴受人欺辱,有冤无法倾诉。办案人员试用颡叫子放在他口中,发音如同木偶戏一样,大体能够辨出十分一二,他的冤情得到了申述。颡叫子系我国最早的人工喉。

综上所述,我国古代很早就认识到言语和语言疾患的存在,从最早的甲骨文开始就有如"疾音""疾言"等的记载.在历史的长河中,这方面的资料可以从各种史书和医书中看到,但由于受文化传统的影响与科学技术发展的限制,中国古代对言语和语言疾患认识还有不少不够全面不够科学的地方,如:①虽然对发音的机制有一定认识,但重心而轻脑,没有充分认识到大脑对语言发展的重要作用;②对言语和语言疾患的原因认识有偏差,重视生理疾病的影响而忽视心理因素的作用;③论述不够系统,文献资料零散,很多只是其他疾病表现在患者语言上的症状,不是真正意义上的言语障碍。

中国古代结合了中医学的观点对于言语和语言疾患进行了考察,尽管有不足之处,但对于我们今天在进行语言病理研究和临床诊治的时候,仍有很多可以借鉴的地方。因此,发掘我国古代语言病理研究成果,无论在理论和实践上都是有意义的。

三、我国语言病理学发展现状

虽然我国古代书籍上记载了不少有关语言病理研究的理论,近代医学史上也有语言障碍治疗的文献记载,但是,语言病理学作为一门独立的医学专业,直到上世纪 70 年代才正式确立,80 年代才迅速发展。病理语言学的研究有许多分支,且各分支都相对独立地发展。

唇腭裂修复是我国言语康复各个项目中开展最早的一项。中国医学科学院整形外科医院宋儒耀医生是我国最早提倡开展唇腭裂术后语言治疗工作的人。之后华西医科大学口腔学院、山东医科大学口腔系、上海第九人民医院口腔颌面外科、北京医科大学口腔医学院唇腭裂治疗中心和暨南医学院口腔系等都相继开展了唇腭裂修复治疗,中国医学科学院整形外科医院和北京医科大学口腔医学院唇腭裂治疗中心等还很好地开展了术后语言康复训练。

上世纪70年代末,中国科学院心理研究所神经语言学研究专题组对大脑损伤引起的失语和语言障碍的临床分类、不同言语障碍和失语类型与大脑结构的对应关系、汉语失语症特点与测查方法等课题展开了一系列研究。并设计出一套适用于中国人的汉语失语症诊断测验——汉语失语症测查量表。80年代后期开始,失语症的研究与矫治训练工作在全国很多医院得以开展。其中,很多学者致力于汉语失语检查法的研究和推广,这些成果中有将国际上较通用的英语版失语检查法直接翻译成汉语使用,也有国内自行设计的汉语失语检查法;近年来还出现了基于计算机辅助的汉语失语检查法。在失语症的分类研究方面,北京医科大学高素荣将Benson的失语症分类方法引入我国,逐步取代了我国对失语症分类一直沿用的旧二分法。中国康复研究中心又将失语症分类的新二分法引入我国。并且,这两种方法都得到推广使用。同时,在失语症的康复训练方面引进了Schuell的刺激疗法、失语症日常生活交流能力促进法、言语障碍辅助系统的应用等方法,治疗水平已基本与国际水平接轨。

1981年北京友谊医院和中国音乐学院成立了艺术嗓音研究室,还开设了嗓音矫治专科门诊。两家单位工作方向各有侧重,北京友谊医院主要对嗓音异常者进行诊断并采取中西医结合的方法进行矫治;中国音乐学院主要研究的是歌唱行为的生理过程、声学特征和疾病防治。

为帮助那些由于种种原因失去或损伤了喉咙导致变哑的人重新恢复说话能力,上世纪50年代末至70年代初,杨仁中和他的“中国人工喉”科学实验小组创造了一个奇迹。他们发明的人工喉具有世界领先水平,从而也使杨仁中成为我国第一个发明人工喉的人。北京同仁医院李春福多年来也一直热心于无喉言语康复工作,在他的积极倡导下,于1987年4月在北京成立了中国残疾人康复协会无喉者康复研究会。虽然如此,但能够接受食道发音训练的人数占无喉者总人数的比例仍很低。

1982年,第一个口吃矫治培训班由张景辉在上海开办。从那以后,口腔矫治的发展经历了三个阶段:一是上个世纪80年代到90年代初的形成阶段,二是90年代中期到2000年的初步发展阶段,三是2000年到目前的发展阶段。现在在口吃矫正方面出现了很多新的研究方向和方法的探讨,形成了矫正口吃的新思路。1979年,邓元诚在北京市耳鼻喉科研究所创立了我国第一家听力康复门诊,为患者测试听力、选配合适的助听器,指导家长对孩子进行康复训练。1983年,在此基础上中华聋儿听觉语言康复中心即现在的中国聋儿康复研究中心成立,开展了有关聋儿的医疗、教育和科研等工作。1988年，国务院同意将聋儿听力语言训练作为1988~1992年进行的三项康复工作之一。为此，教育、医疗和民政部门兴办了大量不同类型的聋儿听力语言训练机构，也出现了一些私立的聋儿康复中心，其中人员素质最高和条件设备最好的单位为中国聋儿康复研究中心。各类康复机构多年来为大量聋儿提供服务，但仍难以满足实际需要。经过20多年的发展，中国聋儿康复研究中心已成为全国聋儿康复工作的技术资源中心和行业管理部门。除承担全国聋儿康复协调组办公室的日常工作外，同时面向全国开展耳聋预防、听力筛查、助听器选配、聋儿听力语言训练、专业人员培训、新设备开发、教具学具研制、咨询服务、康复技术与方法的研究、收集和分析助听器质量信息、助听器质量状况研究等工作，为质量技术监督部门开展助听器质量监控提供咨询和建议。

20世纪80年代末开始，北京儿童保健研究所、首都儿科研究所、中国康复研究中心和中央教育研究所等单位陆续对弱智、脑瘫和失语症等残疾儿童的语言障碍问题开展了研究与矫治训练工作。1986年10月，经过中国科学院心理研究所茅于燕教授等人的艰苦努力，创办了针对弱智儿童进行教育训练的机构——北京新运弱智儿童养育院。20世纪80年代初，南京儿童心理卫生研究中心的陶国泰开始着手研究儿童孤独症问题，此后北医大精神卫生研究所的杨小林也开始研究儿童孤独症的问题，除此之外，国内还有一些精神病院的儿科也开展了儿童孤独症的研究和治疗工作。1993年3月，作为北京孤独症患儿家长的田惠平创建了我国第一家为孤独症儿童及其家庭提供服务的民办教育机构——北京星星雨教育研究所，填补了中国针对孤独症的特殊教育领域的一片空白。1993年，当星星雨成立的时候，中国仅仅有3名权威医生诊断过孤独症。"星星雨"的创办者们开始了他们艰难的探索之旅，他们致力于开发出一套针对孤独症儿童及其家庭的积极有效的服务模式。通过不断地寻求孤独症的相关信息及其教育方法，"星星雨"开发出了目前正在使用的训练模式，即以应用行为分析法(ABA)为理论基础，通过行为矫正的教育方式。"星星雨"培养出的第一批ABA教师，从1993年开始已为近6000个孤独症儿童及其家庭提供过服务。"星星雨"还开发出了一套家长训练模式。现在针对孤独症患者的教育训练机构已如雨后春笋般在全国各地建立起来，虽然这些机构的从业人员的专业水平并不很高，但毕竟给予孤独症患者及其家属很大的帮助。

在研究和矫治工作开展的同时，对于从业人员的专业培训也同步开展起来。20世纪80年代末开始，一些中等师范学校和高等院校师范大学分别设立特殊教育专业。1981年，黑龙江省首先在肇东师范学校创立四年制特师班；1982年，全国第一所中等特殊教育师范学校——南京特殊教育师范学校在国家教育部和联合国儿童基金会的支持和协助下成立;1985年,山东省昌乐师范学校更名为山东省昌乐特殊教育师范学校;1986年,辽宁营口特殊教育师范学校成立;1987年,河南省特殊教育师范学校招生;1989年,河北省创立了河北邯郸特殊教育师范学校。另外,还有一些省市在普通师范学校和特殊教育学校里设立特师部或特教师资培训中心。到1993年,全国共建成24所中等特教师范学校和特教师资培训部(中心)。随着我国特殊教育事业的发展,对高层次特殊教育教师的需求越来越迫切,国家先后在北京师范大学(1986)、华东师范大学(1988)、华中师范大学(1990)、西南师范大学(1993)、陕西师范大学(1993)、重庆师范学院(1993)等建立了特殊教育学专业。1997年,华东师范大学成立学前教育与特殊教育学院,建立了特殊教育学系,并开设了特殊教育学博士学位点。至此,中国的特殊教育形成了中师、大专、专升本、学士、硕士、博士等多层次的教师培养与培训体系。另外,全国高等教育自学委员会办公室已经决定,自2000年开始,开设特殊教育专业(专科)考试。高等教育自学考试特殊教育专业主要培养达到高等师范专科教育专业学历水平的特殊教育教师和其他从事残疾人相关工作的人员。

1996年10月由首都医科大学、北京同仁医院、北京市耳鼻喉科研究所主办,中国聋儿康复研究中心协办的中澳听力学教育计划正式实施。中国康复研究中心自1991年起开始每年举办1期以语言治疗为主的听力语言康复培训班,至今已举办15期,同时举办了4期语言障碍专题研讨班,2005年还举办了全国性的言语康复进展班和吞咽障碍康复学习班。1998年7月,中国残疾人联合会与北京联合大学创办北京听力语言康复技术学院,培养具有本、专科学历和职业岗位技术证书的听力语言训练教师。2001年浙江中医药大学在全国率先申报了听力学专业(本科),2002年成为全国首家目录外听力学本科专业,2006年升格为听力与言语科学学院,培养具有本科学历的从事耳聋预防、听力言语康复、教学、科研及助听、听力设备的研发推广工作能力的专业人才。为进一步提高言语康复人员的层次和水平,自2003年起,中国康复研究中心开始招收言语病理方面的硕士研究生。2009年,首都医科大学与温州医学院就听力医学师资培训班暨教学合作签订协议,这标志着温州医学院全国首个五年制临床医学专业听力医学正式启动。

虽然这一切都促进了语言障碍的研究和矫治工作的发展,但遗憾的是,至今在高等院校中还没有设立语言病理学专业。听力学专业毕业生主要从事聋儿语言训练,由于其他类型语言障碍的课程欠缺,听力学专业毕业生很难直接从事其他语言障碍的治疗工作。所以相对于社会实际需求来说,专业从事语言病理学的人才仍非常匮乏。据1990年10月廖鸿石教授撰写的《对我国几种康复医学专业人才需求量的预测》一文估计,按 11 亿人口为标准,我国应有 5.5 万名专业语言治疗师,但目前尚不足这个数字的十分之一。现阶段,我国多采取举办培训班的方式来满足社会需求,但也应看到语言治疗除涉及医学课程外还涉及语音学、语言学、声学、心理学、社会学等诸多学科,短训班所教的知识是有局限的。在我国,学龄残疾儿童接受特殊教育服务率为 4.53%,学龄特殊需要儿童接受特殊教育服务率不到 2%。种种现状表明,中国的特殊教育只是刚刚起步,21 世纪的中国特教工作者任重而道远。随着人民生活水平的不断提高,社会对特殊教育专业毕业生的需求量持续上升,这也是社会经济发展的必然趋势。

因此,李胜利在第三届中日康复医学学术研讨会上指出我国目前存在的主要问题:(1)言语语言病理学家(speech-language pathologist,SLP)严重不足;(2)缺少语言治疗专业的大学教育水平;(3)语言治疗人员兼职现象;(4)缺少语言治疗专业相关的杂志;(5)没有语言治疗专业协会。并对此提出了 5 点建议:(1)尽快建立全国性的语言治疗专业委员会,举办规范性的全国性学术活动;(2)继续举办全国或地区性培训班;(3)提高语言治疗人员的水平,争取在医学院校开办语言治疗大学教育和研究生班;(4)尽快建立语言治疗的资格认证和考核制度;(5)尽快创立全国性语言治疗杂志。

四、语言病理学与临床医学的相互促进作用

随着社会的进步,人民群众生活水平的提高及医学事业的迅速发展,人们开始追求生活的质量。为了适应社会的这种需求,越来越多的临床医务工作者开始关注言语和语言障碍以及由此带来的社会、心理问题。从而促进了语言病理学医师及治疗师与耳鼻咽喉科医师、神经科医师、儿科医师等临床医生的密切合作,这样的合作起到很好地相互促进作用。于萍曾撰文将语言病理学与临床医学的相互促进作用归纳为四个方面:

(一)耳鼻咽喉科学方面

语言病理学工作的开展起到的作用有:①推动了喉癌功能外科手术的开展。改变了传统的手术模式和观念,从过去为追求彻底切除肿瘤(保证生存率)而施行的喉全切除术,发展为既达到肿瘤切除的安全性、又最大限度地保留喉功能的喉部分次全切除术。由于这些手术产生了术后误吸(误咽)和发声功能的问题,尤其是误吸导致的严重肺部感染,限制了喉癌喉功能手术的开展。语言病理学医师和治疗师的出现,保证了术后的安全性。通过术后的康复训练和功能评估,达到了恢复或改善喉的呼吸、吞咽保护和发声功能。②推动了儿童听功能障碍言语的康复治疗。随着

科技的进步,开发出了数字化的助听器和人工耳蜗,尤其是人工耳蜗的临床应用,使感音性聋的治疗成为可能,同时也产生了儿童人工耳蜗植入后的言语康复训练的问题。语言病理学医师和治疗师的参与,使人工耳蜗植入后言语的康复训练得到保证。③推动了嗓音医学的发展。对声带功能解剖结构和嗓音障碍产生机制研究的深入,改变了嗓音疾病的治疗模式,提出了发声训练的概念,把过去以切除病变为重点的喉外科手术发展为以保护和改善发声功能为目的的嗓音外科手术。现代嗓音医学的进步体现在:嗓音疾病的治疗是喉外科医师、语言病理学医师和嗓音治疗师共同合作完成的工作。

(二)儿科学方面

语言病理学工作的开展推动了儿童言语、语言发育和发展的研究,促进了对儿童言语、语言障碍病因的认识和发生机制的研究,建立了儿童语言障碍评估系统、治疗体系和康复训练措施。近几年关于儿童自闭症、儿童语言障碍、儿童学习困难等方面的研究论文逐渐增多。

(三)神经内科学方面

中枢神经系统疾病和脑血管疾病导致的言语障碍、语言障碍和吞咽障碍,严重影响到患者的生存质量。语言病理学医师和治疗师的参与,一方面,促进了脑损伤患者语言功能的改善和恢复;另一方面,通过康复训练和功能评估,很大程度上减少了因误吸而采取的胃造瘘手术或喉全切除术的机率。

(四)口腔颌面外科学方面

对腭裂患者的语音矫治,取得了有成效的结果。腭裂音质是腭裂患者因其先天畸形而形成的自成体系的异常语音现象。由于存在发声异常和发音异常,影响到患者言语的清晰度,出现不同程度的交流障碍。因为腭裂音质的产生是患者解剖结构缺陷和功能障碍两方面导致的,所以,腭裂修复术只是进行言语治疗和训练的基础,只有早期进行语音矫治才能恢复正常的语音。语言病理学工作的开展极大地促进了器质性发音障碍患者的言语矫治。

显而易见,语言病理学工作的开展在推动喉癌功能外科手术的开展、听障儿童语言康复治疗的实施、嗓音医学的发展、儿童言语和语言发育和发展的研究、脑损伤患者语言功能的改善和恢复、器质性发音障碍患者的言语矫治的同时,自身也得到了认可和发展。

第二节　语言与言语

在 19 世纪初,语言学开始将语言和言语确定为两个彼此不同而又紧密联系的概念,把语言和言语的概念区分开的是瑞士语言学家索绪尔(1857—1913)。索绪尔是现代语言学理论的奠基者,他在《普通语言学教程》中第一个将语言和言语的概念区分开。从而也就界定了语言学研究的主要对象和基本范围,同时也为后来的语言学及其各个相关和分支学科的研究奠定了基础。

自从索绪尔的《普通语言学教程》被引入我国后,关于语言和言语的内涵以及他们的关系在国内学界一直是争论不休的话题。上世纪 50 年代末到 60 年代初曾开展过一场关于"语言和言语的大讨论",当时许多著名学者对"语言"内涵有比较统一的认识,而对"言语"的含义却存在不同理解。

(一)语言

语言是什么?虽然关于语言的内涵在我国语言学界基本上已达成共识,但目前还没有一个关于语言的标准定义。许多学者都从不同角度揭示语言的特征,其中最重要的关于语言的特征有两个方面:一是语言是人类社会最重要的交际和思维的工具;二是语言是一种符号系统。

就社会属性看,语言不但是人类交际的工具,而且是各种交际工具中最重要的一种。语言和人类社会一起诞生,并随着社会的发展而发展,语言是组成社会的一个不可缺少的因素,人与人之间的联系要靠语言来维持,没有语言,人与人之间的联系就会中断,社会就无法进行生产活动,就会解体。当然,除语言之外,人类用以交际的工具还有诸如手势、表情、动作、电码、旗语、图画等,但语言使用的轻便性、负载信息的无限性、表意传情的精细性,使它与诸多其他交际工具相比较时占有绝对的优势,而且人类除语言以外的各种交际工具,都是在语言的基础上产生的,是辅助语言进行交际的,没有语言,这些手段的存在没有任何意义。因此,语言当之无愧地成为人类社会最重要的交际工具。另一方面, 语言同时也是人类的思维工具,因为思维活动必须以一种物质形式作为依托,最方便、灵活的依托就是语言。没有任何依托的思维是不存在的。因此, 思维活动的过程不可能离开语言而单独进行,思维离不开语言,语言也离不开思维,二者是互相依存,共同发展的。

语言的社会交际工具性决定了它的全民性, 语言对于社会全体成员来说是统一的、共同的,无论是高官、富人还是平民、穷人,语言都一视同仁地为整个社会服务。每个社会成员都可以利用语言传达信息,交流思想,协调行为,组织生产。同时,每个社会成员又都必须遵守社会的语言习惯。语言与社会相互依存,一种语言如果离开了社会,就失去了存在的基础;一个社会如果离开了语言,就失去了发展的可能。

就自然属性看,语言是一种符号系统。所谓符号,就是一个社会全体成员共同约定用来表示某种意义的记号。它包括了形式和意义两个要素,二者缺一不可。语言也是一种符号,因为它也能代表或指称现象,也有形式和意义两个方面,它的形式和意义的结合也完全由社会"约定俗成",共同遵守的。语言符号是用声音形式标记事物或思想的。"音"是语言符号的物质,"义"是语言符号的内容,只有音和义相结合才能指称现实现象,构成语言的符号,所以说语言符号是由音、义相结合的统一体。语言的各种要素和单位,形成一个有机的系统,在这个系统中它们相互对立、相互联系、相互制约。语音、词汇、语法是语言系统的三要素,其中语法结构和基本词汇决定了一种语言的基本面貌。

(二)言语

什么是言语?目前语言界虽然普遍认同"言语"与语言的运用或使用有关,但对"言语"的含义仍存在不同理解和界定。上世纪50年代末到60年代初的相关学术争论对"言语"概念的理解有三种代表性意见:(1)言语指言语动作;(2)言语指言语作品;(3)言语的表达方式。在2002年10月武汉召开的首届"言语与言语学国际学术研讨会"上,学者们对"言语"概念的界定仍不尽相同,主要体现在对"言语"概念所涉及范围的理解不同,归结起来也有三种意见:(1)被称为"言语作品论",以杨合鸣为代表的学者认为"言语"是利用语言规则而生成的一切作品;(2)被称为"言语活动论",以范晓为代表的学者认为"言语"是运用语言进行交际的行为和活动,言语的结果或产物则是"话语";(3)还有一部分学者则将"作品论"和"活动论"合而为一,如郭龙生、贾宝书等学者认为"言语"即"言语的使用",是现实生活中人们对语言的具体运用,它既包括言语使用的具体过程,言语活动中的一切因素,也包括言语使用的实际结果及言语作品。

虽然对于"言语"的理解和界定还存在三种主要的不同意见,但在语言学界大部分学者还是倾向于认同语言的"一分为二"的观点,如刘叔新认为言语包括言语活动过程和言语活动结果(言语作品)两部分。聂志平也不同意只用"言语"专指动作行为意义,而把"话语"的意义排除在外的观点。因此近30年来几乎所有的语言学概论教材中都把对语言的运用及其成果称为言语。都采用"言语是说(写)和所说(所写)"的定义。

因此,正如岑运强(1994)认为的那样,言语有两个含义:其一,言语就是讲话(包括写作),是一种行为动作;其二,言语就是所讲的话(包括所写的话),是行为动作的结果。概括起来言语就是个人讲话(写作)的行为与结果。

在"言语"概念的理解上,不同专业背景的人着眼点往往有所不同。在从事语言病理学及语言治疗学方面工作的专家学者观念中,似乎更关注言语的"有声言语"方面的含义,如李胜利在《语言治疗学》教材中对言语的定义:言语是音声语言(口语)形成的机械过程。咎飞等在《言语语言病理学》教材中对言语的定义:言语即说话。一般来说,言语是指发声器官的运动,有时又称口语。正确的言语包括正确的发声、构音及合乎文法规则的言词。于萍在"语言病理学概述"一文中对言语的定义:言语是人们经口发声表达思维活动和意愿的语言实践。通俗地讲,言语就是说话,即口头说出的语言,是语言表达形式中最常用的一种方式。

(三)语言与言语的联系与区别

一直以来,关于语言和言语的关系存在不同的说法,有的认为语言和言语是抽象与具体的关系;有的认为语言和言语是一般与个别的关系;还有的认为语言和言语是工具与工具运用的关系。虽然从某种角度来说这几种说法都有一定的道理,但相对来说,工具与工具运用的关系更加符合索绪尔原意。索绪尔在《普通语言学教程》中曾多次提到语言与言语的工具与工具运用的关系,如"为了使语言在言语活动中占首要地位,我们最后还可以提出这样的论据:人们说话的机能——不管是天赋的或非天赋的——只有借助于集体所创造和提供的工具才能运用,所以说语言使言语活动成为统一体。""语言和言语是互相依存的,语言既是言语的工具,又是言语的产物。"我国的一些著名语言学家如岑运强(1994)、聂志平(2003)、鲍贵(2005)等都认为语言和言语的关系是工具与工具运用的关系,而且这种关系已被越来越多的学者所认同。

语言学界认为语言和言语之间的关系:一方面有着本质的区别;另一方面又相互依赖,有着紧密的联系。

语言与言语之间的区别可以总结为以下三点:

第一,语言是稳固的,具有相对的静止状态;言语是临时的,具有运动状态。因为语言是个系统,是从全社会整个民族的言语中约定俗成提炼出来作为社会共有的交际工具,而言语是人们运用这个工具进行交际的过程和结果,是自由结合的。

第二,语言是社会的,言语同时还是个人的。因为语言是社会共有的交际工具,因而社会因素是它的本质因素;而言语是人们运用这个工具说(写)的过程和结果,因此,除了具有社会的因素外,还具有个人的因素。

第三,语言是有限的,言语是无限的。因为语言系统的各个结构成分是有限的,但我们每个人用它们说出的句子是无限的。

语言和言语的区别是明显的,语言和言语的联系也是紧密的,这在索绪尔的《普通语言学教程》就有明确论述,国内岑运强等学者也有明确的阐述,邢福义在《语言学概论》中更是简洁明了地将两者的联系总结为以下两点:

第一,语言来自言语,依存于言语,语言是从具体的言语活动和言语作品中抽象概括出来的。

第二,语言制约着言语,指导人们进行言语实践,语言系统一旦形成就成为人们进行言语交际的依据。

第三节 语言病理学的研究领域

语言病理学的研究领域包括言语障碍、语言障碍、听功能障碍的言语和语言问题、儿童学习障碍及吞咽障碍。严格地讲,听功能障碍的言语和语言问题及儿童学习障碍应属于言语障碍和语言障碍的范畴,但由于这两类障碍的临床表现和发生机制相对独立,通常将这两类障碍分别介绍。

一、言语障碍

言语障碍是指口头语言的产生及运用出现了异常,包括发声、发音及言语节律性的障碍。因此,根据障碍发生的原因,言语障碍分为发声(嗓音)障碍、发音(构音)障碍及语流障碍(口吃)。

(一)发声障碍或嗓音障碍(voice disorders)

是指由于发声器官(呼吸器官、声带振动和共鸣器官)的功能不协调或声带的器质性病变,致使嗓音的音量、音调、音质、声音持续时间等声音基本特征方面出现异常。导致嗓音障碍的原因多种多样,分类也尚无统一标准,一般是根据病变性质进行分类,目前一般分为功能性和器质性嗓音障碍两类。

功能性嗓音障碍的发声系统无器质性变化,指主要由于嗓音的滥用、误用或失用等引起嗓音的音调、响度、音质异常的一类嗓音障碍。虽然这一类嗓音障碍开始时并无发声器官的器质性改变,但如果不当的发声行为长期存在,就会导致声带黏膜受损,而出现各种声带的病变;器质性嗓音障碍的原因较复杂,可以是由各种疾病、外伤、先天性病变等原因导致的声带及与声带相关的肌肉组织出现形态和组织病理结构的改变而引起,常见的如声带小结、喉返神经损伤、声带肿瘤术后、声带表皮样囊肿等。此外,一些嗓音疾病同时存在有功能性和器质性原因,如痉挛性发声障碍、变声期嗓音障碍。

(二)发音障碍(articulation disorders)

又称构音障碍或构音异常,是指由舌、软腭、唇、咽等发音器官结构异常或构音器官在构音的过程中,构音部位发生错误或呼出的气流方向、压力或速度不准确,甚至整个构音动作不协调,以致语音发生错误的现象。根据病因可分为器质性发音障碍、运动性发音障碍和功能性发音障碍。

器质性发音障碍 由于构音器官形态结构异常所致的构音障碍。造成构音器官形态异常的原因有:先天性唇腭裂、先天性面裂、巨舌症、齿列咬合异常、外伤致构音器官形态及机能损伤、先天性腭咽闭合不全等。器质性构音障碍的代表是腭裂。

运动性发音障碍 由于参与发音的诸器官(肺、声带、软腭、舌、下颌、口唇)的肌肉系统及神经系统疾病所致的运动功能障碍,即言语产生有关肌肉的麻痹,收缩力减弱和运动不协调所致的言语障碍。运动性发音障碍可分为:痉挛型发音障碍、弛缓型发音障碍、运动失调型发音障碍、运动过强型发音障碍、运动过弱型发音障碍、混合型发音障碍六种。

功能性发音障碍 指错误构音呈固定状态,但找不到作为构音障碍的原因,即:构音器官无形态异常及功能异常,且有正常范围的听力水平,并且语言发育已达到4岁以上的水平,即构音已固定化。功能性构音障碍原因目前尚不十分清楚,可能与语音的听觉接受、辨别、认知因素、获得构音动作技能的运动因素、语言发育的某些因素有关。根据日本听力言语学会的规定,功能性发音障碍的诊断必须满足以下条件:①发音器官的形态及运动功能无异常;②有正常范围的听力;③言语发育达4岁水平以上;④发音错误呈固定状态(症状持续半年以上)。大多病例通过发音训练可以完全治愈。

(三)口吃(stuttering)

即言语流畅性障碍,表现为音节或词语不应有的重复、语音不适当的拖长、有发音动作而发不出声、不适当停顿、堵塞等。人们说话时,语言成分是依次说出的,依次说出的话称为语流。语流有一定的速度、停顿、轻重、音节的长短等变化,这些因素构成了语流的节律,节律正确的语流是流畅的。语流的节律在言语过程中很重要,节律运用不当会妨碍言语交流,而节律运用得好有助于表达。世界卫生组织对口吃的定义:口吃是一种言语节律障碍,表现为在说话过程中口吃者明确知道自己希望说什么，但常由于不随意的发音重复、延长或停顿，在表达时产生困难。口吃是一种非常复杂的言语异常，发生机制尚不清楚。

二、语言障碍

语言障碍是一个人不能表现出与预期正常标准相当的语言学知识系统的状态。1977 年，美国口语—语言—听力学会对语言障碍定义为："语言障碍是个体在语言系统的知识上未能与预期的常模相称的情形。"语言障碍应该与由语言(语系、民族、方言)不同和文化差异而导致的交流困难相区别。语言障碍的表现复杂，对于语言障碍的个体，通常在语言的多个领域都会存在问题，因此，语言障碍的分类非常复杂。根据发生的时期(阶段)语言障碍可分为，发生在语言获得过程中的儿童语言发育迟缓和发生在语言获得后的失语症。

(一)儿童语言发育迟缓(language retardation)

是指处于语言发展期间的儿童因为各种原因所致在预期的时期内不能与正常儿童同样用语言符号进行语言理解与表达，与他人的日常生活语言交流也不能像正常儿童那样进行。儿童语言发育迟缓是儿童语言障碍中发生频率最高的一类。导致儿童语言发育迟缓的原因很多，主要有智力发育迟缓、孤独症、语言环境的脱离等，以智力发育迟缓所占的比例最大，是儿童语言发育迟缓的主要原因。

智力发育迟缓，指的是智力明显低于正常人水平(智商低于 70)，并显示出适应行为的障碍。弱智即智力残疾、智能缺陷、智能不足、智力落后、精神发育不全、精神幼稚症、智力薄弱等。智力发育迟缓儿童在言语和语言方面都可表现出一定的障碍，前者主要表现为构音(发音)问题、声调错误、语流障碍、嗓音障碍；后者可在词汇、语法、语用、非言语交际手段理解和运用各层次都表现出问题，这些问题的严重程度与智力受损程度成正相关，除此以外还和环境因素、生理因素、心理因素有关。

自闭症(autism，亦称孤独症)是由堪纳(Kanner)在 1943 年发现并命名的，世界卫生组织的定义为：自闭症症状通常皆在出生至出生后 30 个月内出现，是一种症候群。这类儿童对听觉的刺激反应异常，对别人说话的理解有困难，语言发展迟缓，语言表达方面常有无意义的语言模仿的现象，文法构造不成熟，不会使用反身代词，不会使用抽象的语言等。美国《精神疾病诊断与统计手册》(DSM-Ⅲ DSM-Ⅳ)将自闭症看作是儿童 3 岁之前发生的以社会交往障碍、言语交流障碍、兴趣狭窄行为刻板三类障碍为主要症状的一种广泛性发育障碍。目前比较一致的看法是，3 岁前即有所表现的社交能力和重复性的刻板行为以及语言沟通能力欠缺是自闭症儿童的定义性特征。自闭症儿童由于病情轻重程度不同其表现也有很大差异,多数患儿表现为语言发育迟缓,也有部分表现为语言形式和语音运用方面的异常,多伴有不同程度的智力低下。病因目前尚不清楚,可能与遗传因素、脑器质性因素、神经生化因素、孕产期病变、感染及免疫等因素有关。目前多数学者认为儿童孤独症是终身性疾病,需要长期训练。早期诊断并给予早期教育训练会比年长后再进行干预效果要好。治疗目标是教会患者有用的社会技能,为今后个人独立生存打好基础。

(二)失语症(aphasia)

指由于脑部器质性损伤,导致大脑语言及相关区域(语言中枢)受到损伤,而造成原语言功能受损或者丧失、缺失的一种语言障碍综合征,包括对语言的感受、表达等某一方面或几方面的功能障碍。即,由于大脑语言中枢受到损害,而可能使个体的听、读、说、写都出现不同程度的障碍,属于后天性的语言功能障碍,主要病因有:脑血管疾病、脑外伤、脑肿瘤、脑炎等。失语症的各种症状错综复杂,每个患者的失语症表现与其脑损伤部位、范围、病因、病前语言情况、言语习惯等因素有关,也与患者的年龄、智力、文化程度等因素有关。

三、听障儿童的言语和语言障碍

听力障碍儿童是指在婴幼儿期因先天因素或在幼儿期因后天因素所导致的听力下降且经治疗不能恢复正常听力的个体。我们知道听觉的主要功能是听清楚并听懂言语,进而学会用言语表达意愿,达到沟通、交流和学习的目的。在正常的情况下,婴儿出生后,受到声信号的刺激,经过听力系统传至听觉中枢,再传至语言中枢,这种联系经过无数次的反复积累和巩固,才能较为有效地刺激脑语言中枢使之完善。一旦听力受到损害,听觉神经就无法得到经常性反复的有效刺激,长期缺乏有效的刺激将导致大脑皮层听觉中枢和语言中枢发育迟滞。另外,长期不使用会导致发音器官僵化和构音器官功能蜕化,使发声过程中的呼吸掌握、嗓音言语声的音调音强、共鸣腔的协调作用、抑扬顿挫韵律都受到极大的影响,很难保持正常的音色及韵律。从语言治疗学的观点出发,获得语言之前和获得语言之后的听力障碍对语言发育的影响完全不同,发生在获得语言之前或语言发展阶段的中度以上听力障碍,会使获得语言产生困难。因此在处置上,不仅需要听力通道的有效补偿,还要进行促进语言获得的训练;而获得语言之后的听力障碍处置仅仅是听力的补偿问题。当然听力障碍导致的语言问题还与听力损失发生的年龄、言语康复开展情况、儿童智力发育情况、所处的语言环境、家庭教育和重视程度、日常交流的方式等有关系。听障儿童的语言异常主要表现在声音异常、构音异常、语言发育迟缓三个方面。

四、儿童学习障碍

我国目前对学习障碍的定义是："是一组异质性综合征，指智力正常儿童在阅读、书写、拼字、表达、计算等方面的基本心理过程存在一种或一种以上的特殊性障碍。这类儿童不存在感觉器官和运动能力的缺陷，学习障碍亦非原发性情绪障碍或教育剥夺所致。"

我国对于学习障碍的研究历史并不长，真正将学习障碍的儿童作为专门的教育研究对象是从 20 世纪 80 年代初期开始的。

学习障碍的成因及机制异常复杂，它的分类方式也有很多。布雷克将学习障碍分为心理历程问题和语言问题，心理历程问题指的是个体在智力运作和抑制功能上遇到困难，语言问题是指在听、说、读、写、算中的一项或多项出现问题。

柯克和葛拉格认为学习障碍通常包括发展性学习障碍与学业性学习障碍，这两个主要类别之下，又分别细分成若干类型。前者主要表现为：注意力缺陷、知觉缺陷、视动协调能力缺陷、记忆力缺陷、动作技能异常、沟通异常（语言表达异常）等。后者主要表现为：阅读障碍、书写障碍、数学障碍等。

美国精神病学会出版的《精神障碍诊断与统计手册第四版》(DSM-Ⅳ)将儿童学习障碍主要分为阅读障碍、计算障碍、书写障碍和不能特定的学习障碍。全美学习障碍协会和美国神经心理学家 Myklebust 则将学习障碍分为言语型和非言语型学习障碍。

后来，研究者们认为学习障碍既涉及认知发展的落后，也涉及社会性发展方面的障碍。因此，学习障碍可以划分为三种类型。第一类为神经心理与发展障碍，包括生物与遗传障碍、知觉与动作障碍、视觉障碍、听觉障碍、记忆障碍和注意力障碍；第二类为学科与成就障碍，包括语言与阅读障碍、写作阅读障碍、写作障碍、逻辑思维障碍和执行功能障碍；第三类为社会障碍，包括低自我概念、反抗行为、动机低下和兴趣不足。当前，我国对学习障碍的研究，一方面着眼于研究学习障碍儿童的成因及认知特征，另一方面在对学习障碍学生的安置和对学习障碍行为的干预等实际问题上，开展了一些实证研究。

综上所述，正常的语言能力发展与生理、心理和环境条件有密切关系。从生理、心理方面来讲，正常的语言能力有赖于正常的大脑、听觉器官和发音器官。交际的过程的核心是语言符号与其所代表的意义的转换。说话人要把意义转换成声音（语言符号),听话人要把声音(语言符号)转换成意义。这种转换过程主要由大脑来完成。如果大脑的语言中枢受损,语言能力就不能得到很好的发展。在交流过程中听觉器官是接收语音符号的装置,而在儿童语言学习过程中,听觉器官是接受周围人的言语,进而发展自己的语言能力的必不可少的条件。如果听力受损无法接收外界语音信息,就难以正常地发展语言能力。而健全的发音器官是正确清晰发音的必要条件。如果发音器官有异常,就可能无法清晰准确地吐字,从而影响清晰度。除了生理、心理条件,正常语言能力发展还必须有适当的语言环境。如果完全离开人类社会的语言环境,儿童就无法发展语言能力。不适当的语言环境也会妨碍语言能力的发展。

五、吞咽障碍

吞咽障碍是指人体将食物或水从口腔运送到胃的正常功能发生障碍,可由多种原因引起。吞咽障碍的危害性在于易导致吸入性肺炎、营养不良和脱水等病症,使患者的生存质量明显降低,严重者可危及生命。引起吞咽障碍的原因主要有:①卒中;②吞咽通道及其邻近器官的炎症、损伤或肿瘤;③头颈部的肿瘤、外伤、手术或放射治疗;④颈椎增生压迫;⑤食管动力性病变;⑥儿童期的咽部和食管上下括约肌发育未完善;⑦老人吞咽器官组织结构的萎缩性改变、神经感觉和运动反射的功能降低;⑧某些其他系统疾病的影响;⑨全身衰弱导致咽部肌肉萎缩或收缩舒张功能不协调等。需要指出的是,语言病理学研究的吞咽障碍不包括由于颈部或咽喉部肿瘤的堵塞、机械压迫、创伤等原因引起的可通过外科手术解除的吞咽障碍。随着人的寿命的延长、外伤的增加以及咽喉部插管的增多,近年来吞咽障碍的发生率明显呈增加趋势。这一情况已引起西方国家的高度重视,近20多年来,西方国家对吞咽障碍的研究已有了较快的发展,但在国内开展此项研究只有近10年的时间,且对吞咽障碍进行系统研究的单位较少,介绍吞咽障碍的专著也不多。虽然有少数医院的神经内科、耳鼻咽喉—头颈外科或康复科等开展了一些康复训练工作,但吞咽障碍的机制、评估、康复对策及训练方法还没有得到重视。这是我国今后需要努力的方面。

(林　馨　王永华)

参考文献

[1] 于萍.语言病理学概述[J].听力学及言语疾病杂志,2006,14(1).

[2] 哈平安.病理语言学[M].北京师范大学出版社,1998.

[3] 郑璇,陈练文.中国古代言语病理研究概述[J].听力学及言语疾病杂志,2008,16(4).

[4] 吴海生,蔡来舟.实用语言治疗学[M].人民军医出版社,1995.

[5] 昝飞,马红英.言语语言病理学[M].华东师范大学出版社,2005.

[6] 邢福义,汪国胜.现代汉语[M].华中师范大学出版社,2003.

[7] 乔灵.浅谈语言和言语的关系[J].内蒙古科技与经济,2000,文献版.

[8] 顾瑞.交流障碍[J].听力学及言语疾病杂志,2004,12(2).

[9] 王琦.学习障碍的研究进展[J].现代医院,2009,9(9).

[10] 丘卫红.构音障碍的评价及语言治疗[J].中国临床康复,2004,8(28).

[11] 杜高明,王丽.学习障碍儿童的干预研究述评[J].内江师范学院学报,2008,23(1).

[12] 周维金.吞咽障碍康复治疗的基本方法[J].中国康复理论与实践,2002,8(10).

[13] 尚克中,程英升.吞咽障碍诊疗学[M].人民卫生出版社,2005,10.

[14] 姜泗长,顾瑞.言语语言疾病学[M].科学出版社,2005,8.

[15] 顾瑞.交流障碍[J].听力学及言语疾病杂志,2004,2.

[16] 赵百孝.中医学对言语形成的认识[J].中国中医基础医学杂志,1999,5(8).

[17] 郝保华,张喜德.论早期中医学对"脑"及"脑主神志"的认识[J].中华中医药杂志,2005,20(3).

[18] 王小如.脑主神明理论的源流及内涵[J].山东中医杂志,2007,26(6).

[19] 刘有志.中医对言语疾患的理解和施治观[J].赣南医学院学报,1995,15(3).

[20] 常静玲,高颖.中西医治疗脑卒中失语述评[J].中国康复理论与实践,2006,12(12).

[21] 徐方.我国言语康复现在与未来[J].中国康复,1996,11(2)

[22] 李胜利.我国语言发展现状与前景[J].第三届中日康复医学学术研讨会,2006,8.

[23] 陈卓铭.临床汉语失语症诊疗新进展[J].广东医学,200425(11).

[24] 岑运强,石艳华.二十年来语言和言语问题研究述评[J].汉语学习,2008(4).

[25] 郭婷婷,游舒.言语与言语学国际学术研讨会综述[J].语言文字应用,2003(1).

[26] 岑运强.言语的语言学的界定、内容及其研究的方法[J].北京师范大学学报(人文社会科学版),2000(4).

[27] 岑运强.语言和言语、语言的语言学和言语的语言学[J].汉语学习,1994(4).

[28] 李胜利.语言治疗学[M].人民卫生出版社,2008,1.

[29] 李胜利,孙喜斌,王茵华,等.第二次全国残疾人抽样调查言语残疾标准研究[J].中国康复理论与实践,2007,13(9).

思考题

1. 请简述语言和言语的概念。
2. 请简述语言与言语的区别和联系。
3. 结合实际情况阐述我国语言病理学的发展现状。

第二章　汉语言基础及功能

　　作为汉民族的语言,汉语言历史源远流长。从古到今大致经历了五个阶段:第一阶段是原始阶段,此阶段汉字还未产生,只有口语而无书面语;第二阶段是上古汉语阶段,处于先秦时代;第三阶段是中古汉语阶段,处于两汉至隋唐时代;第四阶段是近代汉语阶段,从晚唐五代开始至五四运动以前;五四运动以后,随着长期言文分歧的重新统一和现代汉民族共同语言的逐步形成,进入了第五阶段,即现代汉语阶段。现代汉语成为现代汉民族最重要的交际工具。

第一节　汉语言语音基础

一、语音的概念

　　语音是语言和外界进行联系的重要的物质媒介。语音是语言的物质外壳,是由人的发音器官发出的,能表达一定意义的声音。我们生活的环境和自然界里有许多声音,风吹草动、泉水叮咚、鸟鸣猿啼、寒蝉凄切,更有锅碗瓢盆相碰、车来车往之声,但这些不是由人类发音器官发出,因而并不是语音。鹦鹉、八哥等可以通过训练模仿人类发出一些简单的声音,但这种简单的模仿只是经过强化之后的模拟结果,不能算作语音。人类的呼吸声、咳嗽声,是由人的发音器官发出,但这只是人类生理活动的表现,不表达一定的意义,所以也不是语音。

　　虽然语音有其独特的含义,但语音也是一种声音,因此语音也具备了和自然界其他声音共同的物理基础,所以具有物理属性;语音又是一种特殊的声音,是人的发音器官发出的,由发音器官协调运动的结果,所以语音又具有生理属性;语音能表达某种意义,用怎样的语音传达怎样的意义是由该语言社会中的全体成员共同约定而成的,所以语音又具有社会属性。社会属性是语音的最根本属性。对语音进行研究时,可以对其基本分析单位音节、音素、元音、辅音、声母、韵母、声调等进行研究。

(一) 音节与音素

1. 音节

音节是最自然的语音基本结构单位。它是根据发音时肌肉的松紧划分出来的最小语音片断。我们说话时,语音是一个单位一个单位发出来的,每个在听觉上最易分辨出来的语音单位就是一个音节。汉语的音节比较容易辨认,一般来说,汉语音节和汉字是一致的,一个汉字就是一个音节。例如:"欲穷千里目,更上一层楼"有10个音节。但也有例外的情况,例如:"鸟儿"写成两个汉字,却读成一个音节niaor,这种情况只出现在儿化韵里。现代汉语常用音节总数是400个左右(不计声调),根据出现频率不同,可分为:

常用音节14个;

次常用音节33个;

又次常用音节62个;

不常用音节。

常用音节和次常用音节共47个,却占总出现率的50%,再加又次常用音节,共109个,总出现率达75%。学习普通话语音,就必须熟练地掌握这四百多个基本音节。

2. 音素

音素是构成音节的最小单位或最小的语音片段,它是从音色的角度划分出来的。分析音素是语音分析的基础,学习语音,首先要建立音素的概念,学会分析音素,养成分析音素的习惯。普通话共有32个音素,每个音素都有不同的音色。普通话语音就是这32个音素按照一定的语音规律,组合成大约四百多个基本音节。

一个汉语音节可以由一个或几个音素构成,最多可以由4个音素构成。例如:"妈""ma"这个音节,从音色的角度可分为 m 和 a 两个音素。如果我们把音节"双""shuang"进一步分析,就可以得到更小的语音单位,"shuang"可以进一步分析为sh、u、a、ng 四个更小的单位,也就是四个音素。

(二) 辅音与元音

音素就它的性质(发音情况不同)来说,可分为辅音与元音两大类。辅音是指发音时,气流在口腔内受到一定阻碍所形成的音,又叫"子音"。如:b、p、m、f、g、k、h 等。元音是指发音时,气流振动声带,在口腔内不受到任何阻碍所发出的音,又叫"母音"。如:a、o、e、i、u 等。辅音与元音的主要区别就是看其发音时气流在口腔内是否受到一定阻碍。汉语音节中,辅音与元音主要用来充当声母和韵母。

辅音和元音的区别

辅　音	元　音
气流在口腔内受到一定阻碍	气流在口腔内不受到一定阻碍
发音器官形成阻碍部位特别紧张	发音器官各部位保持均衡的紧张
气流较强	气流较弱
声带不一定振动,声音不响亮	声带一定振动,声音响亮

（三）声母

声母是处于音节开头部位的辅音成分。普通话中共有 23 个声母,其中 21 个辅音声母,2 个零声母(y、w)。所谓的零声母就是有的音节开头没有辅音成分,这样的音节叫零声母音节,如:an、ye。声母和辅音不是同一个概念,虽然声母由辅音充当,但不是所有的辅音都能充当声母,如普通话中的 ng 是一个辅音,但它只能作韵尾,而不能出现在音节开头作声母;有的辅音既可作声母也可作韵尾如难"nan"中的"n"。普通话的辅音声母的主要特征是发音气流在发音器官中受到一定的阻碍。由于受阻碍的部位和消除阻碍的方式不同,就产生了不同的声母。声母可按照发音部位和发音方法分类。

1. 按照发音部位分类

所谓发音部位,就是指发音时气流在口腔内受到阻碍的地方。普通话声母的发音部位共有七处,每一处都由口腔里两个部分接触后接近而形成。

（1）双唇音:上唇和下唇闭合构成障碍,下唇为主动器官向上动,上唇微动互相接触。如:b、p、m。

（2）唇齿音:下唇和上唇靠拢构成障碍。如 f。

（3）舌尖前音:舌尖平伸,向上齿背接触或接近构成阻碍。如 z、c、s。

（4）舌尖中音:舌尖和上齿龈(即上牙床)接触构成阻碍。如:d、t、n、l。

（5）舌尖后音:舌尖和硬腭的最前端接触或接近构成阻碍。舌尖稍后缩,向硬腭前部翘起,接触或接近。如:zh、ch、sh、r。

（6）舌面音:以舌面为主动器官。舌面前部和硬腭前部接触或接近构成阻碍。舌尖下垂到下齿背后,舌面向上贴,接触或接近。如:j、q、x。

（7）舌根音:舌根和硬腭、软腭的交界处或接近构成阻碍。舌头后缩,舌根抬起,接触或接近。普通话声母由 3 个舌根音:g、k、h。普通话辅音韵尾 ng 也同属这个发音部位。但稍有不同的是舌根和软腭接触。

2. 按发音方法分类

所谓发音方法,是指发音时构成阻碍气流的方式和克服这种阻碍的方式。对辅音形成阻碍的发音过程,可以分为三个阶段:成阻,即阻碍的形成;持阻,即阻碍的持续;除阻,即阻碍的解除。普通话声母五种发音方法:

(1) 塞音。成阻时发音部位的两点紧闭;持阻时气流积蓄在阻碍的部位之后;除阻时阻碍部位突然解除阻碍,使积蓄的气流透出,爆发破裂成声,也叫"爆发音"或"破裂音"。普通话有 6 个塞音:b、p、d、t、g、k。

(2) 鼻音。成阻时发音部位完全闭塞,封闭空腔通路;持阻时,软腭下垂,打开鼻腔通道,声带颤动,气流在口腔受到阻碍,由鼻腔透出成声;除阻时,口腔阻碍解除,这种声音可延长。鼻音是口腔和鼻腔的共鸣形成的。鼻腔是不可调节的发音器官,不同的鼻音是由于发音时在口腔的不同部位阻塞,造成不同的口腔共鸣状态而形成的,普通话有 3 个鼻音:m、n、ng。其中 m、n 作辅音声母。

(3) 擦音。成阻时,发音部位的两点接近,形成适度的间隙;持阻时气流由发音部位的两点间挤过,摩擦成声;除阻时,发音结束,这种声音可以延长。普通话有 6 个擦音:f、h、x、sh、s、r。

(4) 边音。成阻时,舌尖和上齿龈(上牙床)接触,使口腔中间的通道阻塞;持阻时,声带颤动,气流从舌头两边与上颚两侧、两颊内侧形成的夹缝中通过,透出成声;除阻时发音结束。普通话只有一个舌尖的边音 l。

(5) 塞擦音。是塞音和擦音两种方法的结合,但又不是简单的塞音加擦音。是以"塞音"开始,以"擦音"结束,由成阻到持阻的前段,和塞音相同,但是到了持阻的后段把阻碍的部位放松一些,即变为"擦音"的成阻,使气流透出,变成"擦音",持阻后段实为擦音的持阻成声,直到除阻发音结束。由于塞擦音的"塞"和"擦"是同部位的,"塞音"的除阻阶段和"擦音"的成阻阶段融为一体,两者结合得很紧密,我们把它看作一个声母。普通话有 6 个塞擦音:j、q、zh、ch、z、c。

普通话的辅音还包括"送气音"与"不送气音"、"清音"与"浊音"的区别。送气音:这类辅音发音时气流送出较快、较长,由于除阻后声门大开,流速较快,在声母部位造成摩擦,形成"送气音"。普通话有 6 个送气音。p、t、k、q、ch、c。不送气音:指发音时,没有送气音特征,又同送气音成对立的音,普通话有 6 个不送气音:b、d、g、j、zh、z。普通话只有塞音和塞擦音区分送气音和不送气音。

(四) 韵母

韵母是音节中声母后面的部分。根据结构,韵母可分为 3 类:由一个元音构成的单韵母、两个或两个以上元音构成的复韵母和由元音加上鼻辅音构成的鼻韵母。

根据韵母的内部结构特点可分为三类:单韵母、复韵母、鼻韵母。

1. 单韵母发音原理

单韵母是由单个元音构成的韵母,共 10 个,其中舌面元音 7 个:a、o、e、ê、i、u、ü;舌尖元音 2 个:-i(前)、-i(后);卷舌元音 1 个:er。

2. 复韵母发音原理

复韵母是由两个或两个以上元音构成的韵母。发音有两个特点:

(1) 发音时应由一个元音向另一个元音自然滑动、协同发音。

(2) 各元音间的强度、响度、长度等均不同,韵腹强度、响度较大,韵头、韵尾相对较弱、较轻、较短。

根据韵腹所处的位置,将复韵母分为三类:

(1) 前响复韵母 4 个(ai ei ao ou),发音时前一个元音发音清晰而响亮,后一个元音发音轻短而模糊。

(2) 中响复韵母 4 个(iao iou uai uei),发音时前后两个元音轻短,而中间的元音发音清晰响亮。

(3) 后响复韵母 5 个(ia ie ua uo ue),发音时前一个元音发音轻短而模糊,后一个元音发音清晰而响亮。

3. 鼻韵母发音原理

鼻韵母是由元音加上鼻辅音构成的韵母。发音器官由元音的舌位向鼻辅音的舌位逐渐移动,鼻音成分逐渐增加,最后完全变成鼻音。

根据鼻音韵尾的不同,鼻韵母分为两类:

(1) 前鼻韵母 8 个(an en in ün ian uan üan uen);

(2) 后鼻韵母 8 个(ang eng ing ong iang iong uang ueng)。

二、语音的物理属性

语音和其他一切声音一样产生于物体的振动,也和其他声音一样具有音高、音强、音长、音色四个要素。

(一)音高

音高指声音的高低。它决定于发音体振动的快慢。在一定时间内振动的次数多(即频率高),声音就高,振动的次数少(即频率低),声音就低。一般来说,大的、粗的、厚的、长的、松的物体振动的频率低,音高就低;小的、细的、薄的、短的、紧的物体振动快,音高高。对于语音来说发音体是声带,所以,语音的音高取决于声带振动的频率。因此语音的音高与声带的松紧、长短、厚薄直接相关,故语音的高低也与上述因素有关。通常,妇女的声带较男子短些、薄些,所以妇女的音高也比男子高些。而对于同一个人而言,声带拉紧,音高就高;声带放松,音高就低。所以人们能够通过控制自己声带的松紧发出高低不同的声音。在汉语等声调语言中,音节内的音高变化构成能够区别意义的声调。比如汉语四声的差别,就是由音高的不同变化形式造成的。例:"一、姨、乙、忆"这四个词就是由这种音高变化来区别的。

(二)音强

音强就是声音的强弱。音强是由发音体振动幅度决定的。发音体振动的幅度越大,声音越强;振动的幅度越小,声音越弱。振动幅度取决于对发声体作用力的大小,故语音音强与说话人用力大小有关。说话时用力大,气流对发音体的冲击力就大,声音就强;说话时用力小,呼出的气流对发音体的冲击就小,声音就弱。音强的作用主要是构成轻重音。汉语中的轻重音就是以音强作为其主要特征来区别意义的,例如:"老子"重音在前轻声在后,和前后都读重音则表示不同的含义。

要强调的是音强与音高之间没有对应关系,即音高高并不一定音强就强,反之亦然。音高和音强是从不同角度说明声音的特征。音高是从紧张度的角度来说明,发音体越紧张,音高就越高;音强是从冲击力的角度来说明,对发音体的冲击力越大,音强就越强。

(三)音长

音长指声音的长短,与发音体振动持续时间的长短有关。振动持续时间长,声音就长,反之则短。对于语音来说声音的长短主要取决于气流振动声带的时间。现代汉语中不同的音长也有区别含义的作用,"不辨东西"中"西"的发音音长较长,而"不是东西"中"西"的发音音长较短。音长在语流中表现为说话速度的快慢,在话语中可表示不同语气、不同感情色彩的作用,起到抑扬顿挫、婉转激扬的效果。

(四)音色

音色又叫音质,指声音的个性、特色,造成音色不同的原因有三个,即发音体不同、发音方法不同、共鸣器的形状不同。不同的乐器,如管弦乐、打击乐器,由于其发音体不同,所以形成了不同音色。人类发音体为声带,男性和女性由于声带的不同,所以能够发出不同音色的声音, 由于对于语音来说, 每个人的声带都有细微的差别,因此每个人的声音也就不同,即使当两个人发相同的音节,发出的声音我们听起来也是有区别的。同一个乐器,如小提琴用弓拉和用手指弹其发出的声音是不同的,人类在发声时,送气和不送气所发出的声音是不相同的,当我们发 b 和 p 时,我们采用不同的发音方法,在发音时运用不同强弱的气流,使他们听起来不同。两把二胡,其他条件相同,但琴筒长短不同,发出来的声音就不一样,这是因为共鸣器形状的不同。语音也一样,口腔闭合一点或张大一点,共鸣腔形状不同,所发出的音就不同。在发不同的元音 i 和 u 时,我们通过唇的活动来改变口腔的形状,形成不同的共鸣腔,使这两个音听起来不同。

三、语音的生理属性

自然界中所有的声音都是由物体振动产生声波在介质中传递的结果,声音的产生离不开振动的动力、振动体和共鸣腔的共鸣。语音也是一种声音,因而也离不开振动的动力、振动体和共鸣腔。语音是由人的发音器官发出的,人的发音器官也可以按照以上原理分为三部分:呼吸系统、发声系统、共鸣系统。在人类发音过程中这三部分结构承担着不同的作用,(图 2-1)。

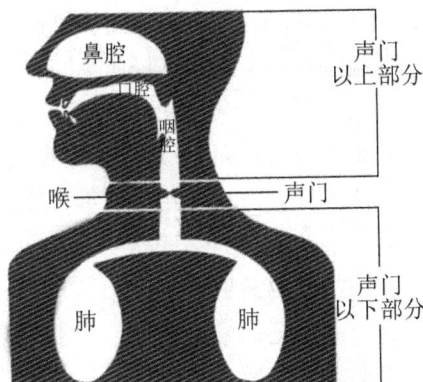

图 2-1　发音器官三部分结构示意

(一)呼吸系统

呼吸系统是人类语音产生的动力源泉,其主要由肺和气管组成。肺和气管呼出的气流在发音中的主要作用是提供"原动力"肺呼出气流,经支气管、气管到达喉头,作用于声带使声带振动,经过咽头、口腔、鼻腔等共鸣体从而形成各种不同的音。呼出的气流强,则产生的动力强,发声洪亮有力,反之则会影响发声。我国医学记载的金实不鸣、金破不鸣就是指肺气由于感外邪而致肺气损伤或久病成虚而致声音嘶哑。

(二)发声系统

发声系统主要由喉和声带组成。喉上通喉咽,下接气管,为呼吸与发音的重要器官。其位于颈前正中部,由甲状软骨、环状软骨和两块杓状软骨及相连的肌肉、韧带构成,上通喉咽腔。喉的功能,除了在人类发音时是节制气流的发音机关,还是气体出入肺部的枢纽、防止异

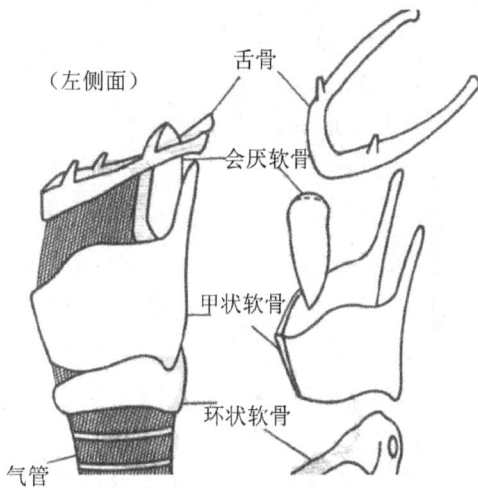

图 2-2　喉示意图

物进入气管和肺部的门户,还能帮助吞咽、禁闭喉部可增加腹压,(图 2-2)。

声带位于喉头里,是人类发音的振动体。成年男性的声带长度约为 13～14mm,女子比男子声带约短 1/3。声带的弹性和张力是可变的,因发声的需要可有厚薄、长短变化,开放或闭合,也可处于中间位,声带可随整个喉部升降。发声时,杓状软骨靠拢,使声带闭合,声门关闭,呼出的气流被阻断,气流形成压力,冲击声带,产生振动,形成声音,再经咽、口、鼻等腔共鸣作用而成悦耳之声音,声调的高低,取决于声带振动的频率,而振动的频率又以声带的位置、长短、厚薄、张力以及呼出气流作用于声带力量而不同,一般人在正常说话时声带振动大约 80～400 次之间,小孩的声带短薄,所以声音高而尖,成年后男子的喉腔变大,声带随之变厚长,所以男性声音变得低沉,而女性喉腔没有男性增加明显,所以声音没有男性那么低。

(三)共鸣系统

声带音通过喉腔、咽腔、口腔、鼻腔和唇腔的共振后才发出传递的,因此喉腔、咽腔、口腔、鼻腔和唇腔是人类发音的共鸣腔。

1. 喉腔、咽腔

喉腔和咽腔位于声带和小舌之间,声带音产生后首先进入喉腔和咽腔。人类的喉腔和咽腔在发音过程中起着重要的作用。在长期的人类进化过程中,由于劳动的作用,人类完成了从爬行到直立行走的进化。由于直立行走,人类的视野变得更加开阔,接受信息增多,大脑变得更加发达,而直立行走对于人类的发音器官产生了很大的变化,人类的声门降低,口腔和声门呈直角状,在声门和口腔之间形成一个几十毫米长的空腔(喉腔和咽腔),这样舌头和软腭有了充分活动空间,使人类可以发出种种不同的声音。

2. 口腔、唇腔和鼻腔

口腔、唇腔和鼻腔是另外几个重要的共鸣腔。原始声带音要通过口腔、唇腔和鼻腔的共鸣才能形成各种不同的音。口腔、唇腔和鼻腔在发音中也有着重要的作用。鼻腔属上部共鸣器;口腔属下部共鸣器(上下部共鸣器以软腭为界),鼻腔和口腔均通咽腔,(图 2-3)。

(1)口腔

口腔是发音器官中最重要的部分,口腔是能够自主运动发音的共鸣腔,人

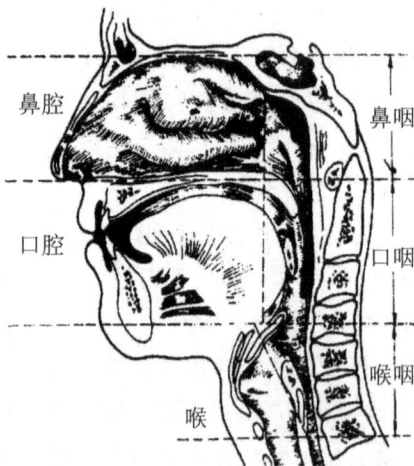

图 2-3 共鸣腔示意图

类的语言中绝大多数语音是在口腔中形成共鸣。口腔中有唇、舌、软腭和小舌等活动的部分,它们改变口腔的形状,产生不同的共振。口腔中的舌头非常灵活,它可以伸展、卷曲,可以和固定部位接触,形成种种不同的阻碍,从而形成不同的发音。舌可分为舌尖、舌面、舌根三部分。另外口腔中唇、齿、腭等都在发音中起重要作用。

(2)唇腔

双唇是发音器官最外端控制气流的门户,双唇闭塞时可以堵塞气流,在闭塞不紧时可以允许气流部分通过,从而控制发声,双唇可以通过翻转、撮起,改变唇腔的形状,使声带音产生不同的共振,改变发声。唇部的变化发声是可以外部观察的重要部位,其变化对于通过视觉而了解发声信息十分重要,这在聋哑人的交流中可起到辅助作用。

(3)鼻腔

鼻腔位于口腔上方,属于不可调节的共鸣器(因其有固定不变体积),其作用主要由软腭与悬雍垂控制。通过鼻腔共鸣发出的音叫鼻音。发口音时软腭与悬雍垂上升,鼻腔通道被关闭,气流在口腔共鸣。发鼻音时软腭与悬雍垂下降,口腔通道被关闭,气流从鼻腔流出引起鼻腔共鸣。如气流从口腔与鼻腔同时通过发出的是鼻化音(口鼻音、半鼻音)。

四、语音的社会属性

语音的产生依赖于人的发音器官,但语音产生后,因声音不同而产生不同的意义。而一个声音代表什么意义,一个意义用什么声音来表示,则是由全社会成员在长期的使用中确定下来的。确定之前,所发出的音和这个音所表示的含义是没有必然联系的;确定之后,便有了严格的规定,全社会成员必须遵守,不允许个人的任何改变,也不允许哪个集团或社会阶层去改变。只有这样,才能完成社会中人与人之间的正常交流。

不同地域、不同民族都有自己独特的语音结构和规律。不同的语音系统所包含的音素及其数目都是各不相同的。我国是个多民族的国家,汉语是使用人数最多的语言。各民族语言和方言的语音系统,是由一定地区的社会集团在长期的历史过程中逐渐形成的。语音的物理性质、生理性质是语音的自然属性,而语音的社会性质是语音的本质特点,是语音区别于其他声音的重要标志。

五、语音标记

为了标记汉字的读音,人们采用过多种方法。《汉语拼音方案》和国际音标是两种音素化了的注音方案,比以前的所有注音方法都要科学。

《汉语拼音方案》是标记汉语普通话语音系统的一套记音符号,于1958年2月11日由全国人民代表大会批准公布,是我国法定的拼音方案。在字母形式上,汉语拼音方案采用国际通行的拉丁字母;在注音方法上,采用音素化的方法。音节标写声调符号时,一般标在韵腹的主要元音上,只有i、u并排时,习惯将声调标在后一个元音上。另外,轻声不标调。不过,拼音方案只能用来拼写现代汉语普通话语音,不能拼写方言和古音。其主要用途是给汉字注音和推广普通话。

国际音标是标记各种语言语音的国际通用的一套记音符号。它由国际语音学会制定,于1888年发表,后经多次修改使用至今。国际音标的一个符号代表一个音素,一个音素只用一个符号,每个音标的音值都是确定不变的。国际音标的形体是以拉丁字母的小写印刷体为基础,并用大写、草体、合体、倒排、变形、增添附加符号等办法加以补充,可以精确地记录各种语言或方言的语音。记音时通常用方括号括起来以区别其他记音符号。

六、声调

声调指音节中具有区别作用的音高的变化。声调是汉语音节中一个必要的组成部分,有辨义功能,任何音节都不能没有声调。声韵完全相同的音节,只要声调不同意义就会改变。

声调的音高主要取决于基音的频率,描写声调简便有效的方法是五度制标调。用一条竖线表示高低,由低到高分别是1至5度,竖线左边用横线、斜线、折线表示高低升降的变化。画出来的线的高低升降就反映出声调高低升降的变化,也就是这个声调的调值。调值可以用数字表示,如55、35、214、51。把一种语言出现的所有调值加以归类,得出的类别就是调类。汉语普通话有四种调类,根据古今调类演变的对应关系,定名为阴平、阳平、上声和去声。具体描写如下:阴平为55,阳平为35,上声为214,去声为51。如:妈、麻、马、骂。

第一种声调听感上是高而平,发音时声带保持均衡的紧张——阴平(妈);

第二种声调听感上由低变高,发音时声带由松变紧——阳平(麻);

第三种声调听感上是先降而后升,发音时声带由紧而松再变紧——上声(马);

第四种声调听感上起音很高,然后一直往下降,发音时声带由紧变松——去声(骂)。

第二节 语言的社会功能

一、语言是符号系统

(一)符号的含义

符号是代表某事物的标记,是用来传递信息的。符号本身又是一种代替关系,用一定的可以感知的东西代替另一种东西或一定的思想。十字路口的红绿灯,红灯表示禁止通行,绿灯表示允许通行;古人打仗时,击鼓表示冲锋,鸣金表示收兵;古代边防报警时,烽火表示有外敌来犯。红灯、绿灯、击鼓、鸣金、烽火都是传递信息的符号。符号的标记是用实物充当,如声音、颜色、光线、图画、电码。它们可以表示一个完整的意思。符号一般有视觉符号、听觉符号,其他还可以是触觉、嗅觉或味觉符号。任何符号都不是孤立存在的,而是与其他符号相对地存在。

符号由两个方面组成完整的含义,一是代替者,也叫表示者,一是被代替者,也叫被表示者,我们把这两个方面称为形式和意义。形式是符号的外壳,具有物质性,可以为人的感官感知;意义是符号所表示的内容,也就是现实现象事物。符号的形式和意义是符号的两个方面的要素,二者互相依存,缺一不可,二者的统一体便是符号。符号的形式和意义的结合是偶然的,是社会约定俗成的结果。符号和特征是不同的。符号和自己所代表的事物是两回事,包含形式和意义两个方面,完全由社会"约定俗成",没有必然的、本质的联系。特征是事物本身,它所代表的事物可以通过它来推知。如傍晚时候,看到远方村庄的炊烟,可以推知有人家烧饭,而黑云压城则表示暴风雨将要来临。

(二)语言是一种符号

语言的符号性是指词的语音形式与语义内容之间的关系具备作为符号的所有特点,只是比其他符号更为复杂而已。语言其实就是一种符号,具有符号的一切特征,它能代表或指称现实现象。任何符号都是由形式和意义构成的,语言也不例外。语言符号是由语音和意义的构成的,"音"是语言符号的物质表现形式,"义"是语言符号的内容,只有音和义相结合才能指称现实现象,构成语言的符号。例如"人"这个符号,rén 是它的语音形式,"会说话、用两条腿走路、会制造和使用生产工具进行劳动的生物"是和这个音结合在一起的意义,构成符号的内容。语音和意义在具体的语言中是统一的,密不可分的,两者互为存在条件。语音和语义的联系是全体社会成员约定俗成的,用什么声音表示什么意义,一旦约定,作为该社会中的个人,就必须遵守,不能随意改变。赵高指鹿为马,违背了语言规律,只能得逞一时,后来鹿依然是鹿,马依然是马,却留下永恒的笑柄。语言符号作为更为复杂的符号,其具备以下基本特征:

1. 音义结合具有任意性

语言符号的音义联系是非本质的,非必然的,是由社会成员共同约定的,即一种意义为什么要用这个声音形式,而不用那个声音形式,是偶然任意的。语言符号的语音形式和意义内容的这种联系的任意性,其根源就在于语言是社会性的,是社会的产物,是社会现象,是由一定的社会决定的。音义结合的任意性,使世界上产生了数千种的语言。语言的任意性特点只是就语言起源时的情况来讲的,指最初用什么样的语音形式来表达一个意义的内容是任意的,不是说可以对语意内容作随意解释。

2. 语言符号的线条性

语言符号的使用只能在时间的线条上绵延,一个符号跟着一个符号依次出现。语言符号只能一个接一个出现,而不能同时发出,这是由人的发音器官决定的。"小张是一名大学生。"这句话为例,我们在进行表述时,只能一个字一个字地说,而不能同时说出,每个字的出现顺着时间的先后。符号的线条性使符号能够一个挨着一个进行组合,组成不同的结构。语言符号的任意性使我们运用语言有了更为广阔的空间,可以更好地实现沟通。语言符号的线条性能使我们更清楚、更有条理地表达自己,实现与外界的交流。

3. 语言符号的系统性

语言是音义结合的符号系统,语音、语义、词汇、语法是构成语言符号的主要要素。语言的结构单位包括音素、音节、语素、词、词组和句子。语言的构造表现为一个层级体系,称为语言的二层性,底层为音位层,上层为音义结合层,包含语素、词、句子,三四十个音位可以组成五六千个语素的语音形式,五六千个语素可以组成几十万个词(大型英语词典大约收词 40 余万条),而这几十万条词则可以组成无穷无尽的句子。

4. 组合关系和聚合关系

组合关系是言语链条内部不同语言符号之间,按照线性的顺序组合起来的关系。聚合关系是与言语链条内某一特定位置具有相同作用并且可以相互替换的符号之间的关系。组合关系是一种现实、有序、可数的横向关系,它反映了语言系统组织结构的基本法则。聚合关系是一种联想、无序、不易计数的纵向关系,是组合关系的具体运用,为句子的生成提供了无数的可能。

二、语言的社会功能

(一)语言是人类社会的交际工具

交际,即人与人之间的交往,通常指两人及两人以上通过语言、行为等表达方式进行意见、情感、信息交流的过程。通过人际交往,人们可以增进彼此的了解、联络和沟通感情,获得信息,团结协作共同促进社会的发展。语言是人类社会的交际工具,是一种社会现象。从存在于社会的那一天起,人就必须不断的同自然界斗争,去改善自然,并创造自身所需的物质财富和精神财富。在改造自然和提高自身的过程中,单靠个人微乎其微的力量是完全不够的,必须通过人与人之间的共同努力来完成。而语言在完成联系社会成员的方面起到了桥梁和纽带作用,人类通过语言进行交际,进行相互之间的沟通和思想交流,进行必要的协作,共同改造社会。如果没有语言的存在,人们的沟通就会停止,无法联络和交流思想,也就无法进行推进社会发展的一系列活动,社会也就无法存在。既没有脱离社会的语言,也没有离开语言的社会。因此,语言对于人类社会来说是十分重要的,语言和社会是不可分割的。语言是一种社会现象,和人类社会有着十分紧密的联系,没有人类社会,就没有语言。

语言是一种特殊的社会现象,社会现象可分为经济基础和上层建筑两大类,任何一种社会现象,要么属于经济基础,要么属于上层建筑,而语言既不属于经济基础,也不属于上层建筑,这两者的变化都不会从本质上影响语言。它随着社会的产生而产生,也随着社会的发展而发展。语言的发展有自己的规律。随着社会实践的不断发展,人类思维能力的不断提高,语言的词汇日益丰富。所以,从本质上看,语言是人类共同的交际工具,不分阶级、阶层,一视同仁地为全社会的成员服务,无论男女老幼,高低贵贱,都有使用语言,表达思想的权利。构成语言的语音、词汇、语法系统,也是没有阶级性,为全民所共有的。语言是作为交际工具存在于社会集体之中的,个人也只有在集体之中才能学会说话,掌握语言,一个人操何种语言也是由社会所决定的,是社会的全体成员在千百年的漫长岁月中所共同创造和积累起来的,世界上没有任何一个人可以创造一种属于他自己的语言来同别人交际。当然由于个人出身的地区、所处的阶级、职业的不同,生活经历和教育程度的不同,性情甚至爱好不同,在发音、用词、造句方面自然而然会呈现一些个人的特点。

(二)语言是人类最重要的交际工具

在人类进行社会交往、改造自然的过程中,有许多的交际工具,语言是其中最重要的一种交际工具,这是基于它同其他类型的交际工具相比较的结果。人类传递信息,进行交际和思想交流,除了使用语言外,还可以经常用到的交际工具有文字、旗语、红绿灯、数学符号以及身体姿势、面部表情等。这些交际工具,在许多情况和环境下,可以增加语言的表达效果,弥补语言表达中存在的某些不足。但是这些交际工具使用范围有限,有些仅用于特定的范围。最重要的是,这些交际工具,都离不开语言,都是在语言的基础上产生的,是辅助语言进行交际的。没有语言,这些手段的存在没有任何意义。

在除语言外的交际工具中,文字是应用比较广泛的一类交际工具。它是记录语言书写符号的系统,是最重要的辅助性交际工具。文字打破了语言交际中时间和空间的限制,正是因为有了文字,人类的文明才得以记录和更好的传承。在产生文字之前,我们古代的祖先会用打绳结的方式来记载发生的事情,一件事情打一个结子,两件事情打两个,以此类推。试想如果他在绳子上打了很多结,恐怕他想记的事情也就记不住了,而且无法用于交流。因此自从产生了文字,人类的思维、文明才得以记录,可以说文字在推动人类社会的发展中起了重要的作用。但文字相对于语言来讲还只是辅助性的。语言作为人类最重要的交际工具,在人类自身与社会发展的过程中,已经有了几十万年漫长的历史。而文字是其后产生的,从记载来看,文字的产生只有几千年到一万年左右。在人类社会中,没有文字的语言比有文字的语言多,而且文字的发展要依从语言的发展。文字是记录语言的书写符号,是最重要的辅助性交际工具。

其他交际工具,如旗语、红绿灯、数学符号都是在语言基础上产生的,其含义都需通过语言来说明。它们的产生更晚,且由于要通过语言来说明,致使其应用范围有限,大多应用在一些特殊的领域。身体姿势、面部表情,在人际交往中也有重要的辅助作用。人的喜怒哀乐等许多心理感受都可以通过面部表情来传递。一个人摆出严肃的面孔时,往往希望人们不要靠近,而如果展露出亲切的眼神,则是表示希望人们与其接近。根据表情来判断他人的心理与情绪,才能感知对方的状况。这样就不容易误读别人的情绪,也就避免了对方的尴尬。在现代社会的交往中,学会察言观色,才能了解对方心思,了解对方的情绪,以便更好地进行交往。但不论身体姿势还是面部表情,一般都是又随着语言而产生的。即便在某些场合可以脱离语言而独立完成一些交际任务,但这些也是在语言的基础上产生的。因此其只能起到辅助作用。

(三)语言是思维的工具

思维是人类区别于其它动物的重要标志之一,其本质在于人类的思维是借助语言作为主要表达方式,是人脑对客观现实间接的、概括的反映,是认识的高级形式。语言的发展可以促进思维的发展,同样语言在其产生和发展过程中也受到思维发展的影响,两者相互依存、相互促进。在人类发展的进程中,由于在相互协作时,需要进行信息的传递,所以人与人之间产生了交流。起初人们可能用肢体动作、呼喊、眼神等这些初级语言形式进行交流,这也是初级思维的表现。而随着人类发展的进程,对外界事物认识不断提高,相互间的交流和沟通更加重要,原来的简单方式已不能满足这种需要。同时随着人类逐步地群体化、社会化,为了交流、传递各种信息,表达内心世界等,越来越需要语言和文字的帮助,这为语言文字的产生奠定了需求基础,也是语言产生和发展的必然结果。关于语言和思维是同时产生,还是有产生的先后,依然存在很多争论,但有一点是公认的,即语言和思维的关系十分密切。语言把人们思维活动的结果,认识活动的成果记载下来,巩固下来,使交际和思想交流成为可能。语言离开了思维,不再是音义结合的交际工具,因而不再是语言;思维离开了语言,就难以进行思维活动。斯大林说:"语言是同思维直接联系的。它把人的思维活动成果、认识活动成果用词和词组组成句子记载下来,巩固起来,这样就使人类社会中的思想交流成为可能了。"

人类自婴幼儿开始学习语言,到学会语言的发展过程中,可以看到语言推动着思维的发展。人类首先具备发音的生理系统和拥有组织、整合能力的大脑中枢系统,随后是口语的运用,文字符号的创造,词句的产生,语法结构的发展。我们可以通过婴幼儿的语言发展从侧面看到人类掌握语言的发展阶段和发展规律以及其与思维的关系。儿童最初的语言发展是为了满足儿童的直接生理需要和情感需要,随着儿童认知范围的扩大,语言的认识功能的重要性开始体现。语言的使用表现在探索它与他人及客观事物的关系,同时人类的思维亦与之相适应地发展。如果语言不能发展,是不能得到有效地表述。就如同儿童的思维内容,只能用他们所掌握的语言进行表述,不可能用成年人的语言表述。

相对于正常人来讲,聋哑人有健全的大脑和发音器官,也有交际和思维的现实需要。虽然由于听力的问题导致其学习语言的可能性极小,但是聋哑人可以通过视触觉等,借助别的交际和思维工具得到补偿,进行社会交往。不过,由于缺少了语言这一工具,必然会对聋哑人的交际和思维能力发展带来不利影响。虽然聋哑人有自己的思维,并可以借助手语表达一定的意思,但由于没有正常人所具有的语言工具,其思维会受到很大限制。尤其是很多抽象的意思得不到正确表述,也无法自如地表达各种复杂的情感。而掌握了语言的正常人的思维就没有这种限制,尽可以表达各种复杂的思想,谈古论今,畅想未来。

(王 枫 赵乌兰)

参考文献

[1] 邢福义,汪国胜.现代汉语[M].华中师范大学出版社,2003.

[2] 昝飞,马红英.言语语言病理学[M].华东师范大学出版社,2005.

[3] 林焘,王理嘉.语音学教程[M].北京大学出版社,2007.

[4] 叶蜚声,徐通锵.语言学纲要[M].北京大学出版社,2007.

[5] 马景仑.汉语[M].南京大学出版社,2000.

[6] 邵敬敏.现代汉语通论[M].上海教育出版社,2001.

思考题

1. 什么是语音？
2. 简述语音的生理属性。
3. 简述语言符号的特点。
4. 语言的社会功能是什么？

第三章　正常儿童语言发展

　　儿童在认知发展还没有完全成熟的情况下就能够以惊人的速度获得语言,从而掌握这种超越时空限制的交际工具。这一过程至今仍充满了神秘色彩。儿童如何学会说话?许多世纪以来,这个问题一直吸引着人们去探究。虽然,许多语言学家、心理学家、教育学家都在不断努力试图解释这个问题,但是关于语言习得以及语言与认知的关系等这样一些基本问题仍然没有得到根本解决,因此该领域内仍是争议不断、充满挑战。本章将简单介绍一些有代表性的关于儿童语言发展的理论和正常儿童语言发展的研究成果。

第一节　语言发展理论

　　对儿童语言习得的现代研究开始于 18 世纪后期,那时西方的一些心理学家因心理学研究的需要,用日记的方法记录了自己子女语言发展的过程,并发表了一些关于语言发展的个人观点,但这种研究相对比较简单。系统地、科学地研究语言习得,开始于 20 世纪中期。迄今为止,在关于"儿童语言如何发生与发展",即"儿童如何获得语言"的问题上,存在三种不同的理论:即强调后天学习因素的外因论(后天环境论);强调先天因素的内在论(先天决定论);既重视先天因素又重视后天因素的相互作用理论(先天与后天相互作用论)。

一、外因论

　　在 20 世纪 60 年代之前, 以斯金纳为代表的行为主义者提出了以行为主义联想理论为基础的"学习理论"。强调后天学习的因素,认为语言是一种后天获得的行为习惯,是学习的结果。根据这种行为习惯获得途径、学习方式的不同,外因论分为:强化论和模仿论。

（一）强化论

强化论的代表人物是美国行为主义心理学家斯金纳(B. F. Skinner)。他提出了操作性条件反射理论。他用操作性条件反射来解释行为的获得。斯金纳关于操作性条件反射作用的实验，是在他设计的一种动物实验仪器即著名的斯金纳箱中进行的。斯金纳将这一理论应用到语言发展的研究中，他认为，语言是动物与人类的最明显区别所在，言语也是一种行为，它与其他行为反应一样，服从于操作强化原理，并且也是可以预测和控制的。按照斯金纳的观点，人类语言的获得就是通过操作性条件作用形成的。他们认为，语言发展始于幼儿开始发出一些偶然的试验性的声音，如婴儿偶尔叫一声"妈"，妈妈便报以微笑和爱抚，于是孩子学会了叫"妈妈"。父母强化了孩子发音中有意义的部分，结果使得那些不是幼儿母语中的音位逐渐从他的发音中消失，而那些属于幼儿母语的特征的声音则成为幼儿发音中主要的音，并使孩子继续发出这些音节，保证幼儿时语言体系的最终掌握。也就是说，儿童是通过重复听到的话而学会说话，借助父母的夸奖而使儿童说话的能力得到增强。为此，斯金纳撰写了《语言行为》一书，书中认为解释人类言语行为的最合适模式是刺激—反应论，以斯金纳为代表的强化论将语言定义为一系列的刺激—反应，这种观点对语言学界和心理学界都曾产生过很大的影响。

（二）模仿论

模仿论的代表人物是美国新行为主义心理学家班杜拉(A. Bandura)。班杜拉是现代社会学习理论的奠基人，著有代表作《社会学习心理学》，是世界公认的社会学习理论的巨匠。社会学习理论是 20 世纪 60 年代兴起的一种理论，班杜拉将其分为直接学习和观察学习两种形式。直接学习是个体对刺激作出反应并受到强化而完成的学习过程，其学习模式是刺激→反应→强化，离开学习者本身对刺激的反应及其所受到的强化，学习就不能产生；观察学习是指个体通过观察榜样在处理刺激时的反应及其受到的强化而完成学习的过程。他认为，实际上人类大部分行为是通过观察学习而获得的，所以社会学习理论是以观察学习为核心建立的。班杜拉用社会学习理论即模型模仿论解释语言学习，强调语言模式和模仿的作用。儿童语言大部分是在没有强化的条件下通过观察模仿自然习得的，模仿论认为语言学习模式为：环境提供语言模式(范本)→模仿→强化→增加正确说话的可能性。班杜拉的社会学习理论十分强调榜样的示范作用，整个观察学习过程就是通过学习者观察榜样的不同示范而进行的。在他看来，儿童总是"张着眼睛和耳朵"观察和模仿那些有意的和无意的反应。班杜拉坚信"榜样的力量是无穷的"这一看法。

外因论的不足之处有两点：一是无法解释儿童运用语言的创造性；二是无法解释关键期即一岁半到三岁的存在。外因论不承认主体的成熟性对语言学习的刺激作用，因此无法解释关键期后学习强化的效果为何大幅度下降。

二、内在论

从 20 世纪 60 年代开始，行为主义的观点就受到越来越多的批评。而引人注目的是出现了乔姆斯基(N. chomsky)为代表的心灵主义者。乔姆斯基是一位富有探索精神的语言学家，其在语言学的研究中通过探索新的方法，逐步建立起转换—生成语法，1957 年出版的《句法结构》是这一新方法的标志。乔姆斯基还相继发表了《句法理论要略》《深层结构、表层结构和语义解释》《支配和约束论集》等重要著作，对世界语言学的发展产生了巨大的影响。

在乔姆斯基看来，语言能力和语言运用是两个不同的概念，语言能力指的是说某种语言的人内在的具有理解和创造句子的能力，即人类语言能力。这种能力可以说是人类与生俱来的，也是人类区别于其他动物的一个主要特征。而语言运用只是这种能力的一种体现，是人类使用某种特定语言的具体行为，也就是语言现象。语言能力从何而来呢？乔姆斯基又进一步提出了"语言习得机制"这一概念。当一个人说出一个句子时，他并没有有意识地把主语放在动词前面，或者清楚地知道宾语应该放在动词后面，但是他说的句子完全符合语法规则，这是人类潜在的语言能力在起作用。由此乔姆斯基提出了"先天论"的观点，认为语言是一个有高度组织性的抽象规则系统，而人类先天具有普遍的语法能力，他为了说明语言能力的存在提出了语言习得机制(language acquisition device)的概念，简称 LAD。他认为儿童头脑中天生具有一部"语言习得装置"。有一种称为"普遍语法"的东西存在于 LAD 中，它是全人类共有的，先天的语言蓝图(简称 UG)。它是世界上各种不同语言的初始状态(initialstate)和基础，每个人类个体都生而有之。它决定了人类语言的基本形式，而后天经验决定了语言的类型，如决定某人的语言是汉语还是英语，即个别语法。从普遍语法到个别语法的过渡需要"经验"的"触发"。用乔姆斯基的原话是"人脑都有一个初始的状态 So，这是人类共有的，而且显然只有人类才具有，等到具有了适量的经验后，一个人就会由 So 出发，经过一系列中间状态，最终达到一个相对稳定的状态 Ss，而 Ss 就是语言机能的成熟状态"。

儿童语言获得过程就是由普遍语法向个别语法转化的过程，因此所有正常的儿童在相当短的时间内(四年左右时间)在接触有限材料的基础上，不经特殊训练就掌握了语言，然后就能自如地运用这个由特殊的规则组成的异常复杂的系统，把自己的思想感情传递给他人。而且,语言能力是无限的,就是说,人类能够造出无数个不相同的句子来。

当然乔姆斯基也承认环境的作用,但是在他看来,外界环境只是起到启动先天语言知识的作用,不会向幼儿大脑中输入任何语言知识。而且,孩子也不会从外界环境学习语言知识,也就是激发语言获得装置的功能。

内在论的观点始终是:语言的获得必须依赖于遗传控制的生理成熟,必须依赖于先天的语言能力。它解决了外因论无法回答的问题如关键期,但它忽视了后天学习的重要作用。且 LAD 只是一种理论假设,乔姆斯基并未对此提供脑神经生理学的证据。

三、相互作用理论

相互作用理论可分为两个流派:认知相互作用理论和社会相互作用理论。

(一)认知相互作用理论

代表人物是瑞士的皮亚杰(J. Piaget)。皮亚杰是瑞士心理学家,以研究儿童思维和语言著称。他在《儿童的语言与思维》(1923)一书中提出,儿童的语言可分为"自我中心"和"社会"两大类。这一论点为他后来建立"发生认识论"奠定了基础,也为儿童语言发展学提供了一个重要的理论依据。皮亚杰认为儿童掌握语言是先天的能力与后天的客观经验相互作用的结果。皮亚杰把认知发展分为以下四个阶段:(1)感知运动阶段,儿童从出生到两岁左右,处于感知运动阶段。婴儿通过与周围环境的感觉运动接触,即通过他附加于客体的行动和这些行动所产生的结果来认识世界。他们这时还不能对主体与客体作出分化,因而"显示出一种根本的自身中心化"(皮亚杰,1981 年),即仅仅是对刺激的认识。婴儿看到一个刺激,如一个奶瓶,就开始作出吮吸的反应。图型的知识依赖于对刺激形状的再认知,而不是通过推理产生的。(2)前运算阶段,从 2~7 岁左右,儿童频繁地借助表象符号(语言符号与象征符号)来代替外界事物,重视外部活动,儿童开始从具体动作中摆脱出来,凭借象征格式在头脑里进行"表象性思维"。但在这个阶段,儿童还不能形成正确的概念,他们的判断受直觉思维支配。例如,唯有当两根等长的小木棍两端放齐时才认为它们同样长;若把其中一根朝前移一些,就会认为它长一些。所以,在这个时期,儿童还没有运算的可逆性,因而也没有守恒性。(3)具体运算阶段,儿童约在 7~12 岁时,处于具体运算阶段。皮亚杰认为,7~8 岁这个年龄一般是儿童概念性工具的发展的一个决定性转折点。儿童出现了内化了的、可逆的、有守恒前提的、有逻辑结构的动作。此时,儿童的思维已具有可逆性和守恒性,但这种思维运算还离不开具体事物的支持。(4)形式运算阶段,儿童在12岁左右开始不再依靠具体事物来运算,而能对抽象的和表征性的材料进行逻辑运算。利用语言文字,在头脑中想象和思维,通过重建事物和过程来解决问题。皮亚杰认为最高级的思维形式便是形式运算。

根据皮亚杰把认知发展的四个阶段和儿童的语言发展的相对比较,可以看到不同的阶段语言发展呈现不同的特点:(1)感知运动阶段——儿童言语的发生准备期,这一阶段的儿童"只有动作的智慧而没有表象和运算的智慧"。他们只能依靠动作与感知觉的协调来组织经验,探索、适应外部环境。这个阶段是婴儿言语发生的准备阶段,包括发音准备和理解准备两个方面。(2)前运算阶段(2~7岁)——儿童言语发展的关键期运算,指内部化的智力或操作。儿童在感知运动阶段获得的感觉运动行为模式,在这一阶段已经内化为表象或形象模式,符号认知结构得以形成,以心理意象为代表的符号功能开始发展并逐渐成熟,因而这一阶段是儿童语言、思维发展的重要阶段。(3)具体运算阶段(7~12岁)——儿童言语发展的重大转折期,这一阶段儿童的认知结构已发生了重组、改善,思维可以逆转,具有一定弹性,儿童的言语从"自我中心"向"非自我中心"发展,且能在头脑中运用意象、符号对具体、真实的事物进行思维活动,已经产生了"类"的认识,形成了"类"的概念。(4)形式运算阶段(12~15岁)——儿童言语素质全面建构时期,这一时期,青少年的认知结构发展已经比较成熟,他们的思维超越了对具体可感事物的依赖,能在头脑中将形式与内容分开,用语言或符号进行抽象的逻辑思维。该阶段儿童的思维是以命题形式进行的,并能发现命题间的关系,还能根据逻辑推理、归纳或演绎的方式来解决问题。特别是到了后期,他们的思维发展水平逐渐接近成人。

皮亚杰将语言视为孩子成长的第二条发展线。语言不是特殊的能力,而是整个智力发展的一部分,孩子在发展其他能力的同时也发展了语言能力。认知与语言交织建构。他认为语言的建构或制约是靠推理进行的。基本的语言发展必须建立在最基本的认知基础上,并随之发展而发展。思维发展及语言均与经验关系密切。认知发展水平决定了语言学习的有效性,即认知发展决定语言发展。从认知角度来看,儿童思维过程取得的进步为语言设计了路径。在皮亚杰理论中,儿童在掌握物体、事物、人物的名称之前,必须有一定相关概念的知识。皮亚杰的思想——基本的认知结构变化发生在儿童产生语言之前,很好地解释了为什么儿童最早出现的词总是给物体命名(说出物体的名称),而非其他;同时也解释了为什么儿童在18个月左右大的时候词汇量迅速增长。虽然认知相互作用理论能较好地解决先天论和后天论无法解决的问题,但仍停留在假设阶段,无法解决所有问题,如语言训练可促进语义认知发展却在句法、语法方面发展缓慢,也忽略了社会交往与语言发展的关系,只强调了后天因素的某一方面。

（二）社会相互作用理论

社会相互作用观点是近年来流行的一种理论，它不仅拥有相互作用观点的基本范畴，更注意语言获得过程中交往背景和语言环境。近年来，语言发展的新理论已经产生，他们强调内部爱好和环境输入之间的相互作用，他们坚信：语言是一种社会活动，在与他人交流中产生，并且在社会相互作用的背景中逐渐发展。尽管这些研究人员承认年轻的人类学习语言有生物的和先天的偏向性，但是强调在语言技能的培养中与语言熟练的人的交流具有重要作用。研究人员与学习理论家同样主张儿童最初尝试与人交流时需要支持和反馈，但认为榜样的语言不应超过儿童理解的能力，这才是儿童需要的。

社会相互作用理论的代表人物是布鲁纳(Bruner)、贝茨(E.Bates)等学者。他们认为语言获得不仅需要先天的语言能力，而且也需要一定的生理成熟和认知发展，更需要在交往中发挥语言的实际交际职能。因此，这一学说特别重视儿童与成人交往的实践活动，并认为儿童和成人语言交际的互动对儿童的语言发展起着决定性作用。社会相互作用说认为，儿童不是在隔离的环境中学语言，而是在和成人的语言交流实践中学习，和成人的语言交流是儿童获得语言的决定性因素。如果从小剥夺儿童和成人的语言交流，儿童就不可能学会说话。该理论非常强调社会交往对语言发展的作用，将先天因素和后天因素扩大，在社会环境因素外同时承认外因论的观察和模仿的因素、内因论的语言行为受一定规则支配及以一定生理成熟为基础的观点、认知相互作用理论的以一定的认知发展为基础的作用，认为儿童的语言是在和成人的交往中获得的。这一理论将儿童与其所处语言环境看作是一个动态系统，儿童积极主动按自己的目的与意图参与语言的加工，儿语和成人语相互影响，产生一些特殊的交流形式。该理论比较全面地反映了语言发展过程中能动地建构语言的事实，认为儿童不仅在认知活动中学习语言而且在交往过程中学习语言。

由此我们可以看到，社会相互作用观点承认语言具有结构与规则，语言的获得以认知发展为基础，但更强调语言的社会交往功能对语言结构的作用，认为儿童在语言环境中是一个积极主动的语言加工者。但它过分强调语言输入，忽视了语言加工的心理过程。

综上所述，外因的强化、模仿理论，内在理论，交互作用论的"认知"和"社会交互作用"理论从各自不同的角度解释了儿童的语言发展，构成了研究儿童语言习得理论的核心，是研究儿童语言习得理论的重要基础。

第二节　儿童语言的发展

儿童在出生后一年多的时间里,语言发展跨度很大。从咿呀学语到称呼爸爸妈妈,到开始说出周围事物的名称,甚至有些儿童还能说出一些简单句。儿童的语言能力以这种惊人的速度发展,使他们能够积极地加入到家庭日常生活并与家庭成员进行沟通。下面从语音的发展过程、词汇的发展过程和句子的发展(语法)过程来介绍儿童的语言发展。

一、0～1岁语言发展

婴儿一生下来就有了听、看、触、味、闻等各种知觉。从婴儿睁开双眼,并用第一声啼哭宣告他来到这个世界开始,他便迫切地想了解这个世界。最初,他们只能用哭声来同外界进行交流,以表达自己的想法和要求,如饥饿、身体不适等等。随着时间的推移,他的哭声会产生许多的变化,如在声调、节奏方面等等,家长需要慢慢体会这种变化所代表的含义。慢慢地,有很多新生儿开始发出一些与哭声有区别的声音,如连续成串的有节奏的语音:[a]、[ai]、[e]、[ei]、[hai]、[ou]、[ai-i]、[hai-i]、[ue]等音。

当婴儿成长进入第4个月后,他们的生理条件进一步成熟,开始能够控制支配自己的舌头、嘴唇和上下颌。这时,他们可以发出更多声音,进入"咿呀学语"的阶段。进入这一阶段的婴儿,其发音活动明显增多,会发出许多复杂的语音和一些连续音节。如这时期婴儿会陆陆续续发出[b]、[d]、[g]、[p]、[n]等声母,还会发出a-ba-ba-ba、da-da-da、na-na-na等重复性音节。还会像做游戏似地发出一些连续成串的有节奏的语音,如"ba,ba,ba"、"da,da,da"等。在这些咿呀学语声中还会伴随一些尖细叫声、笑声或者哇哇声。婴儿在发怒时会使用一种尖而高的音调,在游戏时会使用一种低沉的音调。

在婴儿成长到7～9个月时,他们的肢体动作能力有了显著的进步。他们能坐、能爬,有了更为广泛的活动空间。因此在这个时期,他们的语言能力也有了重大进展,他们的发音更加的复杂和多样化,开始发出一些成人在实际生活中所用到的语音。这一时期婴儿的语音除继续增多以外,还发生了一些质的变化。如不同音节的连续发音明显增加,而同一音节也有了不同的语调。这时,他们的发音能力也进一步增强,能够经常性地、系统地模仿和学习新的语音,并进行重复。有的婴儿在这个阶段会偶尔发出"mama"等声音,当然这个时候他们的发音并不能代表实际的语义,父母可以进行鼓励性的诱导,使他们反复去发这些声音,为以后真正的语言发展做好准备。

10～12个月是婴儿语言发展过程中一个重要的里程碑阶段。在这个时间段,他们的发音更加丰富,可以发出重复连续的音节,在同一音节的重复外,还增加了不同音节的连续发音。在这些发音中,和实际语义近似的发音增多,同时他们模仿发音能力。这个阶段婴儿会对成人的一些"指示"作出一些较为复杂的反应,如"给妈妈"(婴儿把拿来的东西给母亲)、"再见"(挥手)等。更为重要的是,他们会说出"妈妈"或者"爸爸",这是多数婴儿能说出的第一个词。婴儿许在父母没有准确注意到的时候就发出了这个词。但在发出这个词之前,婴儿一直在不停地发出和实际意义具有关联的连续音节。

二、1～2岁语言发展

13～15个月被认为是幼儿情景语言的发展阶段。在这个阶段,儿童大约能够说出一二十个新词,由于掌握的词汇有限,因此其表达常令人难于理解。这时候,就需要结合当时的情景以正确理解其所要表达的含义。如儿童在讲"水"时,他所要表达的也许是要"喝水",也许是"给你喝水",等等。这时,已能够理解日常生活中的许多物品的名称,如果你说出物品名称,他就能够正确指出其所在的位置。在日常婴幼儿看图识物练习中,该阶段的儿童已能够认出一些常见的物品、蔬菜、水果、动物等其还能够执行一些简单的指令,比如"把垃圾扔到垃圾桶"。因此,实际上儿童理解的比能够说出的要多得多。

16～18个月的幼儿每个月能掌握10个左右的新词,到这一阶段末,其就能说出近50个词。这些词语中,除了大量的名词以外,还有一些是关于动作、数量和空间关系方面的词语。这时起儿童开始说出一些明确的话语,但都是一个单词一个单词地说,每句话都只一个单词,因此这时儿童说的话就叫"单词句"。这种单词句的缺陷就是含义不明确。这时,儿童能够听懂日常生活中简单的话。对于有方向性的命令式语言,不用借助任何手势或面部表情就可以完全理解了。孩子已会对日常生活中一些常见的事物进行命名,如把猫叫作"喵喵"等。但是,他在命名或使用新词时会出现一种"泛化"现象。比如,他会把所有的四条腿动物都叫作"狗狗",把所有的圆形物体都叫作"球"。这表明他的语言已经发展到了一个新的阶段。

19个月以后,儿童会有一个词汇飞速发展的阶段,进入这一阶段以后,其每个月能掌握25个新词,到第21个月末时其单词量就超过了100个。此时,儿童开始学会把两个声调的单词连在一起来表达自己更明确的意思,这就叫双词句。如儿童会说"走——再见""大狗狗""苹果——削"等,这样的句子被专家称为"电报句"。但这却表明他已经开始初步进入掌握最接近本族语法的时期。在理解方面,该阶段的儿童已能够理解除名词、动词外的描述事物特征的形容词,如冷热等;以及简单的方位词,如"在上面""在下面"等。该阶段的儿童会特别地勤学好问,因此家长要不停地回答其所提出的"这是什么"等问题。

在接近 2 岁这个阶段,儿童的词汇量增加更快。到第 24 个月左右时,儿童能够说出的双词句的数量能够达到 1500 句,而到第 25 个月时则增到 2500 句。因此,2岁以前是儿童语言发展十分重要的时期。这一阶段,儿童将进入人生第一个反抗期,让家长感到头疼不已,表现在语言上的反抗行为就是经常对家长的要求说"不"。虽然他们还未真正明白"不"的含义,也许只是觉得好玩,想试着用一下。此阶段,儿童的学习和模仿能力十分强,周围所有的人都是其学习和模仿的对象,成人不经意的一个举动、一个话语都有可能被其效仿,从而被其学会。因此家长要注意自己的言行,因为儿童所表现出来的不好的举动,不文明的话语,实际上都是其环境中模仿学习来的。

三、2~3 岁语言发展

2 岁到 2 岁半阶段,幼儿基本已经可以理解成人和其进行交流的各种话语,能够听懂执行两项指令。到第 27 个月时,儿童能听懂的词达到 400 个,并能够认识一些基本颜色,理解很多形容词、介词,以及数的概念。到第 30 个月时,儿童就能听懂成人所说出的绝大多数词语了。到第 25~27 个月,儿童可以说出 3 个单词以上的句子,这时的句子能够含盖"主、谓、宾"三方面,因此已经比较准确完整。到第 28~30个月,儿童开始学会用四个单词组成的"四词句"来说话,并开始说出复杂句。该阶段儿童已能够背诵一些简单的儿歌、诗歌,能够数数数到 10 以上,其经常用的单词达到 300 个左右。

2 岁半到 3 岁阶段,儿童能够理解并正确回答家长的各种问题,其"谁""什么"等,能够理解各种介词、代词、动词、形容词,理解基本语法,能够用带"如果""和""但"的语法结构进行复杂而高效的交流,知道区分性别,能够同时执行两项不相关的命令。该阶段儿童逐渐从三词句、四词句过渡到五词句、六词句,说的话越来越丰富,也越来越准确。有些儿童甚至能说出由 6~8 个单词组成的句子或者是一段完整的话。该阶段的儿童能说"请""谢谢你"等礼貌用语,会对物体外部特点进行描述,例如大小、颜色、形状、轻重等方面的特征。其使用的语言越来越生动形象、丰富多彩。该阶段的儿童能运用语言来与人进行一般的交往,词汇量达到了 1000 个左右,能够背诵更多的儿歌、诗歌。此时,儿童的语言能力发展迅速,接受能力也较强,家长应努力增加孩子的词汇量,教其说物体的名称,教会孩子理解物体的作用,利用提问题的形式,鼓励孩子多说话,表达自己的感受、对物体的形容,平时利用讲故事,看图书,背儿歌的形式,让孩子学会说完整的句子,学会对事物的描述以及表达自己的体验。

四、3 岁以上语言发展

在儿童掌握的词汇量方面,3~4 岁时为 1600 个左右,4~5 岁时为 2300 个左右,5~6 岁为 3500 个左右。在词汇增长趋势方面,2~3 岁时儿童的词汇增长率大约为 200%,而 3~4 岁时大约为 50%,4~5 岁时大约为 40%,5~6 岁时大约为 34%。3~6 岁儿童的所掌握的,儿童所使用的词汇中名词占主要地位,约为 51%;动词约占 20%~25%;形容词约占 10% 以上。

3 岁开始,儿童所使用的基本都是完整句;4~5 岁时开始出现一些复合句式,连贯性语言开始发展;6 岁左右时已经能够经常运用复合句中比较简单的形式来表达自己的意思。一般来说,儿童句子的发展是有一定顺序的。研究表明,儿童句子发展按以下顺序进行:不完整句→主谓句、主动宾句→主动补语句→主动动宾句→简单修饰语句、简单连动句→复杂修饰语句、复杂连动句、兼语句、宾语中有简单主谓结构的句子→宾语中有复谓结构的句子→主语中有主谓结构的句子、有联合结构的句子。在 3~6 岁儿童经常使用的句子中,陈述句占 60%~70%;5 岁以后,儿童抽象思维开始发展,疑问句不断增加,6 岁至入学前,疑问句占 10% 以上,祈使句一般占 10% 以内,感叹句占 5% 以内。句子的含词量方面,3~4 岁会句子长度可能达到 4~6 个词;4~5 岁儿童的句子长度可能达到 7~10 个词;5~6 岁,儿童的多数句子在 7~10 个词,但会出现许多 11~16 个词的句子。大多数儿童 6 岁以后学习读与写,此后要经过许多年才能掌握书本里的特殊的语言学特点。虽然,儿童开始掌握语言技能有早晚,但都会经历上述发育过程。

(王　枫　赵乌兰)

参考文献

[1] 唐卫海.简评班杜拉的社会学习理论[J].天津师大学报,1996(5).

[2] 昝飞,马红英.言语语言病理学[M].华东师范大学出版社,2005.

[3] 刘晓.婴幼儿语言发育研究进展[J].临床儿科杂志,2006(3).

[4] 章依文,金星明,沈晓明,等.2~3岁儿童词汇和语法发展的多因素研究[J].中华儿科杂志,2002(11).

[5] 梁卫兰,郝波,王爽,等.幼儿中文语言词汇发展的研究[J].中华儿科杂志,2002(11).

[6] 梁卫兰,郝波,王爽,等.幼儿早期语法和句子表达长度研究[J].中国儿童保健杂志,2004(3).

[7] 欧阳俊林.儿童语言习得与体态行为[J].天津师大学报,1991(5).

[8] 吴海生,蔡来舟.实用语言治疗学[J].人民军医出版社,1995.

[9] 张明红.学前儿童语言教育[J].华东师范大学出版社,2003.

[10] 张国艳.儿童语言获得研究综述[J].兰州学刊,2009(5).

[11] 刘眉.皮亚杰"发展阶段论"与儿童言语阶段发展规律[J].重庆师范大学学报(哲学社会科学版),2005(1).

思考题

1. 请简述儿童语言发展理论各流派的主要观点及代表人物。
2. 请简述0~3岁婴幼儿语言发育概况。

第四章　语言发展迟缓

语言是所有人体功能中最为复杂的一种，是极为复杂的结构系统。儿童语言的发展需要良好的听力，健全的大脑，完好的发音器官以及环境声音的刺激。语言发展迟缓是儿童语言障碍的一种表现，由多种原因造成。其主要表现为：儿童在预期的年龄阶段出现语言发展迟缓。儿童语言发展迟缓的研究涉及临床医学、神经心理学、语言病理学和特殊教育学等领域，是一门新型的交叉学科。

第一节　概　述

在许多文献和书籍中有不少用来描述语言发展迟缓的术语，如语言障碍、语言发展迟缓、说话发展迟缓等，应该说这些术语的内涵基本一致，但还是有一些实质上的差异。

一、语言发展迟缓的概念

（一）语言发育迟缓的定义

语言发展迟缓是指语言发育期的儿童因各种原因导致儿童口头表达能力或语言理解能力明显落后于同年龄、同性别的正常孩子的发育水平，是儿童常见的语言障碍之一。其主要表现为：出现语言的年龄晚于同龄儿童；语言发展的速度慢于同龄儿童；所达到的语言水平低于同龄儿童。语言发展迟缓是一个相对的概念，是与同龄儿童相比较后得出的。

（二）语言发展迟缓的表现

儿童语言发展迟缓的表现为：在开始学习语言时，就表现出语言能力的缺陷；对语言学习和掌握的速度很慢；表达困难，不能用完整的句子去描述其需要的东西。日本语言障碍教育学家大熊喜代松把语言发展迟缓的现象分为以下几种症状：

(1) 不会说话或说话令人费解；

(2) 只说首语或词尾；

(3) 说话有颠倒、混淆或省略情况；

(4) 词汇少，说话幼稚，没有组织，没有头绪；

(5) 使用娃娃语或拟声语；

(6) 说话断断续续，语言不连贯，只有单词、片语、不成句；

(7) 从某一时期起，不再学习说话；

(8) 发音含糊不清，令人难以理解；

(9) 说话不合语法，没有助词、连接词、形容词等；

(10) 没有时间观念，不会区别昨天、今天和明天的意义。

(三)早期干预的重要性

儿童语言发展也是儿童心理发展的一个重要方面，与儿童的思维发展有着密切的联系。语言发展迟缓不仅影响儿童在社会中的交往，阻碍儿童社会适应能力的发展，而且影响到儿童的神经心理发育；随着年龄的增长，还会出现发展过程中的二次损害，如出现心理及社会适应的障碍，影响儿童的整体发展。因此，应把儿童语言发展迟缓作为语言治疗的重点，而只有进行早期干预才能够取得最好的治疗效果和社会效益。

二、语言发展迟缓的原因

语言发展需要呼吸、发声、共鸣、构音以及大脑神经与发声肌肉的正常功能和协调，任何组织器官和环节的障碍都会影响语言发展。因此，语言发展迟缓是一个非常复杂的问题，可能由发音器官、神经支配或者大脑有关言语功能部位的障碍所致，同时也与个人性格、生活环境、文化背景、教育程度等密切相关。正常情况下，语言发展会表现出明显的个体差异，有少数儿童在 1～2 岁时表现为语言发展迟缓，但是在 3～4 岁时语言能力快速发展，有的能迅速达到正常同龄儿童的语言水平，其原因尚不清楚。

导致儿童语言发展迟缓的原因有很多，如视力障碍、听力障碍、情绪障碍、脑瘫、大脑损伤、弱智、先天性腭裂以及环境因素等。临床上按照病因和相关因素分类，把最常见的语言发展迟缓分为：发育性(特发性)语言迟缓、智力障碍伴语言发展迟缓、孤独症伴语言发展迟缓、脑损伤伴语言发展迟缓等几大类。

（一）视力障碍

因视觉障碍而导致儿童对色彩、方位的理解的困难,影响了他们在视知觉、视觉联想和视觉记忆方面的水平。视觉障碍涉及儿童对语言的基本概念的理解,也能导致语言表达的障碍。

（二）听力障碍

听力障碍的人很多,但对语言影响最大的是先天性聋儿和学语前的后天性聋儿。对语言发展迟缓的儿童,我们一般首先想到的是有无听力障碍。因为听力是参与语言发展的主要感觉,听力障碍不仅影响语音的听取,语音所表达的意义的理解,还影响语言的模仿,语音学习的反馈。听力损失越严重,对儿童的语言发展影响越大。

（三）情绪障碍

儿童情绪障碍也可以影响到儿童语言的发展和语言的交流,儿童情绪障碍以注意力缺陷、多动障碍、逆反行为、分离性焦虑、强迫症、抑郁症、选择性缄默、癔症等为主要表现,情绪障碍会影响儿童的个性,对语言发展、智力水平的发育均造成不利的影响。

（四）脑瘫

受多种因素的影响,脑瘫儿童中语言发展迟缓的发病率比较高,主要原因有:发音器官存在的运动功能障碍,导致发音的运动范围、运动力度、运动速度、运动准确程度和运动稳定性有不同程度的障碍;脑瘫伴发听力障碍的机率很高,导致常见的感音性听觉障碍,听觉敏感性低下;脑瘫患者对外界刺激的反应异常,对口腔刺激、视觉刺激、听觉刺激等容易诱发全身过度紧张,导致患者出现异常姿势反射,妨碍了其对外界刺激的反应;脑瘫常伴有一定程度的弱智,对患者的语言的接受、理解、表达也会产生一定的影响;脑瘫儿童从出生起,失败的体验多,容易陷于无能为力的心理状态,难以养成主动交流的愿望,也影响语言发展。

（五）大脑损伤

在语言发展前出现的大脑损伤对语言功能发展影响最大。如脑积水儿童随着年龄的增长,其语言发展与正常儿童的差距也越大。大脑左半球早期的损伤也会对语言功能产生不良的影响。

（六）弱智

弱智儿童的智力水平明显低于平均水平,导致他们适应行为的损伤。弱智儿童的感知、认知的水平低下、速度缓慢,影响了语言的发展。

(七)先天性腭裂

腭裂是最常见的出生缺陷之一,硬腭、软腭在胎儿第六周至第十二周时期未能正常地融合发展,导致出生时长有裂隙。先天性腭裂导致语言发展迟缓的主要原因有:腭裂儿童口腔和鼻腔之间的缺损会影响嗓音,导致其不能正确地发出某些音;大多数腭裂儿童伴发有中耳疾病,会导致听力下降,延缓了语言发展;腭裂儿童的心理压力导致畏缩、压抑、沮丧、自信心下降、人际关系改变等,使他们语言学习困难,进而影响语言的理解,最后导致他们的语言发展受到负面影响。

(八)环境因素

儿童的语言是在生活实践及与人交往过程中发展起来的。当儿童缺乏语言文化的刺激环境,或者儿童没有感觉到语言表达的需要和快乐,就会造成儿童语言发展迟缓。

(九)发育性(特发性)语言迟缓

发育性语言发展迟缓不是由视觉障碍、听觉障碍、腭裂、中枢神经系统损害或者精神发育迟滞引起的。即发育性(特发性)语言迟缓患者没有听力问题,没有情绪或智力的发展异常,没有其他疾病或伴发于其他疾病的语言迟缓,他们除了语言发展迟缓,其他方面发育都正常。该类患者可能有相关的家族病史,也可能没有相关的家庭病史。这类语言发展迟缓很容易被家长忽视,错过了最佳矫正训练的关键时期。

总之,儿童语言发展受到多种因素的影响。临床上,语言发展迟缓可以分为单纯性语言发展迟缓和合并性语言发展迟缓。前者主要表现为语言发展迟缓,而其他方面发展正常;合并性语言发展迟缓不仅有语言发展迟缓,而且伴有其他问题,如视力障碍、听力障碍、弱智、大脑损伤等。从语言的发展上,语言发展迟缓可以分为表达性和感受性语言发展迟缓两种,前者的语言理解能力尚好,但是表达能力差,该类患者一般在18个月左右时能够理解别人对他的要求,并按照要求去做,如让他指出常见的物体等。表达性语言发展迟缓儿童长大后可以在普通学校学习。后者对语言的理解和表达均迟滞,他们能够听到声音,但不能理解,对语言没有反应,也不能按照要求去做。这类儿童的听力检查可能有轻度听力减退,但与临床上正常儿童对语言的反应却极不相符。该类儿童在学龄期常常有学习困难,主要是阅读困难,还有计算困难,需要接受特殊教育。

第二节　语言发展迟缓的评估

对儿童的语言发育进行评估,可以了解他们的语言发育水平,是制定语言训练的依据,也是评估语言治疗效果的指标。语言发展评估是把病史采集、各项检查(医学检查、智力、发展等检查)、病情转归等进行总结、分析、综合而得出的结论。

语言发展迟缓的评估方法很多,目前国际上也没有统一的评估方法。各种评估方法各有侧重,也各有利弊,一般常规的测试语言发展、智力情况以及听力状态。目前世界上已有专门用于测试儿童语言发展水平的评估方法,如日本的"S-S 语言发展迟缓检查法"(简称"S-S 法")。经过中国康复研究中心的汉化,S-S 法可以查出语言迟缓儿童的语言发展水平与实际年龄语言发展的差距、语言发展各个侧面的平衡情况、语言发展迟缓的现状和性质,为诊断提供客观依据,也为制定训练计划、康复目标、训练方法选择提供依据。S-S 法的检查用具简单,操作简便,目前在我国被广泛使用。美国的"Peabody 图片词汇测试法"经过北京师范大学的修订也在我国应用,该方法主要评估儿童的词汇能力,侧重于语言智力。"非言语认知能力测定"采用"联合瑞文测试(CRT)"确定儿童智力水平,排除认知障碍。美国的"Illinois 心理语言能力测试"是神经心理测试,该测试把儿童的记忆过程分为视觉记忆和听觉记忆两部分,并测定儿童心理语言的过程和水平。另外,还有专门用于有关儿童智力方面的测试,从与智力相关的语言能区来测定语言发展水平,如美国的"韦氏学龄儿童智力检查""韦氏学龄前儿童智力检查",以及"Gesell 发展量表""丹佛发展筛查量表(DDST)"等。

语言发展迟缓的评估必须由专业人员来进行。因为要判断儿童语言发展是否在正常范围内,需要有良好的专业知识及丰富的临床经验。只有选择合适的检查量表,按照一定的操作程序进行,才能作出正确的评估。要防止随意进行评估,不正确的评估报告将给儿童和家长造成不必要的负担,或者丧失最佳的干预时机,导致终生遗憾。

一、评估的目的和内容

(一)判断儿童的语言能力

评估语言发展迟缓儿童的语言发展情况与实际生活中同龄正常儿童语言发展情况的差距,评估语言发展总体障碍程度和各个侧面的障碍程度,为临床诊断提供客观的依据。

(二)确定儿童语言发展中的特殊困难

了解儿童的语言发展中是否存在着特殊的困难，是否需要得到语言训练的帮助和指导。

(三)明确语言发展迟缓的原因

有些语言发展迟缓的主要原因不是语言发展问题，而是其他损伤造成语言发展迟缓，必须针对原因进行干预。

(四)确定干预措施

按照评估的结果，结合临床表现而制定语言的短期、长期训练计划，制定短期和长期的语言康复目标，选择合适儿童的语言训练方法。

二、评估的程序

语言发展迟缓的评估过程十分重要，直接影响到评估的正确性，也影响到日后训练计划和康复目标的制定。评估要经过以下几个过程：

(一)基本资料的收集

收集与儿童生长发育史有关的背景资料，为正确评估和干预提供有价值的信息。

1. 现病史

最早在什么时候发现儿童存在语言问题，从发现至今有什么变化，语言发展中的最大问题是什么，曾经去什么机构就诊，诊断结果是什么，有无进行干预。

2. 既往史

曾经得过什么病，特别是可能影响语言理解、表达、模仿等能力的器官及系统方面的疾病。

3. 生长发育史

孕期发育情况，出生时情况。Apage评分、出生体重，生长发育过程中的运动、语言、智力、性格等的相关发育情况。

4. 家族病史

有无遗传性疾病，有无类似家族成员，家庭环境、语言环境如何，父母的文化程度，家长对儿童的态度(严厉、娇惯、过度照料、放任不管)等。

5. 教育史

散居生活或集体生活，是否进托儿所、幼儿园或小学，主要照料者的文化程度，平时是否喜欢说话，能否听得懂照料者的话，爱看哪些书，喜欢哪些玩具，能否与陌生的儿童一起玩耍，等等。有否接受过特殊的语言教育和语言训练，对模仿语音是否感兴趣。

(二)医学检查

根据儿童的具体情况,进行视力检查、听力检查、呼吸器官检查以及构音器官检查,请耳鼻喉科、小儿科、神经科会诊,必要时检查脑干诱发电位、CT、MRI 等,明确有无构音器官的生理缺陷,构音器官功能协调障碍,视觉—动作协调障碍等。

(三)心理测试

儿童期的各种心理问题会影响到儿童的语言发展,因此要仔细与儿童的父母或其他监护人交谈,了解儿童的智力发育情况、平时的情绪状态、注意力特征、记忆特点等。对可能符合儿童期心理障碍的儿童,应按照《国际疾病分类第十版(ICD-10)》或美国《精神障碍诊断和统计手册第四版(DSM-Ⅳ)》中的相关诊断标准进行确定。

了解儿童的智力发展情况通常是通过智力测验和社会适应能力的调查,目前常用的智力测验是"韦氏儿童智力测验(WISC-R)"和"斯坦福—比内(Stanford-Binet Intelligence Scale)测验"。韦氏儿童智力量表由言语分量表和操作分量表这两个分量表以及 12 个分测试组成,结果为总智商(FIQ)、言语智商(VIQ)和操作智商(PIQ);斯坦福—比内量表由言语推理、抽象/视觉推理、数量推理和短时记忆四个分量表以及 15 个分测验组成,结果为总智力水平、言语、抽象思维、数量和记忆方面的能力水平。由于这两种智力测验都涉及到语言的理解和运用,对语言发展迟缓的儿童缺乏公正性,还需要借助非语言的智力测验的量表来了解儿童的语言发展情况,如"瑞文渐进型测验"。对某些特殊儿童,如孤独症患儿,还需要用非定式检查、定式检查、孤独症评定量表等来了解个体的智力发展情况。

(四)语言评估

1. 正常语言发展规律

语言是表达思想和要求的心理过程,是人类进化过程中随着大脑发育和社会生活发展而发生发展的,与智能有着直接的联系。

正常语言发展有着一定的进程和顺序(见表 4-1),言语能力分为理解能力与表达能力的两个方面,儿童学习语言的规律是:先理解后表达,先学会发音,后学会应用词法和句法。儿童通常在出生的第一年内学会说话,其中经过发声、咿呀学语和说话三个阶段,并以语言中枢的复杂加工为基础。

语言发展迟缓儿童的语言能力只能达到小于自己实际年龄儿童的水平,也有些语言发展迟缓儿童语言发展到一定水平后不再进步,停留在一个低水平上。评估儿童语言发展水平必须了解儿童语言的理解和表达的正常发展过程,只有了解正常儿童语言发展的全部进程,才能作出正确判断。

表 4-1　儿童语言理解和表达的发展顺序

年　龄	语言理解行为	语言表达行为
1 个月	声音可以使小儿的不规则活动停止	发出不规则的音节,主要是元音
2 个月	看上去似在倾听说话者的谈话	用声音表示高兴,有社交性微笑
3 个月	朝说话者的方向看	发出咕咕声和咯咯声,对说话者报以微笑
4 个月	能够对愤怒和高兴声作出不同发音	对社交性刺激有发声、发音
5 个月	对自己的名字有反应	开始模仿声音
6 个月	能听懂"再见""妈妈""爸爸"	用声音表示拒绝,高兴时尖叫
7 个月	对"在上面""过来""再见"可用手势	开始发出像单词样的声音
8 个月	听到叫自己名字时,停止活动	可连续模仿声音
9 个月	听到"不"时,可终止活动	模仿说话的声调
10 个月	可正确地模仿音调的变化	开始发出单音
11 个月	对简单的问题能够用眼睛"看",用手指的方式作出反应	已经能很好地说出难懂的话
12 个月	可用手势对口头上的要求作出表示	能叫出一些熟悉物品的名字
15 个月	知道身体的各部分	在难懂的话中可听到真正的单词并常伴手势
18 个月	当听到熟悉物品的名字时,可认出图片	用单词而不是用手势来表达
21 个月	对两个有连贯性的指示作出反应(如摘下你的帽子,放到椅子上)	开始组合词(如爸爸的车、妈妈抱)
2 岁	懂得更复杂的句子 (如我们坐车去商店),听懂 120-275 个字	用名字指出自己
3 岁	认识常用的标志、符号,指出三种颜色听懂 800-1000 字(包括一些介词)	可重复大人所讲的话
4 岁	听懂 1400 个字	能用代词、形容词和副词;能说出自己的年龄;可简单叙述不久前发生的事;能唱几支儿歌,读数 1—20;说话时的句法多正确,能全被听懂
6 岁	看懂自己的姓名	临摹字母,写自己姓名,背诵字母,描述图画的意思

注:引自魏书珍等《儿童生长发育性疾病》。

2.早期发现语言发展迟缓

学龄前是语言发展极其重要的时期,特别是 2-3 岁期间,关系到幼儿语言的发展和语言的应用,所以早期发现语言发展迟缓有着极为重要的意义。应以正常语言发展的进程为基准,分析比较儿童的语言发展情况是否迟滞,为早期语言训练提供依据。学龄前儿童语言发育障碍的具体表现,(见表4-2)。

表 4-2　学龄前儿童语言发育障碍的具体表现

1. 6 个月时眼睛和头不能转向
2. 10 个月时对自己的名字不能产生某些反应
3. 15 个月时不明白"不""再见""瓶子"等,对此不产生反应
4. 18 个月时不能说出 10 个单词
5. 21 个月时不能对方向产生反应(如"坐下""来这儿""起来")
6. 24 个月后仍有过多的、不相称的难懂的话或重复声
7. 24 个月时不能指出身体的各部位
8. 24 个月时不会说复合词词组
9. 30 个月时仍说家人不懂的话
10. 36 个月时仍不会说简单的句子
11. 36 个月时还未开始询问一些简单的问题
12. 36 个月时仍说一些陌生人听不懂的话
13. 4 岁后说话明显欠流利
14. 7 岁后发音仍有错误
15. 在任何年龄有明显的鼻音过重或过低,或声音单调无变化,声调不当,过分高声或听不清,或持续嘶哑

3. 语言评估工具

当儿童具备一定的语言能力时,才能运用一些语言评估工具,来了解儿童掌握的词汇量(词汇量多少是衡量语言表达能力的一个指标),了解儿童掌握语言表达能力(即儿童的平均句长水平,儿童在一句话中包含的词汇数量越多,其语言发展水平越高),了解儿童句法所达到的水平(即儿童的句子结构越复杂,其运用语言的能力越强)。

日本音声言语医学会语言发展迟缓委员会小寺富子等根据符号形式—指示内容关系,经过多年临床研究、观察、修订而制作"语言发展迟缓检查方法",又称 S-S 语言发展迟缓检查法。中国康复研究中心根据中国汉语体系特点制作了中国版本的"语言发展迟缓检查方法"是我国目前用于语言发展检查的主要方法。

4. 言语功能的评估

言语的产生是在中枢神经系统的控制下,言语器官接受大脑指令后产生的一系列运动来完成的。言语是通过呼吸系统、发声系统和构音系统的协调运动而产生的。当胸腔内的气体随着呼气运动而形成气流排出,气流到达声门时转换为声门波,通过声道的共鸣形成声波,最后由嘴和鼻发出言语。言语评估应包括:

(1) 呼吸功能的评估:言语的动力来源于呼气,呼吸是言语产生的基础。呼吸

评估一般分为个人的主观自测和语言治疗师的客观评估两个部分。

（2）发声功能的评估：声带的振动是形成语言的基本声源，称为发声或嗓音。发声功能评估分为主观评估和客观评估，主观评估包括个人自测和语言治疗师评估；客观评估包括言语基频、言语强度、音质的声学测定以及电声门图测量。言语基频是指声带每秒振动的次数，单位是赫兹（Hz）；言语强度指一定面积声带上消耗的功率大小，单位是分贝（dB）；言语基频和言语强度反映在言语状态下，言语音调和响度是否异常。音质的声学测定以及电声门图测量主要反映声带的功能。

（3）共鸣功能的评估：声道的运动是言语产生的共鸣源，正常言语要求声道共鸣达到最佳状态。共鸣功能的评估分为主观评估和客观评估，主观评估包括各类的听觉感知评估，客观评估包括共振峰和鼻流量的测定。共振峰反映口腔、咽腔的共鸣功能；鼻流量反映鼻腔的共鸣功能。

（4）构音语音功能的评估：测试声母音位的习得能力、声母音位的对比能力以及构音清晰度。

（五）儿童语言发展迟缓的症状分类的基本方法

儿童语言发展迟缓在临床上表现各不相同，按照不同的临床表现分为几个症候群，以利于制定训练计划。

1. 日常生活的交流态度

主要从这几方面来观察：对他人行动的注视程度，与他人的视线交流，对他人的指示、问候、招呼的反应，如何表达自己的要求，平时感情起伏的表现，建立提问—回答关系，有无特征性语言等。根据观察结果分为两群：交流态度良好者为Ⅰ群，交流态度不良者为Ⅱ群。

2. 符号形式与指示内容关系的阶段

按照掌握语言的情况，把语言符号已掌握的与尚未掌握的儿童予以阶段化，并根据其语言发展阶段分析出儿童语言发展的年龄与实际年龄的差距。

言语符号尚未掌握阶段：A群。包括三个阶段：

阶段1（事物、事物状态理解困难阶段）；

阶段2（事物的基础概念阶段）；

阶段3-1（手势符号阶段）。

3. 言语符号理解与表达之间的差别

言语表达困难阶段：B群，对言语符号的理解能力较表达能力好。

言语理解不能阶段：C群d，可以进行言语表达，而理解困难。

4. 言语符号与操作性课题之间的差别

按照儿童言语符号的发展阶段与操作性课题之间的差别进行分类。

操作性课题比言语性课题好的阶段:A 群 b。

(六)症状分类及诊断标准

1. 语言发展正常与语言发展迟缓

一般按照检查结果与实际年龄相比较,可以诊断出语言发展是否正常,有无迟缓以及迟缓的程度和类型。困难的是轻度语言发展迟缓与正常语言发展之间没有明确的分界线,必须参考病史、体格检查、特殊检查,进行综合分析,才能作出正确的诊断。

2. 日常生活交流态度

根据日常生活交流态度分为 Ⅰ 群(良好群)和 Ⅱ 群(不良群),对临床上难以明确判断,症状在两者之间,还有属于 Ⅱ 群向 Ⅰ 群过渡的,均可诊断为过渡群。

3. A 群 言语符号尚未掌握

(1) A 群:符号形式—指示内容关系的阶段为阶段 1—阶段 3-1

(2) A 群 a:操作性课题与符号形式—指示内容关系全面迟缓。

同样为 A 群 a,个体差异却很大。因此,操作性课题水平在 2 岁左右,而符号形式—指示内容关系水平为 1 岁以内,方可诊断为 A 群 a。

(3) A 群 b:操作性课题比符号形式—指示内容关系好。

此群中合并耳聋患儿较为常见,首先排除听力方面的问题。临床上常见轻度弱智合并轻中度耳聋患者在语言方面出现重度语言发展迟缓。

4. B 群 言语表达困难

诊断条件:实际年龄在 4 岁以上,符号形式—指示内容关系的理解水平在阶段 4-1 以上,表达方面原则上有若干词左右,语言模仿或有波动性,以上状态持续一定时间(1 年以上)而症状固定,无明显构音器官运动功能障碍。B 群初诊评价时难以明确诊断,需要在训练过程中逐步发现问题,慎重诊断。

(1) B 群 a(除言语外,符号表达可):从表示事物的手势语开始,逐步向精细的口腔器官运动、言语模仿等过度,在训练的过程中利用文字辅助言语模仿及言语表达。这类儿童用文字、手势符号、言语模仿等训练方法有效,在言语表达上,重要的是促进其使用相对应的符号形式,逐步向言语表达过渡。

(2) B 群 b(在 B 群 a 的基础上还存在着口腔运动和构音的问题):在口腔运动上有明显障碍,构音上也有问题,训练时的重点要放在构音器官的运动功能,改善构音障碍。

(3) B 群 c(语言表达重度障碍):这类儿童用 B 群 a、b 的训练手段很难改善其语言症状,必须利用文字、手势语作为代偿性日常生活交流手段。

5. C群 语言发展比实际年龄迟缓

(1) C群 a(操作性课题与符号形式—指示内容关系全面迟缓):此类儿童与正常儿童相比智力、言语发展均迟缓,但无特异性,属于"常规发展型"语言发展迟缓。

(2) C群 b(操作课题比符号形式—指示内容关系良好):操作性课题明显好于言语符号课题,这些病例中也包括 A 群 b 由于对言语符号的理解与表达水平的全面提高而向 C 群过渡的病例。

(3) C群 c(言语理解比表达好):此类儿童的言语符号表达与言语符号理解相比明显落后,其中包括 B 群在表达方面有所提高的病例。

(4) C群 d(言语符号表达可以而理解困难):此类儿童在言语表达上多用单音节词,偶尔可发双音词,但言语理解能力差。如果此类儿童在日常生活交流态度属于Ⅱ群,则认为其对他人给予的刺激不能予以注意,属于对应选择行为尚未形成。此外,可以用言语(或简单手势)表达自己的要求,但不能根据他人的指令实施行动,此类儿童多伴有孤独倾向或孤独症。

6. 其他

有功能性构音障碍的儿童也可在临床上表现为语言发展迟缓,因此,在诊断语言发展迟缓前应先检查构音器官的运动功能。

第三节 语言发展迟缓儿童的语言干预

一、语言发展迟缓的干预原则

发现语言发展迟缓的儿童后,需要父母和专业技术人员共同努力,采取切实的干预手段,有效地提高儿童的语言交流能力。在语言发展迟缓的干预方面有许多观点和措施,但是必须遵守相关的干预原则。

(1) 存在医学方面的因素而导致语言发展迟缓的,应先进行医学矫正。

对唇腭裂的儿童,目前的医疗效果比较明确,可以先进行医学治疗。对进行腭裂序列治疗的儿童,治疗需要较长的时间,语言干预和矫正可以与治疗同时进行。

(2) 存在与人格、行为等有关的心理问题而导致语言发展迟缓的,应进行心理干预和治疗。

对存在明显的与人格、行为等有关的心理问题的儿童,需要由专业的心理治疗师进行心理干预或心理治疗。

(3) 存在听力障碍而导致语言发展迟缓的,应在听力补偿后进行语言训练。

听力障碍儿童的语言发展水平与其听力损失程度密切相关,首先应该配备合适的助听器进行听力补偿,然后进行针对听力障碍的专业听觉训练、语言训练。

(4) 存在智力障碍而导致语言发展迟缓的,应及时进行特殊教育和语言训练。

儿童弱智会影响到语言发展,应尽早进行特殊教育,加强语言理解、语言交往的训练。

(5) 存在呼吸、发声、构音器官等功能障碍而导致语言发展迟缓的,应尽早进行治疗或补偿,并通过训练恢复这些器官的功能。

二、语言干预的类型与策略

对语言发展存在明显迟缓的儿童,可以按照其语言迟缓的程度选择不同的干预方式。较为困难的情况是儿童的语言发展迟缓不是非常明显,可能还需要一段时间追踪观察,才能确定儿童语言是否处于语言的自然发展过程之中。有的观点认为针对这种情况可以暂时不进行干预,但作出这种决定可能需要承担一定的责任和风险,因为这有可能导致患儿错过最佳的干预时间。

(一)语言干预的类型

1. 直接干预

指语言治疗师对儿童语言的直接训练和矫正。分为两种形式。

(1) 个别训练:即一对一的训练,通常针对语言发展迟缓程度严重的儿童进行,语言治疗师根据儿童的具体情况,选择语言训练的内容、策略和方法;对于个性内向或语言学习动机不强的儿童,他们需要有不断地鼓励、关注和提醒,因而也需要个别训练;对具有与人格、行为有关的心理问题的儿童,特别是具有攻击性行为问题的儿童,更需要进行一对一的训练。

在个别训练后,要详细记录训练内容及儿童在训练中的反应,便于进行分析和比较,为修改训练计划,开展下一步的训练提供依据。

(2) 团体训练:把语言发展迟缓程度相类似的儿童放在一起训练,或者按照训练要求选择适合参加的儿童,有时也安排正常儿童参加。

2. 非直接干预

语言治疗师不直接为儿童提供语言训练和语言矫正,而是向儿童的父母、教师提供充分的建议和辅导策略,由父母和教师对儿童进行语言训练,这是美国比较流行的互动模式。这种模式注重父母与儿童的交流,而不是语言训练,是以儿童为中心的训练模式,通过父母与儿童交流,参与到儿童的世界之中,提高儿童的注意点、兴趣和能力发展水平。

(二)语言干预的策略

对语言发展迟缓儿童进行干预时,不同的语言训练师所采用的方法和策略各不相同,目前主要有三大类策略。

1. 行为学策略

学习理论的策略,认为儿童的语言是通过示范、模仿、强化、塑造和提示等方式获得的,因此,在语言训练中强调对这些方法的运用。示范是给儿童模仿的模本,不但要求儿童仔细倾听语言治疗师的正确语音,而且要求儿童能够正确模仿,并在类似环境中能够正确应用;在儿童能够正确模仿语言训练师的语言后,要不断地给予强化;塑造就是语言治疗师把要训练的语言目标分解成为几个分目标,通过模仿、强化方式让儿童掌握分目标,最终达到要训练的语言目标;提示也是训练中的一种策略,当儿童在看图片而不能说出图片内容时,语言治疗师可以提示儿童,如"图片中的是什么,有什么作用",从而促进儿童对语言的运用。

在儿童语言训练中,行为学策略在提高儿童的表达性语言方面有着积极的作用,但是这种训练方式缺乏灵活性,由于语言生活是多变的、多样的,语言应用的环境和语言训练的环境有着较大的差别,很难完全照搬套用,因此这类策略会导致语言发展迟缓儿童在把训练中获得的语言技能应用到实际环境的过程中存在许多困难。

2. 生态学策略

自然获得的策略认为儿童应该在自然环境中学习语言,这种环境与儿童的实际生活活动有着密切的关系,能够达到真正交流的目的;该策略还认为儿童的语言问题可以通过偶然的、非特意的学习而自然获得。因此,该策略主张不是通过完全结构化的教学训练来提高儿童对语言的使用,而是通过在自然的语言交流环境中提高儿童的语言能力。

生态学策略强调的是语言训练的环境,这样训练的儿童语言是非结构性的,或者是低结构性的,熟悉这种语言交流环境对低龄儿童来说是有利于促进他们的语言发展。但是随着年龄的增长,对语言运用的能力有更高的要求,语言的内容需要更有结构性,在这种情况下,生态学策略的运用有着其本身的局限。

3. 折中策略

这种策略结合了行为学和生态学策略的优点,设计适合儿童的干预计划,包括交流游戏,在游戏中进行句法、词汇或构音训练,语言治疗师和儿童不断变换说话者和听话者的角色,使表达的内容有着足够的信息。

对严重认知发展迟缓的儿童不适合使用折中策略,对语言功能差的儿童也不一定有效,他们可能更需要结构化的训练。

(三)不同人员在语言干预过程中的作用

1. 家长在语言干预中的作用

语言训练要把握语言的发展最佳时机,2—3岁是口头语言训练的最佳期,这阶段能使儿童掌握较多的生活语言,促进脑细胞发育,增强其想象能力和理解能力;这个阶段大多数儿童主要与父母生活在一起,父母有更多的机会与儿童交流,生活中的语言环境和内容非常丰富,父母是儿童最好的语言治疗师。对家长进行针对性的指导,争取家长积极参与配合治疗,并要求在生活中巩固和应用。父母应该尽可能地消除儿童语言发展迟缓的各种因素,如消除对儿童的过于保护,为儿童提供语言表达机会等。

2. 教师在语言干预中的作用

(1) 创建和谐融合的环境

语言发展迟缓的儿童进入幼儿园或学校学习中,因幼稚的语言或者异常的发音常常受到同伴、同学的嘲笑,会影响儿童的个性发展。教师要创建和谐融合的环境,让同伴、同学接纳语言发展迟缓的儿童,使他生活在团体中没有压力。

(2) 提供训练机会

为语言发展迟缓儿童提供一切可能的语言训练机会,鼓励其参与交谈和表达,特别应参与社交交谈、影视欣赏、听广播等活动,增加其从多种渠道和情趣中扩展模仿语言的能力。

(3) 寓教于乐

采用游戏的训练方式,以感性认识促进语言训练的效果。语言训练时的方式和内容要时常更新,教师富有表情的、生动的语言,往往是儿童最喜欢模仿的。所以选用一些有趣的动画片和他一起观看模仿。另外,老师的一些即兴表演,也比较容易让儿童所接受模仿,也是提高其语言表达能力的关键。

(4) 持之以恒

语言发展迟缓儿童的语言训练是长期而又艰巨的任务。训练的持续性和连贯性不仅可巩固往日所学,更可让新的语言矫正往日的失误,填补以往的语言空白。如果不持之以恒,就可能前功尽弃。

3. 语言治疗师的作用

语言治疗师要从多方面帮助语言发展迟缓的儿童,不但要参与评估,制定训练计划,还要进行个别或集体的语言训练。

（1）认知训练

语言的发展是建立在认知发展的基础上的,语言训练必须从认知训练开始。认知能力是与周围环境接触过程中发展起来的,认知训练主要鼓励儿童在游戏中接受环境的刺激,通过游戏开始各种认知概念的训练。

（2）语言训练

语言训练的内容包括词汇、语法、语言应用训练,训练内容要符合儿童的兴趣、语言需求,按照循序渐进的原则,从简单到复杂。训练先从词汇开始,等掌握了一定的词汇量后,可以开始语法训练,把词汇组成句子。语言应用训练就是语言交流训练,训练的内容可以根据儿童沟通的意图进行选择。

（卢亦鲁）

【病例】

1. 注意力差,难以沟通

梁某　男　6岁　智力发展4岁,孤独倾向,注意力差,比较难以交流沟通。

选择儿童感兴趣的玩具或物品吸引其注意,模仿动物的叫声和动物的跑、跳、飞等动作;喜欢吃水果,就让其摸、拿、切、咬、吃水果等;喜欢玩车,教其推车、坐车、模仿车声、模仿开车;喜欢玩球,教他拍球、扔球、滚动球;喜欢搭积木,教其叠、放置不同的形状等。一边讲名称与动作一边玩,让儿童边听边模仿动作、模仿发音或口形。讲解要简短、清楚、语速缓慢,让儿童参与到游戏之中。同时要注意细心观察儿童的反应,找到训练的切入点,与孩子进行沟通,要及时调整训练的方式和方法,让儿童的情绪问题和行为问题得以缓解。经过语言训练,培养其模仿发音或指认图片或指认实物的能力。

2. 不理解语言符号,不会讲话

钟某　女　2.5岁　智力年龄1岁　不理解语言符号,不能讲话。

使用手势语、幼儿语等象征性较高的符号,让其听、指认和模仿动作、模仿发音。对能模仿动作或模仿发音就给予鼓励,可以用拍手、抚摸、伸大拇指,并表扬"很好、太棒了"等进行鼓励。如果儿童不动,也不发音,一定要抓住她的手,手把手地使其参与,并跟随指令活动。不断地与儿童互动,提出问题让儿童指出问题或模仿发音,在儿童已掌握的内容基础上逐渐增加训练的内容。对孩子一定要有耐心和爱心,不要强迫孩子说话,通过鼓励正性行为来提高训练的积极性。

3. 语言符号理解好,表达能力差

邱某　男　3岁　语言发展迟缓,语言能理解,但表达能力差。

我们采用增加理解词汇量,同时导入手势、符号进行训练,模仿发音,扩大儿童的语言表达的范围。即使发音不准确,也要鼓励大胆的发音行为。在儿童能指出或说出的基础上,逐渐增加训练内容,拓展的语言范围。把握好儿童的"词语爆发期",当儿童对图片指认达到一定量时,当理解的词汇量达到大概 100 个左右时,会出现讲话和双词语。需要强化训练,通过反复讲解—指认—理解—模仿发音—表达,增加词汇量,利用"词语爆发期",促进儿童语言能力的提高。

参考文献

[1] 林宝贵.语言障碍与矫正[M].台湾五南图书出版公司,1994.

[2] 姜泗长,顾瑞.言语语言疾病学[M].科学出版社,2005.

[3] 吴海生,蔡来舟.实用语言治疗学[M].人民军医出版社,1995.

[4] 昝飞,马红英.言语语言病理学[M].华东师范大学出版社,2005.

[5] 魏书珍,张秋业.儿童生长发育性疾病[M].人民卫生出版社,1995.

[6] 黄昭鸣,万勤,张蕾.言语功能评估标准及方法[M].华东师范大学出版社,2007.

思考题

1. 语言发展迟缓的定义和原因。

2. 语言发展的分类。

3. 语言发展迟缓的评估。

4. 语言发展迟缓的干预原则。

第五章　失语症

第一节　概　述

一、失语症的概念

失语症是指由于脑部器质性病变导致大脑语言区域及相关区域受到损伤,而造成原语言功能受损或者丧失、缺失的一种语言障碍综合征。包括对语言的感受、表达等某一方面或几方面的功能障碍。表现为语言多模式丧失或者降低,并与其他智能损害不成比例。

失语症这个词被提出已有一百多年的历史,1865 年 Broca 首先科学地论证了语言与脑解剖的关系,并创立了新词"aphemia"以表示言语能力丧失,之后又改为"aphasia"——失语症,沿用至今。

一百多年来, 不同的学者从各自对失语症的观察和研究中提出了各种不同的失语症定义。如 Benson 的定义:失语症是由于大脑功能受损所引起的语言功能丧失或受损。Ryan 的定义:失语症是由于脑损伤所引起的语言组织能力丧失或低下,会在以下方面出现困难:(1)口语和书面语;(2)识别图片或物体;(3)口语、书面语和手势的交流。Darley 则认为失语症是由于脑损伤所致的语言符号形成和解释能力障碍,而且这种障碍与其他智力水平不一致,除痴呆、言语错乱、感觉缺失或者运动功能障碍外,还存在词汇使用减少、语法规则能力低下、听觉记忆降低以及在语言输入输出通路选择能力上的障碍。

现代失语症的定义是经历了众多学者的研究而逐渐形成的。

关于失语症的定义,有以下几点需要注意:

1. 原语言功能受损

一个"原"字,说明了患者在"失语"之前语言能力已经得到发展,后因大脑局灶性病变导致语言能力又发生障碍,因此我们说失语症是获得性语言功能障碍。若是因大脑发育障碍而未能很好地掌握语言能力则不属于"失语症"的范畴。失语症可发生于语言能力发展的不同阶段,发生于不同阶段的失语症可能有不同的特点。通常我们所说的"失语症"指的是语言能力习得已经基本完成以后发生的语言障碍。语言能力已经有一定发展但是还未完成的儿童,如果发生大脑损伤也可能导致语言能力受损。这种语言障碍也有得而复失的特点,因此也应算作失语症。但是,由于大脑语言功能一侧化的过程尚未结束,大脑还在发育,因此,儿童期的失语症与成人具有不同的特点。

2. 语言障碍

也就是说失语症是一种因大脑病变而导致的语言能力受损或丧失。

"语言能力"指的是对语言符号的处理能力,即理解和形成语言符号的能力,对语言符号进行解码和编码的能力。也就是指人的大脑,把所听到的口头言语或所看到的书面文字转化为意义(即理解,对语言符号解码),以及把思想转化为口头言语或书面文字(即表达,对语言符号编码)的能力。

失语症可以使人在无意识障碍且非因感觉缺损(听觉或视觉下降或丧失)的情况下,丧失或降低把所听到的话语或所读到的文字转化为意义的能力,也可以使人在无口咽部肌肉瘫痪、共济失调或不自主运动的情况下,丧失或降低把思想转化为口头言语或书面文字的能力。

二、失语症的中医研究

早在内经时代,中国古代医家对于失语症的表现已有所认识,并以名目繁多的病名称之,如"瘖痱""舌强""风喑""风懿""喑痱""风懿""风癔""不能言""难以言""难言""不语"等。

这些古代病名与现代医学的失语症界定有所不同,古代文献对脑卒中失语的描述包括了现代医学的失语症和构音障碍,而此两者在古代文献中难以区分。中医所言脑卒中失语症状包括不能言语、言语蹇涩、舌强等,相当于现代医学的运动性失语、完全性失语、传导性失语、纯词聋、纯词哑等失语类型,还包括部分构音障碍。

古代医家对失语病机的叙述也是多种多样,可以分为几个阶段来看,秦汉时期,多认为失语由元气亏虚、邪入于脏所致,如《中藏经》有云:"心脾俱中风,则舌强不能言,盖脾脉络胃挟咽,连舌本,散舌下,二脏受风,则舌本强硬而不语也。"唐宋时期医家对失语病机认识逐步深入,提出心肝脾中风可致失语,如《外台秘要》云:"肝风其口不能言,脾风其声不出。"金元时期随着临床实践经验的丰富和对中风病因认识的发展,刘完素倡"心火暴甚学说"于先,朱丹溪、李东垣继阐述于后,提出火克肺金而致失语的病机变化。明清时期对失语病机认识进一步完善,已着重强调内伤脏腑为本病发病的关键,逐步形成风、火、痰、瘀四邪伤及心、脾、肝、肾四经,导致失语的病机认识。其中,认为肝肾精气亏虚、心脾痰浊壅阻是病机共性,风火痰瘀阻滞心神之经络扰及神明,阻闭舌窍是导致失语的基本病机。

在传统四邪伤四脏理论的基础上,现代中医各家对中风失语有所发挥。目前认为,中风失语病机要点为风、痰、瘀三点,三者相互为因,痰、瘀日久、化火生风,痰随风动,升降无常,流窜经络,蒙闭清窍,阻于脉络而发瘀,血瘀脉阻,脑失所养,神昏失语。但各家看法仍有所不同,如程怀庆认为,中风病机为肝失疏泄,失语治在心、脾、肾经,亦治在肝经。赵百孝认为,中风失语症的病机关键为心、舌、神,以清心醒神开窍为治则,临床上分为风阳上扰、痰瘀阻络、痰热腑实、气虚血瘀、阴虚风动。

三、失语症的常见原因

造成失语症的主要病因是大脑的器质性病变,而造成这种大脑器质性病变的原因主要有以下几种:

(一)脑血管病变

脑血管病变是指脑部动脉或支配脑部的颈部动脉发生病变,从而引起颅内血液循环障碍,脑组织受损的一种疾病。蔡军按其性质分为两大类:①缺血性脑血管病,是由于脑动脉硬化等原因,致使局部脑动脉管腔变窄或完全阻塞,或形成血栓,血液减少或完全阻塞,脑部血液循环产生障碍,脑组织受损而引发的一系列症状。临床较多见,约占全部脑血管病人的60%左右,脑栓塞、脑血栓形成都属于这一类。②出血性脑血管病,多由于长期高血压、先天性脑血管畸形等因素所致。由于血管破裂,血液溢出,压迫脑组织,导致血液循环受阻,而引发的一系列症状。这类病人约占脑血管病的40%左右。脑出血、蛛网膜下腔出血都属于这一类。

由于大脑语言中枢内分布的动脉主要是大脑中动脉和后动脉,所以如果这些栓塞、血栓或出血的病变发生在中动脉或后动脉分支,就极有可能造成失语,且多为持续性失语。有资料显示,至少有三分之一以上的脑卒中患者存在各种言语语言障碍。

(二)脑外伤

脑外伤也是导致失语的一个重要原因。一些意外事故,比如车祸、高处坠落等都可能造成脑部损伤,如果损伤是处于大脑的语言区域就会导致失语。因脑外伤的部位、程度不同,所导致的失语症状及严重程度也有所不同。如左颞叶外伤多导致 Wernicke 失语,并见视野下象限同侧偏盲。

(三)脑肿瘤

如果肿瘤发生在语言中枢的部位就会引起失语。大多数脑肿瘤患者起病初期的失语症多为暂时性发作, 或与局部性癫痫伴随出现, 或构成癫痫大发作先兆症状,后随病情发展表现为多种类型失语症,其中命名障碍最为常见。脑肿瘤失语中最常见的持续性症状是命名性失语与表达性失语。

(四)脑组织炎症

脑炎、脑膜炎可使患者发生暂时性失语,一些耳源性脑脓肿常常发生在颞叶,就有产生持续性失语的可能。

(五)其他

如 Pick 氏病,是一种变性性痴呆。Alzheimer(阿尔茨海默)病也是变性性痴呆。

一直以来,这两种病引起的语言障碍都属于失语症,但它们导致的语言障碍和失语症在实质上是不同的。失语症是由于大脑局灶性损伤引起的,病灶位于语言相关的部位导致的语言障碍,患者智能正常或基本正常。而这两种病则是因为大脑弥漫性病变引起的,有语言障碍的症状,而且患者智力逐步衰退。

所以遇到逐步发展的语言障碍,若无卒中史也无并发偏瘫,应考虑 Pick 氏病或 Alzheimer(阿尔茨海默)病。

现在,国内医学界非常重视痴呆的研究,但是对痴呆患者的语言障碍尚未有专门的研究,语言学界也未对其进行专门研究。

另外,暂时性失语症状也可见于伤寒、肺炎等一般感染性疾病。

四、失语症的语言症状表现

由于大脑损伤的部位、损伤的程度不同,失语症的语言症状表现形式也多种多样,非常复杂。这些症状既可发生于口语(有声语言),也可发生于书面语(书写符号);既可表现在表达方面也可表现在理解方面。

(一)表达障碍的表现

1. 口语表达障碍

(1) 语音障碍

语音障碍在各类失语症患者身上都不同程度地存在着。失语症的语音障碍是在没有发音器官运动障碍的情况下,却不能说出想表达的音。这一点和运动性构音障碍所表现的语音错误的发生机制不同,这种语音障碍大多由于言语失用所致,有的表现为仅能发声,有的表现为随意说话和有意表达的分离,另外还有韵律失调和四声错误的表现。

(2) 语法障碍

语法障碍包括了失语法或错语法,也是失语症患者常常表现出来的语言问题。是指患者在口语中不能按照语法规则将词有组织地连接在一起。其特点是患者在口语表达过程中字词间缺乏语法联系,而只是名词、动词的罗列,因此虽能表达一定的意思,但不完整,称电报式言语;或者句子中虽然有实意词、虚词等,但用词错误,结构及关系紊乱。

(3) 觅词困难、命名障碍和迂回现象

觅词困难是失语症常见的症状之一,是指患者在谈话过程中无法说出恰当的词,或对说出恰当的词感到困难,常见于名词及形容词。由于在谈话中觅词困难,就会表现出言语中用词受限或觅词的时间延长,故常会影响言语的流畅性,会让人感觉说话断断续续、不流畅。面对物品或图片无法说出物体、人物或者地点的名称,但是能够说出它们的性质、特征以及用途,称为命名障碍。存在命名障碍的失语症患者因为找不到恰当的词来表达,常常通过描述事物、人物等的特征、性质、用途、功能等来代替该事物或人物的名称,这就是迂回现象,此现象会让人感觉患者说话累赘。

(4) 错语

错语是一种不正确的替代。即指患者讲出的话不是自己想说的而是被不正确的词语替代。常见的有三种类型:语音错语、词意错语、新语。

①语音错语:是指想表达的字词中的音素被别的音素置换的错语类型,形成的新音节与目标音节是音素与音素之间的置换。音素置换可以发生在元音、辅音和声调方面。

②词意错语:是指想表达的字词被另一有意义的字词置换的错语类型。是词与词之间的置换。

③新语:是指想表达的字词被患者语言系统中所没有的词所置换的错语类型。

(5) 杂乱症

杂乱症又称奇特语,表现为失语症患者在表达时虽能够非常流利地说出很长的话,但说出的话语中有大量的错语,缺乏实质词,所说的话语之间缺乏语意的关联性,给人前言不搭后语的感觉,让人很难理解。有人还将杂乱语分为各种类型,例如当杂乱语中以新语为突出表现的称为"新词杂乱语",以词语间错乱为突出表现的称为"语义杂乱语"。

(6) 言语的持续现象

指失语症患者在表达中持续重复同样的字词、词组、句子,不能因情景及要求的改变而改变其所表达的内容,这种现象在患者找不到适当的反应方式或内心焦虑时较易出现。

(7) 刻板言语

是失语症言语表达中的一种特殊形式,为固定的、重复的、非随意表达的言语。刻板言语可表现为单音,如"嗯""嗯""嗯","喃""喃""喃",也可表现为单词或短语如"爸爸""好的",有时还可以表现为无意义的声音。刻板言语常见于重症患者,对于此类患者来说,刻板言语是其唯一的口语表达,即对任何提问都以刻板言语回答。虽然如此,患者有时还是会用音调变化表示部分信息,一般高调表示否定,低调表示肯定。

(8) 模仿言语

指失语症患者出现的一种在形式上类似于表达行为的现象。即机械重复别人的话,这种现象与理解障碍有关。

2. 书面语表达障碍

书面语作为一种表达形式涉及的环节很多,比较复杂,除了语言本身外还与视觉、听觉、以及运动能力等有关,而且书面语的表达能力即使在正常情况下也存在个体差异和受教育程度的差异,所以在判断书面语表达障碍时要同时考虑到患者受教育的程度、病前的书写能力、患者目前的运动能力等因素对书面语表达能力的影响,只有这样才能正确客观地作出评价。

由于书面语表达和口语表达之间有密切的关系,所以书面语表达障碍必然与口语表达障碍有某些相对应的特点。

(1) 完全性书写障碍:是一种严重的书写障碍,构不成字形。

(2) 构字障碍:在文字的结构构成方面的障碍,具体表现为笔画的增添或遗漏。

(3) 书写惰性:患者写出第一个字后,再要求其写其他字时仍始终写这个字,与言语的持续现象相似。

(4) 象形写字:患者写出文字有障碍时,以画图来代替。

(5) 书写过多:书写时加入许多无关的字词。

(6) 镜像书写:这是一种特殊的书写障碍。写出的字虽然笔画正确,但在结构上方向相反犹如镜中所见的字。多见于用左手书写的右侧偏瘫患者。

（7）文字语法缺失：与口语表达中的语法缺失一致。

（8）语法错误：书面语表达中出现的语法错误，一般与口语表达中的语法障碍相一致。

（二）理解障碍的表现

1. 听觉理解障碍

听觉理解障碍是指失语症患者对口语的认知和领悟能力降低或丧失，临床上可以表现在对字词、短语和文章等不同层面的理解上存在障碍，就是说患者虽然可以听到声音，但却不能理解听到的语音所表示的意思。从语言的听理解机制来分析，听觉理解障碍可以发生在听理解过程的各个环节上。

（1）语音辨识障碍　患者能像常人一样听到声音但却不能对所听到的语音进行辨认。此情况可以发生在两个环节，一是患者无法将语音信号从大量非语音信号中分辨出来，所以一切语音都被感知成为不成音节的嘈杂声；二是难以区分相近音位，导致相近音位的混淆而使患者难以分辨读音相近的词。此类患者的纯音测听是正常的，或仅有高频听力的减弱。典型的情况则被称为纯词聋。

（2）词义理解障碍　患者能正确辨识语音，但由于音义联系中断，患者不能从词的音和词的意义的联系中实现对该词的理解，从而造成词义混淆，或不理解词义。

（3）话语理解障碍　即对语句及篇章理解困难。大脑损失除了导致辨识语音和理解词义发生障碍外，还会导致患者对理解词与词之间的句法关系产生障碍。由于以上障碍的存在，患者往往通过对当时的总体语境的理解来进行补偿，用对话语总体意思的猜测来补偿对各组成部分的理解。故而患者因只能猜测大致意思而很容易产生对话语的错误理解或根本不能理解。

实际上不论理解障碍发生在哪一环节上，患者在检查中的表现往往是类似的，都是对话语的正确理解有困难。具体可以表现为答非所问；不执行口头指令；对别人说话表现茫然；或者无法复述等问题。严重的失语症患者会缺乏对他人言语的反应。

2. 阅读障碍

本书讨论的阅读障碍是指由于大脑器质性损伤而导致的对已获得的书面语言的理解能力的丧失或受损。因大脑病变致阅读能力受损称失读症。是一种语言性的阅读障碍，特指大脑解码文字过程出现的获得性阅读障碍，而不是阅读所依赖的注意、记忆、视空间等非语言性的高级神经功能所引起的获得性阅读障碍。

阅读可通过默读和朗读来实现，因此阅读障碍包括文字理解障碍和朗读障碍。

两者可以同时出现,也可以单独出现。如一些失语症患者既不能正确朗读文字也不能理解其意义;一些患者虽不能正确朗读文字却能理解其意义;还有些患者虽能正确朗读却不理解文字意义。

五、失语症的分类

一个多世纪以来,由于众多学者对失语症产生机制的认识不同、研究目的及强调重点的不同,提出了种类繁多的失语症分类方法。迄今为止,对失语症的分类尚未取得完全一致的意见。不同的分类方法反映了失语症研究不同时期对不同失语症状发生的研究立足点不同。

从对失语症研究的历程来看,主要形成两个派别,经历三个时期。两个派别:一个是从解剖学出发的大脑功能定位学说;另一个是以心理学为基础的大脑功能整体学说。三个时期分别为:第一时期主要是 19 世纪后半叶,以 Wernicke、Lichteim 为代表,在此时期建立了联系学说,强调的是语言功能定位,认为语言的不同方面在脑内有不同中枢连接,不同部位病变可产生不同类型失语。第二时期主要是 20 世纪前半叶,以 Head、Goldstein 为代表,否定语言功能定位学说,建立了机能整体学说,否认语言的不同方面与大脑局部有关,认为语言为复杂的高级机能,需要全脑参与。第三时期从 20 世纪后半叶至今,为失语症的现代研究时期,此时期 Geschwind 在总结 Wernicke 的观点基础上,支持和发展了 Wernicke 的联系学说并作了详细描述,重新倡导联系学说。随着科技的发展,神经语言学及失语症学研究取得了一些新的成果,这一时期功能定位学说再次受到重视。

在各个发展时期,不同的学者都根据自己的观点提出了各自的分类方法。下表列举了各时期有代表性的失语症的分类方法,(见表 5-1)。

表 5-1　各时期失语症的代表性分类方法总结表

学者	年代	分　类									
Broca	1865	言语不能	词语遗忘								
Wernicke、Lichteim	1851 1885	皮质性运动性失语	皮质性感觉性失语	传导性失语	经皮质运动性失语	经皮质感觉性失语	完全性失语	皮质下运动性失语	皮质下感觉性失语		
Head	1926	词语性失语	句法性失语	名词性失语	词义性失语						

续表

学者	年代	分类										
Weisenburg McBride	1933	表达性失语	接受性失语	遗忘性失语	表达/接受性失语							
Goldstein	1948	周缘性运动性失语	运动性失语或失写	周缘性感觉性失语	初级失读	中心性失语	遗忘性失语	中心性运动性失语	中心性感觉性失语	经皮质运动性失语	经皮质感觉性失语	经皮质混合性失语
Luria	1964	感觉性失语	听遗忘性失语	传入性运动性失语	传出性运动性失语	词义性失语	动力性失语					
Geschwind Benson	1971	Broca失语	Wernicke失语症	传导性失语症	经皮质运动性失语症	经皮质感觉性失语症	皮质混合性失语症	命名性失语症	完全性失语症	失读伴失写	失读不伴失写	言语不能	纯词聋
Benson	1979	外侧裂周失语综合征(包括Broca失语、Wernicke失语症和传导性失语症)	分水岭区失语综合征(包括经皮质运动性失语症、经皮质感觉性失语症和经皮质混合性失语症)	非定位失语综合征(包括完全性失语症和命名性失语症)	皮质下失语综合征(包括丘脑性失语症和基底节性失语症)	失读症(包括顶叶失读、枕叶失读和额叶失读)	失写症	纯词聋	纯词盲			

在以上众多的分类方法中,Benson 对失语症的分类得到了世界范围的广泛认可和应用,汉语失语症分类方法也是我国学者以 Benson 失语症分类为基础,根据失语症的临床特点和病灶部位,结合我国的实际情况制定的。

在实际工作中我们常根据患者说话时的状况,即自发言语的流畅性、听理解、复述能力等来区别失语症的类型,若要更详细的分类诊断还要了解患者呼名、阅读及书写能力,以此构成失语症分类的基础。

下面从这几个方面出发对其中主要的、常见的几种失语症类型作简单的介绍:

(一) Broca 失语

又称表达性失语症或运动性失语症, 是被首先描述并被广泛认可的失语症类型。由于最先发现这种失语症的是一位名叫 Broca 的法国医生,为了纪念他对失语症研究的贡献,人们就用他的名字为这一类型的失语症命名。1861 年 Broca 接收了一名只能发单音"tan"的下肢蜂窝组织炎的患者,虽然 Broca 是一名外科医生,但他的朋友 Auburtin 却是 Bouillaud 的学生,所以他很敏感地意识到这个病人可能是得了语言功能丧失综合征,于是就请 Auburtin 看这个患者,得到了肯定的回答。Broca 还从 Auburtin 那里得知前脑在语言上的重要性,因此在这名"tan"患者去世后,Broca 研究了患者的脑,发现该患者左脑有一病灶,病灶破坏的中心位于额叶,第三额回实质丧失最多。此后,Broca 又陆续收集到 8 例类似患者。于是 1865 年 Broca 提出了"人类用左脑说话",并提出左第三额回与语言的关系,首先科学地论证了语言与脑解剖的关系。Broca 对大脑定位学说作出了重大贡献。

Broca 失语的病灶累及语言优势半球额下回后部,即 Broca 区。患者以口语表达障碍最为突出,根据病情程度的不同,其障碍程度也可表现不同,重者可能完全说不出话,刚起病时甚至可以表现为哑,轻者口语略不正常,偶有漏字。

自发语言呈非流利型,语量少,找词困难,缺乏语法词,存在失语法或语法缺失现象,呈电报式语言,说话费力,有构音障碍的现象,明显有语调障碍,常见错语。尽管患者说话时语量较少,但是常为实质词,交谈仍可基本达意。

口语理解比表达要好,尽管有的患者的听理解障碍较严重但相对于口语表达来说程度仍较轻。Broca 失语口语理解的特点是:掌握连续、多个信息有困难,如表现出能逐个指出检查者说的一个一个物品,但不能按次序指出多个物品,对有语法结构词的句子的理解较为困难。

言语复述困难,但比自发谈话要好。复述语法词尤其困难,复述时常省略语法词。

命名有困难,但比自发谈话要好。可以接受语音提示,阅读及书写均不同程度受到损害,大多有朗读困难,对文字的理解相对好些,可出现镜像书写、惰性书写等,(见图 5-1)。

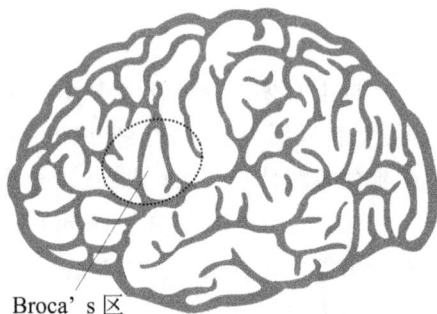

Broca's 区

图 5-1 Broca 失语病变部位示意

(二)Wernicke 失语

又称感受性失语症或感觉性失语症,是第二种被广泛认可的失语症。1874 年,Wernicke 论证了感觉系统投射至大脑半球后部,认为右利手者的语言行为在左大脑半球有两个特异区,其中之一在第一颞回,此特异区组成听词语中枢,为听言语印记储存所,听词语中枢受损可导致听言语印象部分或全部丧失,产生听理解障碍的失语症,称感觉性失语。

Wernicke 描述了左颞上回后部病变引起对言语理解困难的病例，因此这个特异区被命名为 Wernicke 区，此类失语症命名为 Wernicke 失语。

Wernicke 失语的病灶部位在语言优势半球颞上回后部，即 Wernicke 区。患者的口语理解障碍为其突出特点，自发性语言呈流利型，语量多，有时滔滔不绝、自顾自地说，甚至需要制止才能停止，话题可能与提问或要求完全无关。讲话不费力，无构音和韵律异常，有适当的语法结构，缺乏实质词，因此患者说得很多，却不能表达意思，表现为语言空洞，有大量的错语(以语义错语和新语为主)，答非所问，难以理解。

患者对语音的理解和语义的理解都受到损害，根据病情程度的不同，其障碍程度也可表现不同，严重者可能完全不懂他人讲的话，常常答非所问；轻者可以理解一些单词、常用词、常用短语和短句。

患者有严重的复述障碍，常以错语和赘语复述。

患者命名有找词困难，大多以错语、赘语反应，不接受提示。

患者存在不同程度的朗读及文字理解障碍，对口语和文字的理解障碍可以一致也可分离。

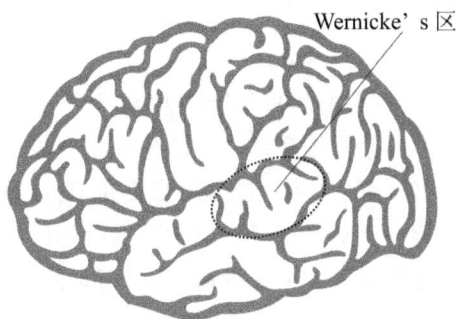

图 5-2 感觉性失语的病变部位示意图

书写障碍以听写严重受损为主，书写技能保持，但不认识写出的字，(见图 5-2)。

(三) 传导性失语

1874 年，Wernicke 认为左大脑半球听词语中枢和词语运动中枢之间必有联系，指出可能存在传导性失语症。1884 年，Lichteim 临床证实了 Wernicke 推测的传导性失语症，指出机制是由于词听觉中枢和运动言语中枢之间的连接通道被破坏所致。

传导性失语的病灶部位在优势半球缘上回或者深部白质内弓状纤维。其口语表达有几个特点，一个特点是该类型失语口语虽然为流利型，但却由于患者存在自知发音错误欲纠正而出现的犹豫、停顿甚至不出声，所以谈话时常出现看似存在找词困难的现象，听起来似非流利型失语。不过，说话不费力、发音清楚、语调正常、有语法词，并有完整短语或短句等现象均提示该类型失语症口语为流利型。传导性失语口语表达的另一个特点是错语，常常以语音错语为主，词义错语和新语较少。

患者口语理解存在轻度障碍。

复述不成比例地差,这一特点是最有诊断意义的。所谓的不成比例,一指复述障碍与听理解障碍不成比例,复述障碍比听理解障碍重,即患者听懂了要求复述的内容却不能准确复述出来;二指复述障碍与口语流利性不成比例,复述比自发谈话更困难,即自发谈话能说出的词在复述时说不出。

患者命名障碍大多表现为中度。主要以错语命名(语音错语)为主,语音提示仍不能正确应答。

患者朗读中也出现明显的语音错语,对文字的理解与听理解相似,默读理解比朗读后理解可能好。可伴有不同程度的书写障碍,(见图5-3)。

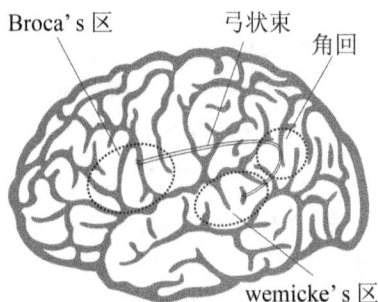

图5-3 传导性失语病变部位示意图

(四)经皮质运动性失语

经皮质运动性失语病灶主要位于 Broca 区前部、上部。口语为非流利型,语量较少,但往往对刺激会作出相应的简单反应。自发性扩展语言明显障碍,可以简单叙事但不能详细叙述。

患者口语理解较好或有轻度障碍,对日常用语理解较好,对执行多步骤指令或含语法词的复杂指令理解有轻度困难。

复述功能保留得很好,与 Broca 失语的最大区别在于此,患者可以复述较长的句子,而且如要求复述的内容不对,可以在复述时自行加以纠正。

患者有命名障碍,给予语音提示后有明显进步。

患者阅读和书写功能不正常,但存在个体差异,(见图5-4)。

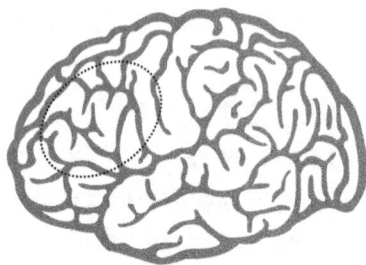

图5-4 经皮质运动性失语病变部位示意图

(五)经皮质感觉性失语

经皮质感觉性失语病灶位于优势半球颞、顶叶分水岭区。患者口语表达为流利型,语量多,错语较多,以词义错语和新语为主。说话滔滔不绝,却词不达意。发音和语调正常。

口语理解严重障碍。复述能力较好,能完整和准确复述所要求复述的内容。但有学语现象,不理解对方在说什么,即便是对方说错了也照样复述。命名严重障碍,常以错语和新语命名,语音提示和选词提示均不能接受。对文字理解严重障碍,可以朗读但不理解其意义。听写和自发书写能力均差,(见图5-5)。

(六) 经皮质混合性失语

病灶位于优势半球分水岭区,病灶较大。口语为非流利型,自发语言严重障碍,甚至为刻板言语,有的表现为仅能模仿别人的话,完全不能组织构成表达自我意思的语言。口语理解严重障碍,甚至完全不理解口语。复述能力被很好地保留。命名严重障碍或者完全不能,有的表现为以词义错语或新语命名。阅读及书写均有严重障碍或丧失。此型失语症较少见,(见图5-6)。

(七) 完全性失语

又称混合性失语,脑部病变范围极为广泛,常累及优势半球的额、颞、顶叶。患者所有语言功能均严重受损。

口语表示严重障碍,但真正的缄默还是罕见的,常常表现的是仅限于单音节或单词,口语的理解有严重障碍,但比口语表达可能好些。虽然如此,患者对语调、表情等还是很敏感的,尤其结合相应语境时,可理解一些提问。

复述、命名、阅读和书写均完全不能或几乎不能,(见图5-7)。

(八) 命名性失语

又称遗忘性失语症,患者以命名障碍为唯一或主要表现。病灶位于优势半球颞中回后部或颞枕结合区。口语为流利型,说话不费力,发音正常,语调正常,但常表现为找词困难、缺实质词,对于说不出的词,常以迂回语言和描述物品功能的方式代替,所以言语中常有大量意义不明确的词,成为赘言和空话,不能很好表

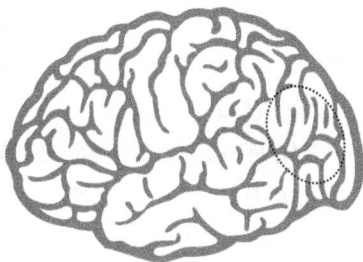

图 5-5 经皮质感觉性失语病变部位示意图

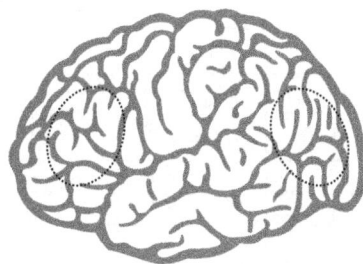

图 5-6 经皮质混合性失语病变部位示意

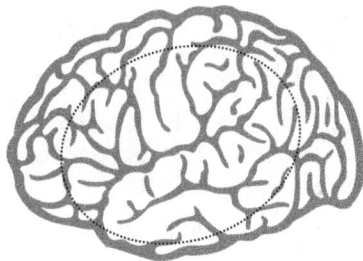

图 5-7 完全性失语病变部位示意图

达信息。患者对于用正确的词说出名称有困难(即命名障碍),所以在谈话过程中还常常出现过多停顿。

口语理解可完全正常或轻度障碍,复述能力非常好,命名障碍可以表现为程度不一。阅读和书写功能由于病变累及部位的不同有很大差异,可接近正常也可有明显障碍,(见图5-8)。

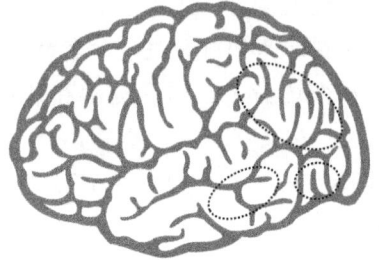

各类型失语症症状特征总结见表5-2。

图 5-8 命名性失语病变部位示意图

表 5-2 各类型失语症症状特征总结表

	自发语	命名	听理解	复述	阅读	书写
Broca 失语	非流畅,费力,电报式	有障碍	相对正常	有障碍	常有障碍	形态破坏,语法错误
Wernicke 失语	流畅,错语	有障碍有错语	明显障碍	有障碍	有障碍	形态保持,有书写错语
传导性失语	流畅,有踌躇及语音错语	正常或有障碍	较好	明显障碍	正常或有障碍	有障碍
命名性失语	流畅,内容空洞	有障碍	正常或轻障碍	较好	较好或轻障碍	较好或轻障碍
完全性失语	极少	重度障碍	有障碍	有障碍	有障碍	形态破坏,有书写错语
经皮质运动性失语	非流畅	有障碍	较好	正常	相对好	有障碍
经皮质感觉性失语	流畅,错语模仿语	有障碍	障碍明显	较好或正常	有障碍	有障碍
经皮质混合性失语	非流畅常伴模仿言语	重度障碍	重度障碍	鹦鹉样学舌	有障碍	有障碍

第二节 失语症的评估

一、失语症的评测检查方法

国外从 19 世纪开始就有学者致力于失语症检查的研究。学者们根据自己母语的特点，从不同的研究目的出发，设计了许多失语检查法。而国内有关汉语失语症检查的研究则开始于 20 世纪 40 年代，首先是许应魁翻译了 Henry 失语症检查法（Henry Head's Test）并在临床应用。20 世纪 80 年代后，国内语言学工作者们意识到汉语言在文化、语言特点及方言等方面同印欧语系不同，在参照国外先进的失语症检查法的基础上，在汉语失语症检查的研究方面进行了大量的工作，设计汉语失语症检查法。取得了很好的成绩。随着计算机技术的发展，近几年来，国内已有学者将计算机技术应用于失语症检查，同时，随着影像学及电生理学检查的发展，有关失语症定位检查的研究正得到较好的开展。

（一）失语症的标准化测试方法

于增志（2003）、曹京波（2006）分别对目前国内外失语症的常用评价方法进行回顾总结，认为大致有以下几种：

1. Head 失语检查法

此检查法是 Head 在 1926 年提出的，在 20 世纪 40 年代，我国神经病学家许应魁将其翻译后引用于国内。它主要是针对言语听理解和文字理解的测查，其测试内容较少，其中内容包括名物试验、颜色试验、人猫狗试验、钟表试验和定位试验等。现已较少使用。

2. 明尼苏达失语鉴别诊断试验

此试验是 Hidred Schuell 在 1948 年提出的，它是目前世界上最早、最全面、最综合的失语成套试验。由 47 项鉴别项目组成，特别适用于识别和分类。在理解、说话、阅读、书写等方面采用 6 级评分制，反应无论正确与否均予以记分。根据检查结果可将患者分类，并由此推测出预后。不足之处是此方法耗时长，平均需要 3 小时才能完成。而且指导语不清楚，评分系统较烦琐，其失语分类与如今采用的不一致。故目前也较少应用，但后人却多以其为基础进行革新。

3. 标记试验，又称表征测验

此试验是 Renzi 和 Vignolo 在 1962 年提出的。此是着重检查听觉理解能力的敏感试验,适合于检查轻微或潜在的失语症患者。此试验包含 20 个大小、形状、颜色互不相同的标记,测验由 61 个逐渐加长和逐渐增加难度的指令组成,后改良为 41 指令和 16 指令的简化版。其主要检查患者的理解和抽象能力,但此测验对不同类型失语症无区别,对患有听记忆和纯言语听理解缺陷者,其假阳性较高。

4. Porch 交流能力指数

此试验是 Porch 在 1967 年发表的,由 18 组各含 10 项亚级试验组成。检查用 10 种物体以引起患者的反应,来测定患者的手势、言语、画图方式的交流行为。独特的评分系统采用以反应的准确性、完整性、迅速性、敏感性及有效性为依据而制定的 16 点多元系统进行记分,报告结果以患者的完成情况与一大群左脑受损者的记分相比较的百分数来表示。但此法仅评定口语功能,对轻型和重型语言缺陷不够敏感。

5. 功能性交流概貌测定

此测定是 Taylor 在 1965 年首次提出的,Sarno 在1969年亦报道此检查法。此法能够较客观和完整地评估卒中后失语症患者的日常生活语言沟通能力,它由 45 项日常交流行为组成,采用 9 分制评分,行为可分为运动(手势)、说话、理解、阅读和其他(使用钱币等)5 大类。检查是通过非正式面谈,观察患者的交流行为,以量化其实际交流行为,数据均记录于调查表中。

6. 波士顿失语诊断检查法(BDAE)

此检查法是 Harold Gooldlass 和 Edith Kaplan 在 1972 年编制发表的, 为目前英语国家普遍采用的标准失语症检查方法, 许多国家都据此修改应用或作为蓝本制定本国的诊断试验。国内有多个地区的汉语翻译版。此检查法由 27 个分测验组成,分为对话和自发性言语、听觉理解、言语表达、书面语理解、书写等 5 大项。另外,还附加一组评价顶叶功能的非言语分测验,包括计算、手指辨认、左右辨认、时间辨认和三维木块图测查等。对反应可根据所属试验用加减方式定额记分或用普通记分法。试验结果按照所属试验的记分排列在言语特征试验图上,该检查法既包括语言功能本身的检查,又包括非语言功能的检查,可用于评价患者语言交流水平及失语症分类。但检查需用时间较长,约 3 小时。国内汪洁等已对此测验进行改编,建立常模,应用于临床。

7. 日常生活交流能力测定

此测定是 Holland 在 1980 年提出的,它包括 68 项体现每天语言活动的项目;日本版将其简化为 34 项。它主要以日常生活用品为主,充分利用言语以外的表现形式,重视重现生活场面及日常相互之间的交往情况,强调自然到接近日常言语活动。评分以是否具有实用性为标准,反应按 3 分制记分,即错误、尚可及正确;日本版按 5 分制记分。它对失语症患者的日常生活交往能力能够得出客观的结果,其结果可表明患者的功能性交流技能,并可进行分类。

8. 西方失语成套测验(WAB)

此测验是 Andrew Kertesz(加拿大)在 1982 年根据 BDAE 进行修改缩短制定的。是目前西方国家流行应用的一种失语评估方法。它很少受民族文化背景的影响,测验反应按照 1～10 或 1～100 记分,完成测验时间可缩短至 1～2 小时。此测验包括言语和非言语性功能测查两大部分。测查时可单独检查口语部分,根据口语部分的自发言语(包括言语流畅和信息内容)、听理解、复述及命名的检查结果,求得失语商(AQ),并进行鉴别。另外,还可根据阅读、书写、计算、运用等非言语性大脑功能测查,评出操作商(PQ)、皮质商(CQ)。可应用于失语症临床分类,国内也有多个地区的汉语翻译版,使用较广泛。

9. 失语症的标准语言试验

此试验是日本失语症研究会设计完成的。检查包括听、说、读、写、计算 5 大项目,其包括 26 个分项目,按 6 阶段评分,试验结果按照所属试验项目的记分记录在检查图表上。简便易行,对检查后的训练有明显的指导意义。

10. 双语失语检查法

这是一种针对双语(汉语和英语)患者设计的失语症检查。双语患者是指在日常生活中使用两种或两种以上语言的患者(只学过一门或一门以上外语,而平日不使用者不在其内)。因此此检查法有独到之处,但不能作出失语症分类,不适合临床应用。

11. 临床汉语语言测评方法

此法是中国科学院心理研究所胡超群等在 1980 年编制而成的,于 1988 年发表,其测验内容包括基本性测验、延伸性测验和与言语相关的神经心理学功能测查。基本性测验包括听、说、读、写功能测查,可用于临床诊断和分类。延伸性测验是根据认知神经心理学特点的加试部分,可用于汉语大脑机制的进一步研究。

12. 北京医科大学汉语失语成套测验(ABC)

该测验是高素荣等参考西方失语成套测验(WAB),结合中国国情和临床经验于 1988 年编制而成的。测验包括谈话、理解、复述、命名、阅读、书写、结构与视空间、运用、计算 9 个大项,共 32 个分测验。其内容以国内常见词、句为主,适量选择使用频率较少的词、句,无罕见词、句及难句。该检查法采用符合规范化要求的统一指导语,有统一评分标准、统一图片、文字卡片及统一失语症分类标准。可区别语言正常和失语症;对脑血管病语言正常者,也可查出某些语言功能的轻度缺陷,通过汉语失语成套测验不同分测试可作出失语症分类诊断。

13. 北京医院汉语失语症检查法

此检查法是王新德等于 1988 年提出的,最初称为"汉语失语症检查法草案"。经试用于 1994 年进行了修订。此检查包括口语表达、听语理解、阅读、书写 4 大项目的检查,采用 10 分制评分。检查结果可以定量地显示出失语症的类型、自然恢复情况及言语康复的动态性观察,并可用于言语康复治疗的疗效评定。

14. 中国康复研究中心失语症检查法(CRRCAE)

此检查法是李胜利等借鉴国际上比较有影响的日本标准失语症检查法的框架和计分原理,根据汉语言的特点和文化背景重新绘制检查图,编写检查用语在 1990 年编制完成,并开始试用于临床,至今已有全国 20 多个省市的甲级医院使用。该检查法包括两部分内容,第一部分是通过回答 12 个问题了解其言语的一般情况,第二部分由 30 个分测验组成,分为 9 个大项目,包括听、复述、说、出声读、阅读理解、抄写、描写、听写和计算。采用 6 级评分标准,该检查只适合于成人失语症患者。

15. 汉语语法量表

该检查是武汉大学赵丽丽等人 2002 年编制的,检查内容包括词类、语序、语用、句子—图画匹配及语音符号操作 5 个部分。主要用于评定汉语失语症患者语法缺失的程度。

(二)计算机辅助下汉语失语症检查

失语症计算机辅助检查在发达国家已经很普遍,在国内也已有学者进行了这方面的研究,暨南大学附属第一医院的陈卓铭等人于 2003 年研制出计算机辅助的汉语失语症检查法,即语言障碍诊治仪 ZM2.1 检测法,该方法通过优选各种失语症检查方法,借鉴 WAB 诊断原理,结合汉语和计算机应用的特点,可实现自动分析音量、语速等语音参数,并设计了针对汉语语言障碍的 12 项利手检查,通过听理解、视理解、语音检查、口语表达 4 部分,共 65 题,设计有表达、理解、复述、命名、阅读等失语症检测的分项,通过计算机模糊识别计算各分项出现的概率,可分离出构音障碍、失语、智能障碍和听觉障碍等,共可筛查出 19 种语言障碍。该检查法较传统的人工检测优势在于:检测指标客观,检测过程可重复性好,比较直观,检测中操作方便,分析指标稳定而且量化。但因该检查系统在听理解、计算和书写等因子设计方面有缺陷,所以目前还不能替代传统的失语症检查。

另外,随着影像学检查手段的更新和电生理记录技术的发展,近年来,很多学者也将脑功能成像技术如正电子发射断层扫描术(PET)、功能性磁共振成像(fMRI)和事件相关电位(ERP)应用于失语症的检查研究。PET、fMRI 可以提供语言活动时脑内相关的血流及代谢变化,进行脑组织解剖的精确定位,但其空间分辨率高,时间分辨率差;而 ERP 可提供心理活动的实时脑电信息,但 ERP 时间分辨率高,空间分辨率差。所以两者联合应用可为失语症的检查提供了一种比较直接、客观的方法。

综上所述,汉语失语症检查法正在进一步完善,且正朝着多样化、系统化以及标准化的方向发展,同时,随着影像学及电生理学检查的发展,失语症定位检查将会被重视并得到发展。

二、失语症评估步骤

(一)基本资料收集

详细收集失语症患者的现病史和既往病史等临床资料,比如本次发病的时间、经过、有无诱因、临床辅助检查结果(如脑 CT、磁共振检查等)、既往身体状况(如有否高血压病史、糖尿病病史、心脏病史等)、临床治疗状况(如手术、药物等),这样就能对患者脑器质病变的性质、部位、大小等情况有初步的了解,从而对其语言损害情况作出预测。了解医生、护士及家庭成员对患者的态度、行为、日常交往情况的反应等。从而对患者目前的身体恢复情况、情绪状态、注意力、交流动机、动作能力等情况有初步的判断。

详细了解患者生活中的个人兴趣爱好、语言习惯、性格等情况,了解其教育、工作情况,所掌握的语言情况,对于高学历、多语种背景的个体要了解其主要使用的语言情况,了解患者左右利手的情况,还要了解患者及家人对预后的期望、家庭经济条件等。从而使训练计划制定时能结合患者个人的情况,有的放矢。

(二)具体检测

根据具体情况选择以上介绍过的检查工具进行失语症检查。如选用波士顿诊断性失语症检查、临床汉语语言测评方法、北京医科大学汉语失语成套测验(ABC)、北京医院汉语失语症检查法、中国康复研究中心失语症检查法(CRRCAE)等其中之一进行综合性失语症检查;选用标记测验或汉语语法量表等有针对性地进行单项语言功能检查,还可以选用日常生活交流能力测定进行实用语言能力的检查。

(三)资料分析和总结判断

1. 主要类型判断

一般从自发言语的流利度、听理解、复述三个方面来判断失语症的主要类型,非流利型失语包括:Broca 失语、经皮质运动性失语、完全性失语、经皮质混合性失语;流利型失语包括:Wernicke 失语、经皮质感觉型失语、命名性失语、传导性失语。非流利型失语中听理解较好的是 Broca 失语和经皮质运动性失语,听理解较差的是完全性失语和经皮质混合性失语;流利型失语中听理解较好是命名性失语、传导性失语,听理解较差的是 Wernicke 失语、经皮质感觉型失语。非流利型失语中听理解较好的一类中复述较好的是经皮质运动性失语,复述较差的是 Broca 失语;听理解较差的一类中复述较好的是经皮质混合性失语,复述较差的是完全性失语;流利型失语中听理解较好一类中复述较好的是命名性失语,复述较差的是传导性失语;听理解较差一类中复述较好的是经皮质感觉型失语, 复述较差的是 Wernicke 失语,(见图 5-9)。

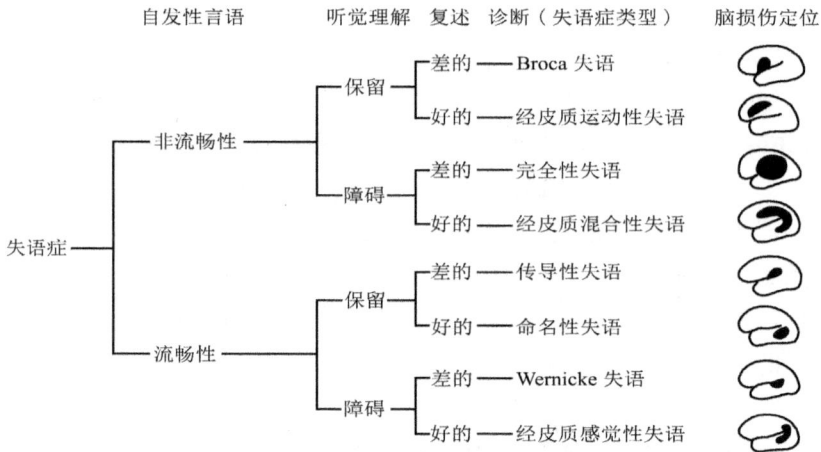

图 5-9　诊断失语症类型的流程图

2. 严重程度判断

对于失语症严重程度判断目前多采用波士顿诊断性失语症检查法中的失语症严重程度分级,(见表 5-3)。

表 5-3　失语症严重程度的评定(分级标准)

级别	评定内容
0级	无有意义的言语或听理解能力
1级	言语交流中有不连续的言语表达,但大部分需要听者去推测、询问或猜测;可交流的信息范围有限,听者在言语交流中感到困难
2级	在听者的帮助下, 可以进行熟悉话题的交谈, 但对陌生话题常常不能表达出自己的思想,使患者与检查者都感到言语交流有困难
3级	在仅需少量帮助下或无帮助下,患者可以讨论几乎所有的日常问题,但由于言语和(或)理解能力的减弱,使某些谈话出现困难或不大可能
4级	言语流利,可观察到有理解障碍,但思想和言语表达尚无明显限制
5级	有极少可分辨得出的言语障碍,患者主观上可能有点困难,但听者不一定能明显觉察到

3. 推测预后

拟定计划:综合失语症的类型及严重程度等因素,推测失语症的预后。根据患者的现有能力来确定治疗目标和具体治疗方法。

失语症评价流程示意图,(见图5-10)。

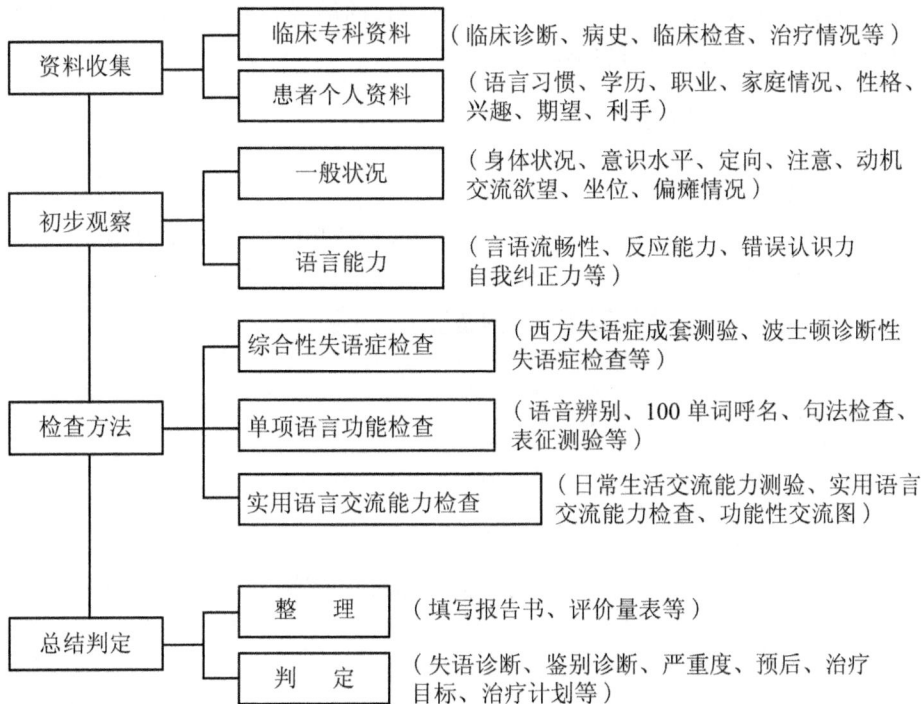

资料收集	临床专科资料	(临床诊断、病史、临床检查、治疗情况等)
	患者个人资料	(语言习惯、学历、职业、家庭情况、性格、兴趣、期望、利手)
初步观察	一般状况	(身体状况、意识水平、定向、注意、动机交流欲望、坐位、偏瘫情况)
	语言能力	(言语流畅性、反应能力、错误认识力自我纠正力等)
检查方法	综合性失语症检查	(西方失语症成套测验、波士顿诊断性失语症检查等)
	单项语言功能检查	(语音辨别、100单词呼名、句法检查、表征测验等)
	实用语言交流能力检查	(日常生活交流能力测验、实用语言交流能力检查、功能性交流图)
总结判定	整　　理	(填写报告书、评价量表等)
	判　　定	(失语诊断、鉴别诊断、严重度、预后、治疗目标、治疗计划等)

图 5-10　失语症评价流程示意图

(引自《实用语言治疗学》)

第三节　失语症的语言康复

失语症康复治疗的目的是最大限度发挥残存的语言能力及确定最有效的交流方法,达到语言功能最大限度的恢复。

一、训练时机选择

(一)训练开始的时间

正规的语言训练开始时期是急性期过后,患者病情相对稳定,能够耐受集中训练至少30分钟后。应尽早开始训练,开始时间越早训练效果越好。

(二)停止或不适合进行语言训练的情况

(1) 全身状态不佳。

(2) 意识障碍。

(3) 重度痴呆。

(4) 拒绝或无训练动机及要求者。

(5) 接受一段时间的系统语言训练,已达持续静止阶段。

另外,在语言训练中应密切观察患者是否已有疲劳感,注意力能否集中等情况。

二、主要训练形式

(一)个人训练

即一名治疗师对一名患者的一对一训练方式。要求具有一个安静、稳定的环境。治疗师根据患者的具体情况制定训练计划。

(二)自主训练

患者经过个人训练的体验,充分理解了语言训练的方法和要求。具备了独立练习的基础后,语言治疗师可考虑将部分需要反复练习的内容,让患者进行自主训练。治疗师设计和决定训练的教材、内容和量且定期检查。常以家庭作业的形式出现。

(三)小组训练

即集体训练。目的是逐步接近日常交流的真实情景,通过相互接触减少孤独感,学会将个人训练的成果在实际中有效地应用。治疗师可根据病人的不同情况编成小组开展多项活动。

（四）家庭训练

语言治疗师将评价及制定的治疗计划介绍给患者家属,并通过观摩治疗师训练、阅读指导手册等方法,使家属掌握训练技术,由家属担任治疗师对患者在家中进行训练。治疗师一定要定期复查评价,调整训练课题及告知注意事项。

三、代表性的训练方法

失语症康复训练的主要切入点有以下几个方面：①语言功能的缺失（功能障碍）；②实际交流能力低下(能力障碍)；③交流对象及环境不利(社会障碍)；④行为异常、无动机及其他高级神经功能障碍(心理障碍)。基于失语症不同的障碍侧面形成了很多的语言治疗技术：

（一）刺激疗法

该疗法于 20 世纪 60 年代由 Schuell 创立,Schuell 认为大多数失语症患者的语言成分和规则并没有丧失或破坏,而是因言语分析器的失灵、处理过程混乱、不能恰当地协调完整的动作所造成的语言系统工作效率减退。刺激法是指应用强有力的、集中的听觉刺激作为基本工具,最大限度地促进语言再组织和恢复。它采取不同的输入、输出方式,如听理解、言语表达、阅读理解、书面语表达,直接刺激受损的不同的语言层级,如音素、语词、语句、篇章,使语言功能得到改善。该方法是目前临床使用广泛的方法。

（二）机能重组法

此为 Luria1973 年所提出的方法。此学说的观点为损伤干扰了功能系统。而恢复则是通过对功能系统残存成分的重新组织或再加上新的成分，而产生出一个适合于操作的新的功能系统。也即通过语言训练使中枢神经系统内发生了功能重组。通过由另外的脑区来取代病损脑区的功能、通过动员基本脑结构的功能以及高级脑结构的功能来代偿已经损害的语言功能来实现。训练方法可分为系统内重组和系统间重组。

（三）程序操作法

该方法是 Lapointe1978 年提出的,它是运用操作条件反射原理,把认知刺激法和操作条件反射法有机地组合起来。其治疗是通过对自发正常状态下获得的行为进行结构分析的基础上,设计一系列细致的、严格限制的逻辑性步骤,指导患者一步步接近所希望的行为。

（四）阻断去除技术

此方法是 20 世纪 60 年代由 Weigl 提出的,该方法基于功能重组的理论,建立于简单再学习机制假设上,用刺激来促进神经系统的功能重组,是将受阻断的较好的语言形式中的语言材料作为"前刺激",引出另一语言形式中有语义关联的语言材料的正反应,而使"阻断"去除。强调并未让患者有意识地注意学习的内容是什么,而在训练设计上,前刺激所运用的语言材料应与需去除阻断的语言材料在语言功能上有某种关联,并要求前刺激的语言形式应是完整保留的。

(五)旋律语调治疗

此方法是近几年产生的一种新的治疗技术,它的理论基础是语言表达的重音、音调和旋律模式主要由右侧大脑半球控制,因此对于有左侧大脑半球损伤的失语症者,重音、音调、旋律的模式可以利用。主要方法是用一些富有旋律的句子做吟诵训练,学会使用夸张的韵律、重音、旋律来表达正常的语言。美国神经病学会已经鉴定了旋律语调治疗法。但此法目前临床上主要应用于重度失语症或经其他语言治疗后效果不显著的患者,还未广泛开展。

(六)功能性交流治疗

此方法主要侧重于日常的交际活动和信息交流,包括语言和非语言的交流。治疗强调要充分利用患者残存的能力,灵活应用多种交流技能,把多种信息传达手段结合起来并同时进行,提高接受和表达能力。目前应用较多的是 1981 年 Davis 和 Wilcox 提出的促进交流效果法(PACE)和 1990 年 Holland 提出的会话教练(CC)。近几年,临床又提出了泛化技术,此法更接近真实的自然会话。它是指把在实验或临床条件中修正的行为和技能推广到现实生活实际中,以同样有效的方式应用的过程。它的目标是刺激性泛化、反应性泛化和维持。也只有当泛化成功,才可弥合临床—功能鸿沟。

(七)认知疗法

20 世纪 50 年代以来,许多认知心理学家从认知过程来分析语言损害,提出许多语言过程的认知模式。1982 年 Buffery 和 Burton 提出了脑功能治疗(BFT),这种方法是现代实验认知心理学在语言治疗方面的新应用。1991 年 McNeil 和同事们认为注意力的唤醒与语言加工之间有联系,提出"失语症的整合注意理论"。虽然由于认知神经心理学的兴起,使失语症的治疗变得更为直接和细致。但是,失语症患者的主要症状是语言障碍,所以主要还是以语言功能训练为主,认知治疗只能作为辅助治疗配合进行,以此来促进语言功能的恢复。

(八)小组治疗

此方法迄今已有 50 多年的历史,其作为语言治疗的一个组成部分,有着其他疗法所不能替代的作用。小组治疗除了可以改善患者的语言技能,还有助于患者的心理调整。该方法最大的特点是突破了以往治疗中以治疗师为主,患者为辅的治疗格局,使患者上升为主角,充分调动了患者的积极性。但是在治疗中,患者的恢复程度各不相同,要及时调整患者心态,并调整小组。一般来说,小组治疗可根据其目的的不同,采取不同的治疗手段。如可以设计以心理调整为目的小组治疗、以社会交往为目的和以语言治疗为目的的小组治疗等等。在治疗中使用的直接疗法与个体治疗的作业相似,所以要确定治疗目标,并根据难度分层次排列,使各种程度的患者能够在一个组中接受治疗。

(九)计算机辅助治疗

随着科学技术的发展,计算机开始用于失语症的治疗,不但提高了治疗师的工作效率,还有助于患者部分脱离治疗师,在家中进行自我治疗或训练。同时可以根据患者的需要对治疗作业进行控制。如对视觉刺激呈现的大小、位置、颜色等,听觉刺激的强度、时间、音调等,都可根据患者的反应,通过软件程序进行相应改变,从而改变作业难度,使之更适合不同的患者。计算机提供的治疗作业还可以微妙地准确测定患者的反应时,并能计算平均反应时和标准差。近20余年来,国内外学者开发了一些失语症治疗程序,包括言语分析、言语表达训练、阅读理解训练、计算机辅助视觉交流系统等。这些都极大地方便了失语症的治疗,提高了治疗效果。计算机辅助治疗可运用多种程序进行多种功能的训练,并且图文声并茂,易引起患者的兴趣,所以可用于多个失语症类型的治疗。

(十)药物治疗

近年来,对药物治疗失语症也多有报道,所用的药物主要集中在多巴胺类、胆碱类和脑保护性药物。①多巴胺能药物是最早被作为失语症治疗的药物,主要是改善言语的产生功能。另外,言语输出的改善多发生在损伤较轻且主要发生在皮质下的损害以及经皮质运动性失语。因此,Albert 推测,症状改善可能和多巴胺能药物刺激了上行的中脑—皮质通路,从而增强了受损言语脑区的输出活动有关。②增加脑内去甲肾上腺素含量的药物如安非他明,是一种起间接作用的拟交感神经胺,可以促进去甲肾上腺素和多巴胺的释放。右旋安非他明可以对感觉运动整合、双眼深度知觉、言语记忆、Wisconsin 卡片分类的反应时间异常等行为缺陷的恢复有帮助。③胆碱能药物,主要是改善左颞叶的命名和理解能力。④脑保护性药物如吡拉西坦,可使脑梗死灶四周缺血半暗带的代谢功能趋于正常,减轻毛细血管痉挛,减少血栓形成,增加细胞膜顺应性,从而提高氧的吸收。这些效应可以促进急性期脑卒中的神经性及功能性的恢复,也可以促进胆碱能和谷氨酸的神经传递,从而提高学习和记忆功能。

除上述几种常用药物外,下面几种药物有时也用在失语症的治疗上,如唑吡坦、5-羟色胺等,这些药物可能从不同的机制上对受损的言语功能恢复有一定促进作用。

尽管药物治疗失语症取得了一定的进展。但因为其治疗研究结果很不一致而尚存争议。

(十一)中医治疗

中医治疗强调辨证论治,中风失语的辨证常分为痰热闭窍、风痰闭阻、肝肾两虚、气虚血瘀、痰阻肝阳上亢、痰阻气虚血瘀、痰阻脾虚、痰阻阳虚等,临床以痰浊蒙蔽心窍、肝肾两虚、气虚血瘀为多见,治则侧重通心脉、开心窍、补肾益脑,采用中药、针灸、针药并用、针药灸并用、电针等多种治疗方法。中药多采用辨证论治及专方治疗的方法,在组方方面多在解语丹辨证基础上加减,如神仙解语丹、资寿解语汤、中风回语丹、牛黄解语丹等。中药的剂型大多数是汤剂,其次为中成药、胶囊和水丸,此外还有膏剂、导入液等。中药的给药途径有内服和外用两种,主要为内服,还有膏剂贴穴和药液离子导入等外用方法。临床应用的针刺方法较多,包括舌针、头针、体针及综合取穴针刺治疗等。目前,临床多综合选穴,即舌、头、体针相结合,亦有常规刺法与其他疗法(包括电针或特殊的针刺治疗方法等)相结合进行治疗。

第四节　儿童失语症

儿童失语症是指处于正常语言发育过程中的儿童由于脑部器质性病变所致的语言异常。语言的优势半球是随着年龄的增加而逐渐发展定位的,如果后天性失语的发病时期相当早,由于语言的一侧半球的优势还未确立,另一侧半球就能继续发展它的语言能力,因而一侧损伤不会伴随长期的语言障碍,症状及预后也显示出较大的差异。在小儿失语的发病初期,多数处于缄默状态,言语活动明显减少,表达迟缓,词汇量少,语声低下,有一些错话,但极少有杂乱语。同时手势语、姿态等非言语交流活动的内容也明显低下,言语症状明显受发病时的年龄影响而表现各异。年龄小的儿童很少有适合于成人失语症典型分类的相同病例,而年龄较大的儿童却有可能有与成人相似的症状表现而适应于分类。

儿童失语的另一个特点是:恢复的速度及预后明显较成人要好,随着年龄的增加语言功能恢复所需要的时间相应延长。当然,恢复的速度及程度亦与损伤的严重度及有无两侧性损伤有关。

如有持续的语言障碍,还会引起诸多的学习障碍及心理问题,关于小儿失语的评价,应考虑使用言语的量与复杂性要与儿童语言发育的阶段相符合。

除了考虑年龄的因素外,还应了解其智力、家庭及朋友所用言语、教育史等各方面因素对儿童语言能力的影响。

儿童失语症中还有一类特殊的失语症叫兰达—克莱夫纳综合征(LKS),是由于癫痫引起的语言障碍。也称获得性癫痫性失语症,都是患有癫痫的儿童,年龄在3～8岁,一般开始于6岁以前。最常见症状是对听觉信号的理解出现严重障碍,即言语听觉失认,听力测试是正常的但他们却无法理解话语的含义,大多数病例先出现语言理解的障碍,随后出现表达方面的缺陷与异常。这类儿童到12～13岁之后癫痫可能会痊愈,但语言障碍却很难恢复。词汇量、语法都受到严重影响。

综上所述,儿童失语症是非常特殊的一种语言障碍,有待进一步的深入研究。

(林 馨)

【病例】

李某,女,68岁,大学文化,工程师退休,右利。患者两个月前在一次参加老年艺术团演出活动时突然昏迷,急诊入院。当时诊断为:脑出血。治疗两个月后苏醒,遗留左侧口角歪斜,语言障碍,右侧肢体活动障碍。头颅CT结果显示:左额部皮质及皮质下软化灶。既往史:患者有高血压病史12年。

失语检查:自发谈话语声低,回答其他问题及叙述病史声音也小,说话费力,一字一顿,只能勉强听出个别字,需要加上手势才能勉强明白其意思。

信息量为2分,流利性为12分,系列语言1–21比自发谈话略好。

听理解:是/否问题:完成85%;听辨认:完成90%;口头指令:完成82%。

复述:完成24%。

命名:词命名完成20%,列名、反应命名均0分。

阅读:视读完成30%,听字辨认完成85%。

书写:姓名、地址、抄写和系列书写均100%完成;听写完成60%;看图写字完成10%;写病史,写出的"字"完全不能辨认。

临床诊断:脑出血,右侧偏瘫,语言障碍。

失语诊断:运动性失语。

分析:该患者为脑出血引起的失语症,头颅CT结果显示:左额部皮质及皮质下软化灶。损伤部位为Broca;患者的言语总体来说属于非流畅性;听理解能力较好;复述较差。患者患病前为工程师,已退休,经过训练使患者适应社区内的交流,参加一些社区内的活动。

初步训练计划:主要进行口语表达方面的训练,教会言语表达的技能及自动性言语训练。

参考文献

[1] 昝飞,马红英.言语语言病理学[M].华东师范大学出版社,2005.

[2] 高素荣.失语症[M].北京大学医学出版社,2006.

[3] 李胜利.语言治疗学[M].人民卫生出版社,2008.

[4] 哈平安.病理语言学[M].北京师范大学出版社,1998.

[5] 曲爱华.中风失语的病机分析[J].中国中医基础医学杂志,2009,15(7).

[6] 杨海芳,黄燕.中风失语症的中医研究现状[J].深圳中西医结合杂志,2004,14(6).

[7] 常静玲,高颖.中西医治疗脑卒中失语述评[J].中国康复理论与实践,2006,12(12).

[8] 吴海生,蔡来舟.实用语言治疗学[M].人民军医出版社,1995.

[9] 唐菱.失语症分类研究概述[J].湖南大学学报(社会科学版),2003,17(5).

[10] 于增志.脑卒中后语言障碍[J].中国临床康复,2003,7(5).

[11] 张庆苏.失语症检查研究进展[J].中国康复理论与实践,2005,11(8).

[12] 陈卓铭.临床汉语失语症诊疗新进展[J].广东医学,2004,25(11).

[13] 汪洁.失语症的治疗及其进展[J].实用老年医学,2003,17(1).

[14] 徐玲丽,沈志祥.失语症的康复治疗[J].中国组织工程研究与临床康复,2007,11(17).

[15] 张庆苏,纪树荣.失语症治疗的研究进展[J].中国康复理论与实践,2006,12(1).

[16] 周苹,单春雷.失语症的药物治疗进展[J].中国康复医学杂志,2008,23(9).

思考题

1. 简述失语症的概念。
2. 请阐述失语症的常见原因及其分类。

第六章 构音障碍

第一节 概 述

一、构音障碍的概念

我们知道人的构音器官由呼吸器官、喉与声带、鼻腔与口腔三部分组成,而要发出语音需要来自肺部呼出的气流作为动力,所以一般是在呼气的过程发音,呼气时喉部的声带在气流的振动下发出声音,再通过咽、腭、舌、唇和下颌的灵活协调运动,改变共鸣腔的形式而发出各种言语声音。因此构音是指通过构音器官的运动即口腔、喉、鼻腔等的协调运动发出组成语言单词的言语声音即语音的过程。也就是由肺部呼出的气流,经过声带的振动,由咽、腭、舌、唇、鼻腔等器官的动作及共鸣,发出语音的过程。

构音障碍(articulation disorder)又称发音障碍或构音异常,是指由咽、腭、舌、唇等发音器官结构异常或构音器官在构音的过程中,构音部位发生错误或呼出的气流方向、压力或速度不准确,甚至整个构音动作不协调,以至语音发生错误的现象。

构音障碍的患者具有进行语言交流所必需的语言符号系统,具有正常的语言形成、语言接收的能力,仅在语音输出的最后阶段也就是在把已组成的词转变成声音的阶段出现障碍,从而不能形成清晰的言语声音而使言语在听觉特征上发生改变。因此,应该明确,构音障碍是口语的语音障碍,词义和语法正常。

构音障碍是临床上常见的言语障碍,更是学龄前和学龄期儿童最常见的言语障碍。严重影响患者的日常交流能力,从而影响患者的生活质量和身心健康,因此,有必要对构音障碍的原因、类型、评价及矫治方面进行探讨。

构音障碍可有多种原因造成,根据病因可分为器质性构音障碍、运动性构音障碍和功能性构音障碍。

对构音障碍的理解有广义和狭义两种,本章阐述的构音障碍是广义的范畴,狭义的构音障碍仅仅指运动性构音障碍。

二、构音障碍的分类

根据构音障碍的发生原因可分为三类:

(一)运动性构音障碍

是由于神经病变、与言语有关的肌肉麻痹、收缩力减弱或运动不协调所致的言语障碍。主要表现不会说话、说话费力、发声和发音不清等,(见图6-1)。

根据神经系统损害部位和言语受损严重程度不同,Darley 等将运动性构音障分为六种类型,即①弛缓型构音障碍;②痉挛型构音障碍;③运动失调型构音障碍;④运动过少型构音障碍;⑤运动过多型构音障碍;⑥混合型构音障碍。

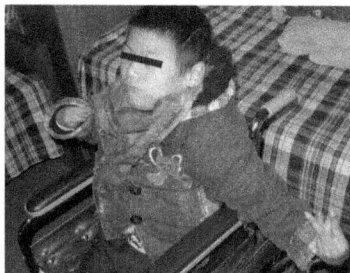

图 6-1 脑性瘫痪引起的运行性构音障碍儿童

六种类型构音障碍的损伤部位、言语特征、产生机制、常见原因疾患分述如下:

1. 弛缓型构音障碍

损伤部分是下运动神经元。言语特征是说话时鼻音过重,可闻气体自鼻孔逸出声及吸气声。发音时因鼻腔漏气而语句短促,低音调,音量减弱,字音不清。伴发症状可有舌肌颤动与萎缩,舌肌与口唇动作缓慢及软腭上升不全造成的吞咽困难,进食易呛,食物常从鼻孔流出。唇闭合差,唇外展异常,流涎,舌抬高困难或不能抬高,舌在休息状态异常,两侧运动差。其所表现的言语症状主要由于病变影响了肌肉收缩的最终通道,使肌肉的张力降低或麻痹,可以表现为肌萎缩。所以其表现的是麻痹性的构音障碍,如咽肌、软腭瘫痪,呼气压力不足,可使辅音发音无力,舌下神经、面神经支配的舌、唇肌肉活动受损,不能正确地发出声母韵母。常见于颅神经核、颅神经、周围神经纤维病变,或构音肌群的病变等。

2. 痉挛型构音障碍

损伤部位是上运动神经元。言语特征是说话缓慢费力,字音不清,鼻音较重,缺乏音量控制,语音语调异常,舌交替运动减退,说话时舌运动、唇运动差,软腭抬高减退,常伴有咀嚼和吞咽困难。其所表现的言语症状主要由构音肌群的肌张力增高、肌力运动减弱及运动范围受限所致。常见于脑血管病、假性延髓麻痹、痉挛性脑瘫、脑外伤、脑肿瘤、多发性硬化等，最严重的是假性延髓麻痹。

3. **运动失调型构音障碍**

由小脑或其脑干内传导束病变所致。言语特征是发音不清、含糊、不规则、重音过度或均等，语音语调差，字音常突然发出(爆发性言语)，声调高低不一，间隔停顿不当。语速减慢，说话时舌运动差，舌抬高和交替运动差，其所表现的言语症状由构音肌群的协同动作障碍所致，具体表现为构音肌群运动范围、运动方向、力度、时机等的控制能力差。常见于肿瘤、多发性硬化、酒精中毒、外伤等。

4. **运动过少型构音障碍**

系锥体外系病变所致。言语特征是发音低平、单调，语音语调差，言语速度加快，音量控制差，音量小，发声时间缩短，舌抬高差，说话时舌运动不恰当，流涎。其所表现的言语症状由锥体外系病变导致构音肌群的不自主运动和肌张力改变，主要是构音肌群强直，运动范围和速度受限。常见于帕金森氏综合征。

5. **运动过多型构音障碍**

也是由于锥体外系病变所致。言语特征是发音高低、长短、快慢不一，可突然开始或中断，嗓音发哑紧张，言语缓慢。其所表现的言语症状由锥体外系病变导致的构音肌群异常不随意运动造成。常见于舞蹈病、肝豆状核变性、手足徐动症、脑瘫等。

6. **混合型构音障碍**

由上下运动神经元病变所致，言语特征是舌的运动、唇的运动、语调语速均有异常。常见于多发性硬化、肌萎缩性侧索硬化、威尔森氏病。由于病变部位不同，可出现不同类型的混合型构音障碍。多发性硬化显示出痉挛型与运动失调型构音障碍；肌萎缩性侧索硬化可表现为上下运动神经元的退行性变化，显示出痉挛型和麻痹型构音障碍；威尔森氏病显示出痉挛型、运动过少型与运动失调型三者混合的构音障碍。

综上所述，虽然运动性构音障碍是一组较为复杂的症状，许多患者表现为以一种类型为主，伴有一种或一种以上其他类型的构音障碍特征。但其病理基础都是运动障碍。

(二)器质性构音障碍

由于构音器官形态结构异常所致的构音障

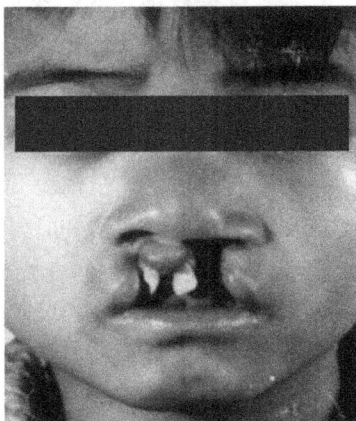

图6-2　口唇裂引起的器质性构音障碍儿童

碍。主要表现为不能说话、鼻音过重、发音不清等，(见图 6-2)。

(三)功能性构音障碍

指错误构音呈固定状态，但找不到作为构音障碍的原因。即构音器官无形态异常及功能异常，且有正常范围的听力水平，并且语言发育已达到 4 岁以上的水平，即构音已固定化。

三、构音障碍的原因疾患

(一) 运动性构音障碍的主要原因

1. 神经系统的障碍

如脑卒中、脑肿瘤、多发性硬化、脑瘫、帕金森病等，现将最常见的原因分述如下：

(1) 脑卒中。又称脑中风或脑血管病，是由于大脑中的血管突然破裂出血或因血管堵塞造成大脑缺血、缺氧而引起。临床以突然意识障碍或口眼歪斜、半身不遂、口齿不清、认知障碍为主要特征。脑卒中包括缺血性卒中与出血性卒中。构音障碍在脑卒中患者中的发生率为 30%—40%，其中痉挛型构音障碍最为多见，占脑卒中后遗构音障碍的 87.8%。

(2) 脑肿瘤。包括原发性脑肿瘤和继发性脑肿瘤，其病因至今不明。脑肿瘤可发生于任何年龄，以 20-50 岁为最多见。大部分的脑肿瘤，在颅脑中有一定的占位效应，邻近脑组织受压移位，周围组织水肿明显，部分肿瘤，侵犯周围脑组织，使相应脑功能区也发生变化。由于病损侵犯的部位不同，出现的障碍也各异，可表现各种类型的运动性构音障碍。

(3) 多发性硬化症。多发性硬化是一种常见的以中枢神经系统炎性脱髓鞘为特征的自身免疫性疾病，发病原因与遗传因素、环境因素有关，其特征是中枢神经系统白质内多发性脱髓鞘斑块，常侵犯脑室周围的白质、视神经、脊髓的白质、脑干和小脑。由于病损的部位不同，出现的障碍各异，以脊髓性感觉障碍、视力障碍、步行困难、肢体无力、复视、平衡障碍和共济失调等为首发症状，可表现为痉挛型构音障碍或运动失调型构音障碍。

(4) 延髓麻痹。包括真性延髓麻痹和假性延髓麻痹，凡是病变直接损害了延髓或相关的颅神经者，称为真性延髓麻痹。而病变在桥脑或桥脑以上部位，损害双侧皮质脑干束，造成延脑内运动神经核失去上运动神经元的支配而出现的虽然不是延髓本身病变但却出现与延髓麻痹十分相似的症候，这样的病变称为假性延髓麻痹。无论是真性延髓麻痹还是假性延髓麻痹都会因为舌肌、软腭、咽肌的麻痹而出现共同的临床特点：言语困难、发声障碍和进食困难。

真性延髓性麻痹的病因可以是椎—基底动脉血栓、延髓空洞症、脑干肿瘤、肌萎缩侧索硬化症、进行性延髓性麻痹、颅底凹陷症、枕骨大孔附近病变(肿瘤、骨折、脑膜炎)等。假性延髓性麻痹的病因则可以是两侧脑血管病后遗症、脑动脉硬化、多发性硬化、一氧化碳中毒、脑肿瘤、脑炎、脑脊髓膜炎后遗症、脑外伤等。

(5) 小脑病变。见于急性小脑炎、脓肿、小脑血管病变、外伤、小脑肿瘤、小脑发育不全、遗传性共济失调、实质性小脑皮质萎缩等,可表现为共济失调、站立不稳、步态蹒跚,状如醉汉。这些也会影响到构音器官肌肉运动协调性,从而出现构音障碍,患者表现出吐字不清、音量强弱不均匀、发音开始时用力过度、语音时断时续等现象。

(6) 基底节病变。见于肝豆状核变性、舞蹈病、帕金森病等。

肝豆状核变性又称威尔逊氏病,是一种常染色体隐性遗传的铜代谢障碍疾病,由于铜在体内过度蓄积,损害脑、肝等器官而致病。一般病起缓渐,临床表现多种多样,主要表现在神经系统的症状、肝脏症状、角膜色素环、肾脏损害、溶血等。其中神经系统症状常以细微的震颤、轻微的言语不清或动作缓慢为首发症状,以后逐渐加重并相继出现新的症状。典型者以锥体外系症状为主,表现为四肢肌张力强直性增高,运动缓慢,面具样脸,说话低沉含糊,流涎,咀嚼和吞咽常有困难。不自主动作以震颤最多见,常在活动时明显,严重者除肢体外头部及躯干均可波及,此外也可有扭转痉挛、舞蹈样动作和手足徐动症等。

舞蹈病又称风湿性舞蹈病。常发生于链球菌感染后,为急性风湿热中的神经系统症状。病变主要影响大脑皮层、基底节及小脑,由锥体外系功能失调所致。临床特征主要为不自主的舞蹈样动作。肌力和肌张力普遍降低,严重的病例可有语言、咀嚼及吞咽困难。

帕金森病又称震颤麻痹,是一种老年人常见的运动障碍疾病,一种中枢神经系统变性疾病,病因和发病机制至今仍不完全清楚,其病理改变主要为中脑黑质多巴胺神经元变性,以致不能产生足够的多巴胺而发病。主要临床特征是静止性震颤、运动迟缓、肌强直和姿势步态异常。由于有关肌肉受累,咀嚼、吞咽和言语运动也可发生障碍。另外,还有由外伤、中毒、药物、脑血管病、肿瘤、脑炎等原因造成的帕金森综合症,和帕金森病不同的是可以发生在任何年龄段,病理改变是大脑、中脑黑质—纹状体通路遭到病变破坏,多巴胺神经元变性,以致多巴胺产生不足或不能传输多巴胺来维持正常神经功能,除了有原发病遗留下的表现外也有和帕金森病相同的表现。

(7) 外周神经疾病。外周神经是指联系中枢神经系统与全身各器官的神经,通过这些神经可以把信息从中枢传递到肌肉组织,指导肌肉运动,又可以把身体的感觉信息传递给中枢。外周神经损伤通常会引起肌无力(通常是指麻痹)和感觉问题。如格林—巴利综合征是最常见的周围神经病,常累及面神经及后组颅神经,出现面神经麻痹,构音障碍及吞咽困难。

(8) 神经原性肌萎缩。代表性疾患为肌萎缩性侧索硬化症(俗称渐冻人症),肌萎缩性侧索硬化症是一种累及上运动神经元(大脑、脑干、脊髓),又影响到下运动神经元(颅神经核、脊髓前角细胞)及其支配的躯干、四肢和头面部肌肉的慢性进行性变性疾病。迄今还不知道确切的致病原因,临床上常表现为上、下运动神经元合并受损的混合性瘫痪。舌常首先萎缩,呈现皱折并发生明显的肌纤维颤动。口轮匝肌亦很早受到侵犯。后期喉的内部肌肉受损害,常因口唇不能闭合流涎。

(9) 脑性瘫痪。是指出生前到生后 1 个月内,各种原因所引起的脑损伤或发育缺陷所致的运动障碍及姿势异常。可以伴有智能低下,多动,情绪不稳,自闭(孤独倾向),癫痫,听力、视力、语言、行为障碍。由于神经损伤导致与言语运动有关的肌肉的麻痹或运动不协调,常常影响到言语产生的各个因素,在呼吸、发声质量、构音、共鸣、韵律等方面都可有所表现,临床表现与损伤的部位有密切关系。因脑损害并不一定限于脑的某一部分,其构音障碍也变得较为复杂,可表现为痉挛型构音障碍、运动过多型构音障碍、运动失调型构音障碍等不同类型的构音障碍。

2. 神经肌肉接头处疾患

所谓的神经肌肉接头是指由运动神经末梢与肌肉间构成的一种特殊突触结构,属于神经信号传递的转换装置。神经肌肉接头将神经冲动在突触前膜处的电信号转化成为化学信号(乙酰胆碱)。乙酰胆碱通过突触间隙并与突触后膜上乙酰胆碱受体结合,产生肌肉收缩。若由于中毒、免疫介导性和离子紊乱等因素使这一过程不能顺利进行,也即所谓的神经肌肉接头处疾病。如重症肌无力,重症肌无力是神经—肌肉接头处传导障碍的自身免疫性疾病,发病可能与遗传因素有关。病变主要累及神经—肌肉接头突触后膜上乙酰胆碱受体。研究表明,由于体内产生了自身抗体——乙酰胆碱受体的抗体,破坏了神经肌肉接头处突触后膜上的乙酰胆碱受体,使突触传递发生障碍,从而不能引起骨骼肌的充分收缩,导致肌无力。重症肌无力起病隐袭,症状有上睑下垂、复视,若咽喉肌和咀嚼肌受累,则出现构音障碍、进食和咽下明显困难、饮水呛咳,表现出连续说话后语音不清,休息后又有所好转的现象。

3. 肌肉系统的疾病

通常指骨骼肌的疾病,大部份与遗传因素有关,骨骼肌是执行机体运动的主要器官,发生病变则表现为运动障碍和变形。由于肌纤维变性所致的肌张力障碍导致了构音肌群运动的障碍,使之出现构音困难。常见的有进行性肌营养不良症、强直性肌营养不良症等。

进行性肌营养不良是一组遗传性肌肉变形性疾病, 临床以缓慢进行性加重的对称性肌无力和肌萎缩为特征, 可累及头面部肌肉和肢体肌肉, 少数可以累及心肌。本病可分为很多类型,其中如面肩肱型肌营养不良症、眼咽型肌营养不良症等类型由于面部肌肉受累表现出吹哨、鼓腮困难、吞咽困难、构音不清等现象。

强直性肌营养不良症表现为肌萎缩、肌无力、肌肉收缩后不能立即松弛,是一种多系统受累的常染色体显性遗传疾病,也常累及构音肌群而出现构音问题。

所以说无论是神经系统的疾病还是肌肉系统本身的疾病, 只要最终导致了呼吸肌群、喉部肌群或头面部肌群的麻痹、收缩力减弱、协调性异常,就会出现构音的异常,也即导致运动性的构音障碍。

（二）器质性构音障碍的主要原因

一个正确的清晰的发音除了有良好的神经系统的调节、有灵活协调的肌肉收缩,还必须具备完整的形态结构的基础。如果构音器官的形态结构异常,就难以达到构音的正确。形态结构异常主要见于先天性唇腭裂、先天性面裂、巨舌症、齿列咬合异常、外伤术后变形、术后疤痕挛缩致构音器官形态及机能损伤、先天性腭咽闭合不全等。器质性构音障碍的代表是腭裂。

（三）功能性构音障碍的原因

原因目前尚不十分清楚,可能与语音的听觉接受、辨别、认知因素、获得性构音动作技能的运动因素、语言发育相关因素等有关,如环境刺激贫乏、教养不当、管教过轻或放纵、发育过程迟缓而造成的成熟度低、情绪上的纷扰以及双语儿童等。

四、构音障碍的表现

构音障碍的表现可以概括为四种类型:替代、省略、歪曲、添加。

1. 替代

所谓替代, 就是发音过程中用某一个音来代替另一个音, 如 gao（高）—dao（刀）。

2. 省略

所谓省略,即发音过程中省略了某些应该有的音素,结果造成目标音节的不完整。在汉语中既有声母的省略,也有韵母的省略,特别是鼻尾音的省略。常见的是省略辅音,如 hao(好)—ao(袄)。

3. 歪曲

指所发的语音既不是所需的语音,又不是该语音系统中所存在的语音。

4. 添加

就是在所发音节中加入不应有的音素,造成目标音发音错误,如 pa(怕)—pia。

从实际情况分析来看,替代音最为多见,其次是省略,每人的错误类型不同,有时会混合出现前四种。

其他还有声调错误。汉语是有声调的语言,相同的声母韵母构成的音节由于声调的不同,可以造成意义的不同,因此,在描述分析构音错误时也需记录四声的错误。

儿童对于不同声调的掌握程度是不同的,一般来说,第 1、4 声容易掌握,2、3 声相对较难,其中 3 声最难。

第二节 构音障碍的评价与检查

一、构音障碍评价与检查的现状

构音障碍评价的目的是确定患者是否存在构音障碍,并对障碍分类,也能进一步确定错误构音所在及其特点,以此为制定治疗计划及评定治疗效果提供依据。虽然评价对于构音障碍患者而言具有重要意义,国内外学者们也作了很多尝试提出了很多评价方法,但至今尚未统一。目前对构音障碍的主要评价方法可以概括为:人工评价和仪器辅助评价两大类。

(一) 人工评价

1. 国际上对构音障碍的人工评价方法可以概括为以下几种:

(1) 描述法 指语言治疗师根据眼看、耳听、判断分析来报告言语障碍的一种评价方法。该方法的优点是简单易行,不足之处是对治疗师的语言学方面专业知识要求较高,主观性较大,因此不便于进行复查。

(2) 音标法 是指用音标标明构音障碍患者言语的语音,从而评价构音障碍的有无、程度并对构音错误进行分类的一种测验方法。该方法的优点是克服了描述法中诸如描述不正确、不统一等问题,从而使检查更精确,并可复查。如日本的构音障碍检查法。

(3) 可理解度测验法 是指采用已经设计好的标准化语词、语句、对话对患者进行可理解度测验,通过测验,对其清晰度进行分级,从而了解患者言语的清晰程度的测试方法。该方法的不足之处是仅凭此评价结果对构音障碍的治疗意义不大。

(4) 标准化测验 20世纪80年代,国外学者开始着手制定了一些标准化测验的方法,以此来确定损害的严重程度、概括损害的与残存的功能并对构音障碍进行分类,从而很好地指导治疗。如英、美国家常用的 Frenchay 构音障碍评定法。该评价法的不足之处是描述和测定简易、粗略,不能观察到细微的变化。

2. 国内常用人工评价方法主要有以下两种:

(1) 中国康复研究中心构音障碍检查法 该检查法是中国康复研究中心参照日本构音障碍检查法并按照汉语普通话的发音特点编制的,是国内目前较广泛应用的评定方法。此评价方法分为构音器官检查和构音检查两部分:①构音器官检查,是指通过对参与构音器官的形态、粗大运动和神经反射的检查以确定构音器官是否存在运动障碍和(或)器质异常;评定范围包括肺(呼吸情况)、喉、面部、口部肌肉、硬腭、腭咽机制、下颌反射等方面,采用的方法是在观察安静状态下构音器官的表现的同时,通过指示和模仿,使其做粗大运动,对构音器官的形态及运动作出评价。②构音检查,是以普通话语音为标准音,结合构音类似运动对患者的各个言语水平及其异常运动障碍进行系统评价。评定包括:会话,可以询问回答的形式进行;单词检查,由包含所测50个单词的50张图片组成,以看图说词的形式进行;音节复述检查,选用140个常用和比较常用的音节组成,以复述音节的形式进行;文章检查,可通过限定连续的言语活动进行;构音类似运动检查,选有代表性的15个构音类似运动进行。通过对上述检查结果的分析,确定类型。包括错音、错音条件、错误方式、发声方法、错法(错误是否一贯性)、被刺激性、构音类似运动、错误类型八个方面。总结,是将把患者的构音障碍特点归纳分析,结合构音运动进行总结。该检查表的特点是通过检查,能够对各类型构音障碍进行诊断,判断构音障碍的类型,找出错误的构音及错误构音的特点,对构音障碍的训练有明确的指导作用。但因无等级量化,不便于疗效的分析和比较。

(2) 河北省人民医院构音障碍评定法 该检查法是河北省人民医院康复中心根据弗朗蔡(Frenchay)构音障碍评定法改编的汉语版弗朗蔡(Fvenchay)构音障碍评价法。该检查包括反射、呼吸、唇的运动、颌的位置、软腭、喉的运动、舌的运动、言语共8个大项目,具体分为:反射,包括了咳嗽、吞咽、流涎;呼吸,包括了静止状态、言语状态的呼吸控制;唇的运动,包括了静止状态、唇角外展、闭唇鼓腮、交替动作、言语时唇的位置或运动;颌的位置,包括了静止状态、言语时颌的位置;软腭,包括了吃饭或喝水时是否进入鼻腔、软腭抬高运动,言语时鼻音和鼻漏音情况;喉的运动,包括了时间、音高、音量、言语时清晰度;舌的运动,包括了静止状态、伸出、抬高、两侧运动时舌的状态;言语,包括了读字、读句、会话时的清晰度与可理解度及患者的言语速度。共 27 个分测验,每个分测验都设定了 5 个级别的评分标准。该检查表的特点是能为临床动态观察病情变化、诊断分型和疗效判定,提供客观依据,并对治疗预后有较肯定的指导作用。但对汉语语音的错误点评测易出现漏查,对错误构音点的指导性欠佳。

（二）仪器辅助评价

1. 计算机辅助评价

计算机辅助评价首先在使用英语国家发展起来,由于其发展主要还需要取决于计算机科学的发展,所以刚开始时计算机主要起着数据的存储和简单运算功能。随着计算机科学的普及和发展,利用计算机进行声谱分析也得到很好的发展。学者们将健康人的语音信号输入计算机,通过语音识别,存储在人工神经网络系统中并制定标准的语音频谱曲线图,对受试者的语音信号通过语音识别系统与标准样本比较,对语音进行分析,由计算机按评分的方法进行评价并自动记录。因此目前计算机已经可以对某一语言功能进行定量化评估,这种方法较人工评价更具有客观性和稳定性。虽然如此,计算机在语言障碍的诊断和治疗方面的应用仍处于初期发展阶段,只能起到辅助诊断的功能。国内目前主要有语言障碍诊治仪及微机言语评价系统。

(1) 语言障碍诊治仪　计算机辅助的语言障碍诊治仪包括听检查、视检查、语音检查、口语表达 4 部分,设计有表达、理解、复述、命名、阅读等语言交流检测的各项指标,计算机模糊识别运算各种智能因子,可筛查出构音障碍、失语、智能障碍和听觉障碍等,并可分离出器质性构音障碍和运动性构音障碍,同时该检查可实现自动分析并显示出语音平均能量,最大、最小语音能量,平均语速,清、浊音正确率,口语表达语音正确率、口语流利性;语音正常、流利不流利及无发音的百分数、检查进度及时间显示等多项指标。目前市场上有常州市钱璟康复器材有限公司生产的 S-YYZ-01 语言障碍诊治仪(见图 6-3)。

(2) 微机言语评价系统　中国人民解放军康复医学中心与上海交通大学精密仪器系联合开发研制了微机言语矫治系统用于言语障碍患者的言语评价及康复训练。该系统测验项目包括发音、声母、韵母、单字、词组等项,设计思想是根

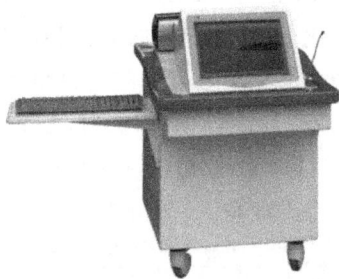

图 6-3　S-YYZ-01 语言障碍诊治仪
(图像来自江苏省常州市钱璟康复器材有限公司网站)

据构音活动的效果及词语性言语建立的神经心理过程，并参照国外同类产品的一些做法，同时测试听觉—词语和视觉—书写活动，因此，该言语评价系统具有评价构音障碍及失语症的功能，并可根据评价结果对患者进行言语矫治。

（3）启音博士　启音博士由泰亿格电子(上海)有限公司生产，是根据黄昭鸣、杜晓新等经过大量的研究提出的 RPRAP 理论研制开发的。该理论指出，言语功能正常与否，是通过呼吸(R)、发声(P)、共鸣(R)、构音(A)和语音(P)五个功能模块的正常与否来决定的，因此言语障碍的评估也以言语的五个功能模块为主体框架，采用 A+T+M 操作模式来实施。在评估过程中利用现代化的实时言语测量的手段，系统地收集言语患者各功能模块的信息、资料，通过分析处理和诊断决策，找出言语功能障碍的原因，确定障碍类型(见图 6-4)。

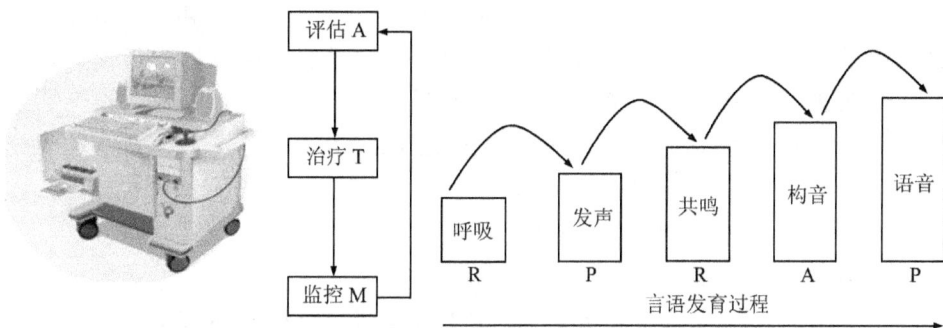

图 6-4　言语治疗的 RPRAPL 理论与 A+T+M 操作模式

(图像来自泰亿格电子(上海)有限公司网站)

2. 其他检查

除了以上评价外，还可采用其他仪器设备进行检查，这些仪器主要针对构音器官运动，利用计算机进行描记分析，主要有频谱分析、肌电图、喉动态描记仪、舌压力传感器、舌运动描记器、唇二维运动学分析法、光纤维咽喉内镜、录像荧光放射照像术和气体动力学检查等。仪器检查虽然可以更客观、精确地揭示构音器官的病理和功能状态，但仍只能作为对构音器官功能性检查的补充，且仪器设备昂贵、检查操作复杂，在临床应用上受到限制。

二、构音障碍评价的实施步骤

对于可能存在构音障碍的就诊者进行评价时，为了节省时间、抓住要点、在尽可能短的时间内对其构音情况有一个较明确的结论，评价的实施步骤可以分两步进行。

（一）初步筛选

此步骤的主要目的是初步确定就诊者是否存在值得注意的构音问题，判断其存在的问题是否严重到需要进行进一步的评价。为此我们可以通过一些简单的方法来进行，如简单交谈、念短文等等，也可参照国外一些筛选型的测试进行。

（二）详细评价

1. 病史采集

在进行各种测验前首先要采集就诊者的病史，如采集儿童患者的出生史、喂养史、生长发育史、语言发育史、家族史、受教育史、语言环境、父母的文化程度、家庭的经济状况等信息；成年患者的原发病史、基础疾病史等信息。

2. 利用工具评价

完成病史采集后需要选择合适的评价方法进行评价。如①中国康复研究中心的构音障碍检查法；②河北省人民医院构音障碍评定法；③Frenchay 构音障碍评定法。还可在这些评估的基础上有目的选择仪器进行检查，如①计算机辅助评价；②微机言语评价系统检查；③频谱分析、喉动态描记仪、舌运动描记器、唇二维运动学分析法、气体动力学等其他仪器检查。将仪器辅助检查和人工利用量表评价结果结合起来，能为治疗师在诊断和指导治疗时提供多的信息。

3. 结果分析和评估报告

所有的评价和检查都做完后，必须对所获结果进行分析，通过综合分析来判断就诊者是否存在构音障碍。在此过程中要综合考虑一些重要因素如就诊者的年龄、语音的错误量、语音错误的一致性、错误形式、文化、方言的影响等。然后就可为就诊者作出一份总结性的言语评估报告，内容包括：是否存在构音障碍；对构音进行仔细描述；陈述病因或分析病因；提出合适的训练建议。

第三节 构音障碍的矫正与治疗

一、构音障碍的矫正训练

（一）音辨训练

也即辨别错误音。构音障碍的患者可能不能辨别语音之间的细微差别，不能辨别错误音与正确音的区别，因此也不能自我判断。而患者的自我判断和自我监督是影响预后的重要因素，所以要进行听觉辨别能力，特别是语音辨别能力的训练。一般音辨训练可在发音训练之前进行。可以使用录音机录制正确音和患者发出的错误音，反复听，加强辨别能力，这样可使患者认识到自己的言语缺陷，鼓励患者尽可能地自我判断，有利于自我纠正。也可以以小组相互评议的方式进行。

（二）呼吸训练

来自肺部呼出的气流是发出语音所需要的动力，据研究，在谈话时的言语过程中，人们仅用了约肺活量体积的25%。大声说话时，利用了约肺活量的40%，在表达激动的语句时，约可达到肺活量的40%到80%。由此可见，肺部病变一般不会引起说话障碍，因为平常的说话仅用了1/4的肺活量，而气流的改变才有可能引起发音变化。言语障碍时，不是缺少气流，而是由于能量的无效利用浪费了气流。严重听力障碍者讲话时的呼吸模式是不规则的，这与声带和声道气流变化异常以及呼吸的控制异常有关。运动性障碍（如脑瘫）患者讲的话不正常也是由于呼吸模式不规则。当胸式呼吸和腹式呼吸不协调，如口吃患者不流利的说话方式也可导致呼吸模式不规则。由于呼吸异常导致言语障碍，主要是由于声带和上声道对气流形成的阻力不正常，而不是肺部体积无法变化，不足以提供合适的气道内压力。所以气流的量和呼吸气流的控制是正确发声的基础，而且建立规则的、有控制的呼吸能为发声、构音动作和韵律练习打下坚实的基础。呼气的平稳和可控制既是正确发声的关键也是语调、重音、节奏的重要先决条件，因此要认真地重视呼吸控制的训练。

（三）松弛训练

这是针对痉挛性构音障碍的训练。由于痉挛性构音障碍患者在表现有肢体肌张力增加的同时，往往存在咽喉肌群紧张，所以需要通过全身松弛训练缓解肢体的肌紧张，同时也可使咽喉部肌群相应地放松。需要进行放松训练的部位包括足、腿、臀、腹、胸、背、肩、颈、头。

（四）构音器官训练

即是各种构音动作的训练，在构音器官中下颌、唇、舌、腭功能是否正常无疑是最关键的，这些器官的功能正常才能发出清晰的言语信号，因此对下颌、唇、舌、腭的功能训练是构音准确的前提。此项训练包括本体感觉神经肌肉促进法和构音器官运动训练。本体感觉神经肌肉促进法是指通过感觉冲动的传入，增加神经元的兴奋性，具体可以通过感觉刺激和手法实施压力、牵拉与抵抗等操作的途径来实现；构音器官运动训练需要根据评价的结果有针对性地训练构音器官的运动力量、运动范围、运动的准确性以及运动的速度。具体包括：①下颌的抬高、前伸、向两侧移动训练；②唇展开、闭合、唇角外展训练；③舌头伸出、后缩、上举、侧方、环行运动训练；④软腭抬高训练；⑤交替运动，如张闭口、舌伸缩及噘缩唇运动。

(五)构音训练

在构音器官训练完成后开始,也就是当患者能完成唇、舌、下颌的动作后,尽量长时间地保持这些动作,随后做无声的构音动作,最后轻声引出目标音。训练的顺序一般为先发元音,然后发辅音,发辅音先由双唇音开始,然后将学会的辅音与元音结合,熟练掌握以后就采取元音加辅音加元音的形式继续训练,最后过渡到训练单词和句子。

(六)韵律训练

很多运动性构音障碍患者的言语存在重音、语调、停顿不当和不协调的现象,对于这些患者可利用汉语声调起伏特点设计韵律康复,也可通过朗读诗歌同时敲打节奏点的方式或用通过音节折指法训练。

(七)计算机辅助发声及构音训练

1. 利用 S-YYZ-01 语言障碍诊治仪训练

该仪器不仅能用于运动性构音障碍和器质性构音障碍诊断,也能用于康复训练。通过仪器能将康复训练与诊断检查有机地结合,可直接进入该诊断的个体化康复处方。系统设计了多种康复处方,能为每个患者度身定制康复训练,实现康复个体化。

2. 利用启音博士训练

启音博士是一种言语矫治设备。该仪器既能对呼吸、发声、共鸣、构音、语音五个方面的言语功能进行测量评估,也能自行作出与评估结论相对应的矫治方案并进行针对性的治疗,还能利用言语治疗仪器的数据分析功能,在治疗过程中跟踪治疗效果,为修正治疗方案提供科学依据(见图 6-5)。

(八)沟通交流替代手段的训练

对于部分重度构音障碍患者,虽经过各种治疗措施,仍不能使其发音或虽能发音但清晰度极低,可选择运用适当的沟通交流替代手段,以帮助他们达到与他人沟通交流的目的。首选的就是体态语,具有特定意义的体态语言训练可以帮助他们在日常生活中更好地进行沟通交流。其次,是交流辅助系统的应用,交流辅助系统的种类很多,最简单的是用图片或单词、句子构成的交流板,通过板上的内容来表达各种意愿,这也是国内应用最多的沟通交流替代手段,可以解决重度构音障碍患者的基本交流需要。近年来,国外有许多厂家生产的替代发声的交流仪器体积小,便于携带和操作。同时,具有专门软件系统的计算机也逐步用于构音障碍患者的交流,这在我国还有待开发。

```
                    ┌──────────┐
                    │ 个人信息  │
                    └──────────┘
```

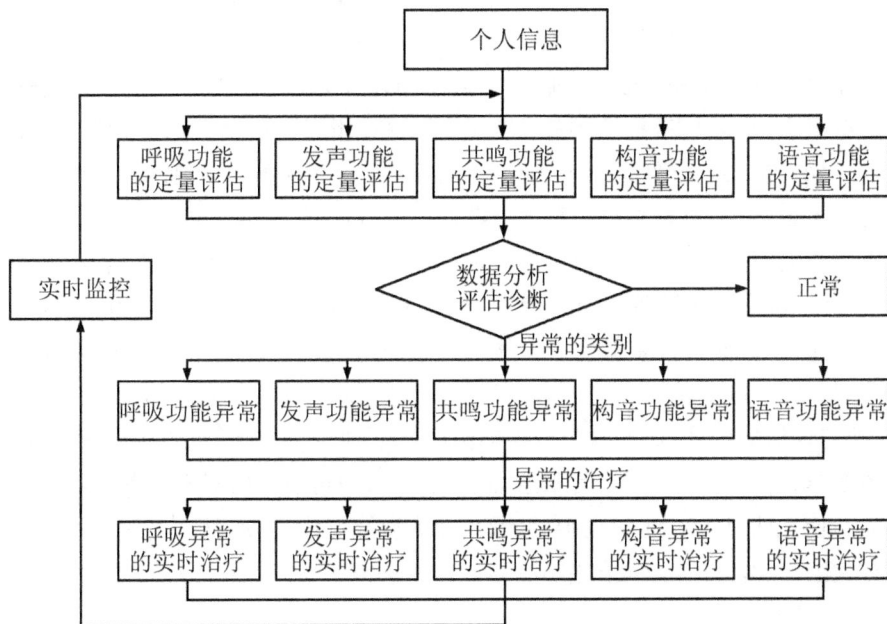

图 6-5　言语治疗的流程

(摘自泰亿格电子(上海)有限公司网站)

二、构音障碍的传统医学治疗

(一)针灸治疗

从文献资料看,目前针灸治疗假性球麻痹造成的构音障碍主要方法有体针、舌针、头针、电针、腹针、穴位注射等,主要取穴部位为口腔内及颈项,其次是四肢及头部,常用穴位有廉泉、金津、玉液、风池、翳风等。咽部、舌部穴位多行快针、强刺激、不留针。另外,辩证方法以经络辩证为主,治疗多以"通"为则,以行气活血,通经化痰,利窍开音等为法,着重局部治疗,改善患者咽喉部、舌部及脑部的血液循环。近年来薄智云教授创立"腹针"学说不断在临床实践中被充实发展,证明其确实在调理脏腑方面有较好的效果,它与传统针刺法对治疗本病有同样的疗效。腹针疗法有其可行性及科学性,值得我们作进一步的研究和推广。

针灸治疗脑瘫伴有构音障碍的治法应着重于醒脑开窍、补肾益智、调理气血法,取穴偏重于头部穴位且取穴流派众多。中医学认为:"脑为元神之府"。经络受损影响气血正常发挥,特别是直接分部于脑部的经络,如督脉经"上至风府入属于脑,上巅"、足太阳膀胱经"上额,交巅……从巅入络脑"等等,这些经络的作用与脑的功能正常与否又有重要关系。治疗脑源性疾病的穴位在头盖表面上,针刺这些穴位具有调节阴阳和扶正祛邪两大作用,可以疏通经络、调理气血,因此,选用这些区域治疗言语障碍可取得较好疗效。且临床上多采用以针灸为主的综合疗法效果较佳。

也有报道说,电针舌根法治疗中风言语不利(相当于运动性构音障碍)取得了较好的效果。在传统医学理论中,舌作为一个重要的发音器官,与脏腑、经络有着极为密切的关系,而其中与心的关系尤为密切。"心主神明",即心主管着人的精神、意识和思维活动,只有心主神明的功能正常,舌才能柔软灵活,言语流利。若心主神明的功能异常,则会出现语涩、失语、舌卷、舌强等。因而,调整舌的功能就可以改善心主神明的作用,从而改善患者的言语能力。从西医的观点来看,人的发音功能是由大脑控制,利用呼吸,由咽、腭、舌、唇等肌肉的收缩而完成的。舌根部分布有舌下神经,支配着舌体的运动,通过电针舌根刺激了舌下神经,引起舌肌的运动,可以改善舌肌的营养状况和功能状态。舌根近咽喉,电针舌根可以同时对咽喉各发音器官产生影响。此外,舌作为一非常灵敏的器官,在大脑皮层中的投影较大,因而电针舌根可以对大脑的功能产生较大的作用。

(二) 按摩

卢红云等通过手法按摩配合常规言语训练对脑瘫儿童言语障碍进行矫治,取得了良好效果。他们认为根据脑瘫儿童言语障碍原因和特点,治疗当以醒脑开窍、活血通络、增加通气、解除痉挛、提高肌力、矫治器官为主。而所取的风府、百会、人中、天突等穴位相互配合能很好的显示这样的作用。而且,按摩具有双向功能,既可降低痉挛肌肉的肌张力,又可增强松弛肌肉的肌力,同时可刺激相应神经的活动。

(三) 中药治疗

夏永潮等以自拟佛手益气活血汤(当归、川芎、黄芪、赤芍、水蛭、伸筋草、白芷、甘草)重用当归 60～100g,治疗中风病合并假性球麻痹,对构音不全总有效率为98%,显效以上率为58%。

以上只是传统医学治疗构音障碍的一些例子,由此已可以看出传统医学治疗言语障碍确实有明确的疗效,但也凸现很多不足,如:流派较多,各有特点,缺乏统一的治疗方案,不利于临床推广;疗效评估方法不统一,影响不同方案之间的比较;研究样本量较小,或缺乏随机对照,且疗效判定标准简单、笼统,使研究结果的可靠性、可重复性受到一定程度的影响。

三、构音障碍的其他治疗

（一）神经肌肉电刺激(NMES)

是指任何利用低频脉冲电流,刺激神经或肌肉,引起肌肉收缩提高肌肉功能,或治疗神经肌肉疾患的一种治疗方法。主要采用经皮电神经刺激(TENS)和功能性电刺激(FES)。其中 FES 可用于脑损伤引起的吞咽障碍和构音障碍等的治疗。

（二）A 型肉毒毒素注射治疗

1984 年 Blitzer 等第一个将 A 型肉毒毒素应用于内收肌型痉挛性发音障碍的治疗,1988 年 Blitzer 等又首次应用于外展肌型患者。1989 年 Brin 等首先报道肌电引导下 A 型肉毒毒素甲杓肌注射成功治疗内收肌型痉挛性发音障碍。已报道的治疗方法各异。按注射途径分为经鼻或口直视下和经皮肌电引导注射法;1990 年美国耳鼻咽喉头颈外科协会确认肉毒素局部注射为内收肌型痉挛性发音障碍安全、有效的治疗方式,1998 年再次确认其为内收肌型痉挛性发音障碍主要的治疗方式。在我国,这方面的治疗也逐渐被关注。胡兴越、徐文等均报道过应用 A 型肉毒毒素治疗内收肌型痉挛性发音障碍。

（林　馨）

【病例】[①]

患者,女性, 16 岁,车祸所致脑外伤, CT 示双侧颞叶、左侧额叶脑挫裂伤,左基底节区出血,脑干损伤,病程 7 个月,排除失语症。采用中国康复研究中心研制的构音障碍检查方法对患者进行检查,结果:患者头颈部控制差,面部不对称,右侧面瘫,唇运动差,可完成张嘴、闭嘴、咧嘴动作,但范围小,不能完成噘嘴、咂唇动作,唇力度低,舌运动差,伸舌刚过齿,速度慢,最长发音时间小于 2 秒,费力音、粗糙音明显,鼻音过重,鼻漏气,呕吐反射及下颌反射增强。

诊断:痉挛性构音障碍。

分析:双侧皮质脑干束损伤时,口部肌肉的运动范围和速率受到严重影响,舌只能伸到双唇,唇运动减慢,范围变小,腭运动减低,咀嚼、吞咽功能出现障碍。由于参与构音的器官包括肺、声带、软腭、舌、下颌运动障碍,故出现构音障碍的各种症状。患者在第一次构音检查时,只能完成个别音节的复述和个别音节的部分构音

---

① 病例引自何怡《重度痉挛型构音障碍语言训练 2 例》,《中国康复理论与实践》2006 年第 2 期。

类似运动,并且不充分,构音器官检查中的绝大多数项目均不能完成。此类构音障碍患者的呼吸运动差,不能保持稳定的呼气和声带振动,往往表现为呼气短而弱,很难在声门下和口腔形成一定的压力,因此进行呼吸训练尤为重要。经过训练,可使患者的呼气时间延长,尤其是使用推撑的方法能延长发音时间,改善腭肌功能,加强软腭的肌力,而辅以头颈部放松训练,可放松头颈部肌肉,增强肌肉的控制能力。冰刺激训练可改善口腔感觉;唇训练可改善唇运动不良,提高唇力度,减少流涎;舌训练用压舌板辅助做舌的上抬动作,可改善舌的运动,增加舌肌力量;下颌训练可增加咬肌、颞肌、翼内肌、翼外肌的力量,最终使各构音器官的活动范围、力量、协调性得到明显改善。

具体训练方法:

(1)呼吸训练:训练前先调整坐姿,踝关节、膝关节和髋关节均为90度,躯干伸直,双肩放平,头保持正中位;(2)头颈部放松训练:让患者做低头、抬头、左右侧头和头的旋转运动;(3)冰刺激训练:用冰棒刺激软腭、唇周、舌和颊肌;(4)唇训练:让患者做张嘴、闭嘴、噘嘴和咧嘴动作;(5)舌训练:让患者做舌前伸、后缩运动;(6)下颌训练:让患者做张嘴、闭嘴练习;(7)发音训练:让患者深吸气后发 a 音,越长越好;(8)推撑训练:让患者两只手放在桌子上向下推,或两手掌由下向上推,两手掌相对或双手平行向下运动,同时发 a 音;(9)引导气流训练:引导气流通过口腔,减少鼻漏气。以上训练每日 2 次,每次 30 分钟,连续 2 个月。然后对患者再次进行构音障碍检查,患者在呼吸、构音器官运动、口腔感觉、最长发音时间等方面均有明显改善。

参考文献

[1] 昝飞,马红英.言语语言病理学[M].华东师范大学出版社,2005.
[2] 姜泗长,顾瑞.言语语言疾病学[M].科学出版社,2005,8.
[3] 于萍.语言病理学概述[J].听力学及言语疾病杂志,2006,14(1).
[4] 吴海生,蔡来舟.实用语言治疗学[M].人民军医出版社,1995.
[5] 丘卫红.构音障碍的评价及语言治疗[J].中国临床康复,2004,8(28).
[6] 李胜利,孙喜斌,王莤华,等.第二次全国残疾人抽样调查言语残疾标准研究[J].中国康复理论与实践,2007,13(9).
[7] 李胜利.构音障碍的评价与治疗[J].现代康复,2001,5(12).
[8] 李胜利,张庆苏.构音障碍的发音、言语表现与治疗[J].中国康复理论与实

践,2003,9(1).

[9] 李胜利,白坂康俊.听觉语言康复[M].中国康复研究中心日本国际协力事业团中国事务所.

[10] 王红,陈卓铭.脑卒中后遗构音障碍的诊断与治疗[J].新医学,2006,37(11).

[11] 陈敏章.中华内科学[M].人民卫生出版社,1999,10.

[12] 曹智刚,刘延富.应用微机言语矫治系统评价卒中患者构音障碍[M].现代康复,1999,3(6).

[13] 陈卓铭.计算机辅助语言障碍诊断的现状及未来[J].2003年康复医学发展论坛暨庆祝中国康复医学会成立20周年学术大会论文集.

[14] 沈光宇,钱国全.神经肌肉电刺激对脑卒中早期运动功能恢复的影响[J].南通大学学报(医学版),2008,28(5).

[15] 卢红云,曹建国,郭新志.发音器官运动障碍矫治结合构音训练治疗脑瘫儿童言语障碍疗效分析[J].中国康复医学杂志,2004,19(12).

[16] 肖飞.电针舌根治疗中风言语不利及其机理探讨[J].山东中医学院学报,1995,19(4).

[17] 何怡.重度痉挛型构音障碍语言训练2例[J].中国康复理论与实践,2006,12(2).

思考题

1. 构音障碍有哪些主要表现?
2. 造成构音障碍的原因是什么?

第七章 嗓音障碍

第一节 概 述

一、嗓音和发声

嗓音即"voice",意思是带声、带声音,是语音学给语音分类的一个基本术语,指声带振动产生的听觉效果。是声带处于内收(发声)状态,在呼气流的作用下声带振动发出的声。所以,嗓音是声带振动时产生的音,是带声音或浊音(voiced);与之对立的是非带声或不带声(non-voiced),是声带处于开放状态声带不振动发出的声。

发声是"phonation",意思是发声活动,是语音学通用术语,指发音时喉部发生的活动,各种方式的声带振动(带声)是主要的发声活动。一些辞书中在关于发声一词的注释中提到:发声是说话、唱歌等发出嗓音的生理过程,是由呼出的气流振动声带(或不振动声带,直接振动声道中的空气)产生可听声,以及声道其他部分调制此可听声的过程。而姜泗长在《言语语言疾病学》一书阐述发声机制时提到:"讲话者用两种方法将气流转化为言语声音,第一种方法是气体压力使得喉部具有弹性的声带发生振动,产生周期性的声波;第二种方法,气流通过喉部,经声门之间到达声门上,气流在此发生各种变化,产生非周期性的声波(噪声)。第一种方法即为发声,"而有的言语声音的发出依赖于两种方式,即周期性和非周期性声音的结合。

事实上,在嗓音医学临床工作中对于嗓音和发声这两个术语的使用并没有严格的界限,常将发声作为声带振动产生"嗓音"的同义词,只是在主要反映主观听感知印象时,更多地使用"嗓音"一词,如嗓音嘶哑、嗓音洪亮等,而在强调一种机制和动作时,更多地使用"发声"一词,如发胸声(发低音)、发头声(发高音)等。

二、发声理论

任何声音都源自于振动,雨打芭蕉的"嗒嗒"声、风吹树叶的"沙沙"声,都是如此,那么人的嗓音是否也源自于振动呢?毋庸置疑,回答是肯定的。人的嗓音是由声带的振动加上咽腔、鼻腔等共鸣腔的共鸣(振)产生的,而这个振动的动力来自气息的流动。迄今为止,有关声带振动发声的理论主要有:

(一)神经时值学说

是上世纪 50 年代由 Husson 提出的。该学说认为声带的振动是受大脑控制支配的,与气流作用无关,高级中枢发出的脉冲式指令,通过喉返神经产生节律性冲动,作用于声带肌而产生振动,所发出的声音频率与神经冲动的频率相一致。但后来这种理论被许多试验研究和临床观察所否定。

(二)肌弹力—空气动力学说

19 世纪 Helmholtz 和 Muller 提出,1958 年由 Van den Berg 系统阐述。该学说认为发声时声带振动的驱动力,可通过 Bernoulli 定律来解释;而声带振动的频率由声带的质量及其分布、声带的黏滞性和声门下压力等许多相互独立的因素决定。根据此理论,发声时,声门打开,吸气、呼气时喉内收肌群收缩,声带内收靠拢,由于 Bernoulli 效应,当声门逐渐缩小时,呼出气流的速度逐渐加快,声带之间气流速度增快,声带之间的气体压力随之降低,在声带之间形成了相对真空,双侧声带被牵拉接近,一旦声门靠拢在一起,声门完全闭合阻塞声道,此时声带肌肉收缩并保持紧张状态,声门下方的气体压力蓄积增加,直到压力增加到足以冲开声门为止,当声门再次开放,声门下压力骤减,声带因弹力及 Bernoulli 效应而回复关闭。当声带闭合时,另一个周期重新开始,如此反复。由于声带有节律地开闭,产生一系列的振动,气流通过声门形成有一定频率的喷气波,造成空气疏密相间的波动,形成声门波,即形成基本频率,此声门波再经喉腔、口腔、鼻腔等共鸣器官放大修饰就形成人的嗓音。

从图 7-1 可以大致了解发声的过程。

```
                    ┌──────────→ 环杓后肌收缩 ──→ 声带外展、声门张开 ──→ 空气经喉入肺
                    │
  喉返神经 ─────────┼──────────→ 环杓侧肌收缩 ──→ 声带内收、声裂膜部关闭 ──────┐
                    │                                                          │
                    ├──────────→ 杓间肌收缩 ──→ 杓状软骨靠拢、声门后部关闭    │
                    │                                                          │  Bernoulli 效应
                    └──────────→ 声带肌收缩 ──→ 声带张力增加                   │
                                                                               │
  喉上神经上支 ──→ 环甲肌收缩 ──→ 拉长声带、增加张力 ──────────────────────────┘
```

关闭的声门使声门下产生压力、紧张的声带产生阻力

声门下空气冲破声带阻力，一阵气流释放

Bernoulli 效应声门间产生负压

声门关闭、气流阻断

声门下压重新产生

声带再次分开

又一阵气流释放

如此反复形成声门波，经共鸣器形成嗓音

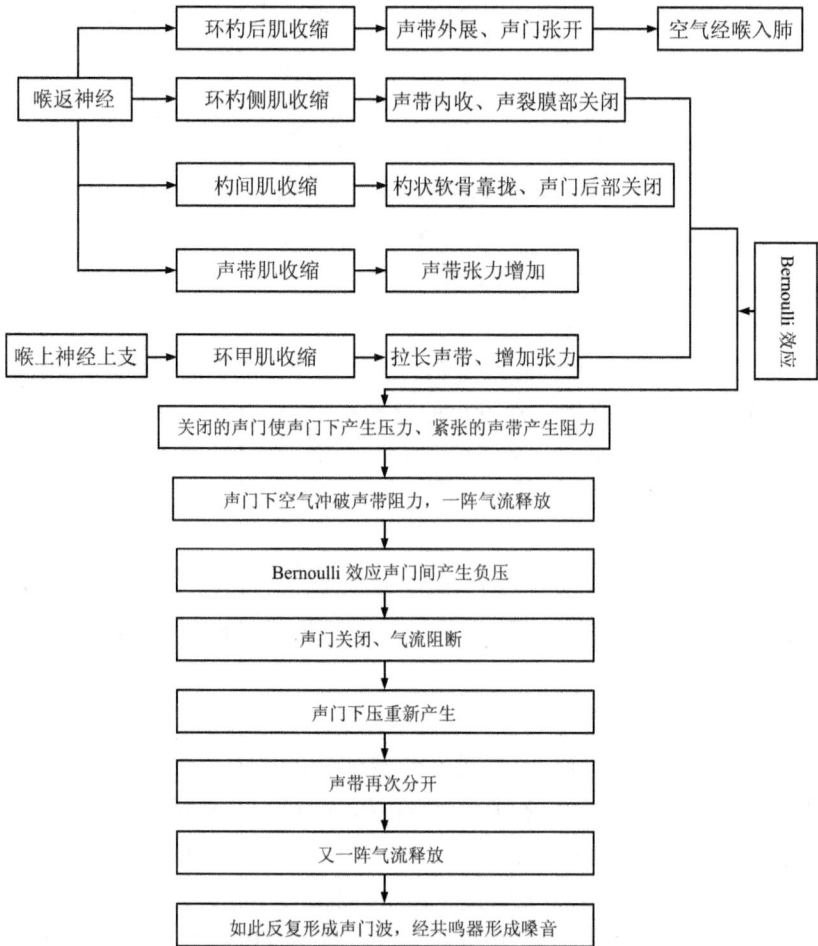

图 7-1　发声过程示意图

(三)声带体层—被覆层理论

1974 年,Hirano 详细描述了声带的精细解剖结构,指出声带可分为被覆层、过渡层和体层, 并提出声带体层—被覆层理论, 认为声带由被覆层—体层两个振动器组成,声带振动是声门下气体驱动声带的力及肌力、弹性、Bernoulli 力平衡作用的结果。

根据此理论,声带振动时声门下气流冲击声带,被覆层在相对固定的体层上振动,发生周期性的位移,产生自下而上的黏膜波动。振动自声带游离缘至声带上表面,声带前部内收,后部存在声门裂隙,声带的振动特征与声带的质量、张力、摩擦力、声带表面黏液层等许多因素有关。从而使人的声音频率在一定范围内变化。这一模式的提出,使人们对发声的研究和认知进入一个新阶段。20 世纪 90 年代,伴

随现代声学、微电子学、气流动力学、光学等多学科的综合发展,对声带振动的病理生理学及各类发声障碍治疗的研究不断深入。

三、嗓音障碍的概念

也称嗓音异常、嗓音疾病。是指一个人的嗓音在音高、音强、音长、音质等声音基本特征方面的异常表现(与其年龄、性别、角色不相称),这种异常表现常常造成其与他人的交流困难,使得听话者只注意说话人的嗓音,而不注意其说话的内容。而声音的这些基本特征的改变受下列因素影响:音高的影响因素主要有声带的长度、质量、紧张度和声门下压等;音强的影响因素主要有呼吸流量、声带阻抗力、声带振动形态和声门下压等;音质的影响因素主要有声带的器质性或功能性的异常。

目前,对于如何界定一个人是否存在嗓音障碍,其判断的标准仍存在很大的主观性。因为除非一个人已经有中、重度嗓音障碍存在,那么其或多或少地存在一些喉部结构或声带的病理变化。而那些轻度嗓音障碍的人很难通过仪器检测出明显的生理异常,单靠嗓音的质量来判断是否存在异常是非常困难的,而且患者本身也很难意识到问题的存在,因而常常被忽视,所以目前还没有统一的检测手段来诊断嗓音障碍。

四、嗓音障碍的分类

从发声的过程我们可以看出,发声时需要高级中枢神经系统的调控,声门下气流对声带的振动,咽腔、口腔、鼻腔及胸腔等共鸣腔的增强才能形成具有一定音调、音强等特征的我们能听到的嗓音。也就是说,这一过程需要动力器官、振动器官、共鸣器官及神经系统等整合协同才能完成。任何影响这些器官的结构、组织、机能的因素都可以对发声产生影响,导致嗓音障碍。

目前尚无对嗓音障碍分类的统一方法,大多是根据嗓音障碍的发生机制进行分类。一般根据它病变性质的不同可分为功能性和器质性嗓音障碍两大类,功能性嗓音障碍的患者其发声系统无器质性变化,但由于长期不良发声行为致使发声器官之间功能不协调而出现嗓音障碍;器质性嗓音障碍的患者则存在发声系统的器质性变化,这些器质性的变化多发生在声带和共鸣腔。根据发病机制的不同还可以将功能性嗓音障碍分为功能不良性嗓音障碍和精神性(心因性)嗓音障碍,而其中功能性不良性嗓音障碍又可分为功能过强性及功能过弱性两类,以功能过强性嗓音障碍为常见。而器质性嗓音障碍的原因较复杂,可以是由声带获得性病变(如声带小结)、声带先天性病变(如声带表皮样囊肿)、外伤性(如喉返神经损伤)、肿瘤性、内分泌性、神经源性等原因引起。此外,有些嗓音障碍同时存在有功能性和器质性原因,如痉挛性发声障碍、变声期嗓音障碍等。

五、嗓音障碍的原因

(一) 功能性嗓音障碍

1. 功能不良性嗓音障碍

在发声过程中,声带和声道的任何一部分方法不当都可以导致功能不良性嗓音障碍的发生。

(1) 功能过强性嗓音障碍

功能过强性嗓音障碍多见于女性,多发于 20~50 岁。造成功能过强性嗓音障碍的原因是综合性的,包括了易感因素、诱发因素以及"嗓音误用"和(或)"嗓音滥用",通常是易感人群,在某些诱因的作用下误用嗓音和(或)滥用嗓音,形成了不当的过度用力发声的习惯,导致了功能过强性嗓音障碍的发生。

易感因素包括:职业因素如教师、演员、节目主持人等,不良生活习惯如吸烟、酗酒等,性格因素如脾气急躁者、抑郁症等。听力障碍者,以及暴露在躁声、灰尘、干燥等环境中,未掌握正确发声技术的职业用声者等。

诱发因素包括:发声器官本身的炎症或相邻器官的炎症,如急性喉炎、过敏、吼叫、旅行途中等因素,这些因素都会引起喉部组织的炎性水肿反应从而影响发声;又比如急性咽炎、扁桃体炎、鼻窦炎等相邻器官的病变。虽然这些炎症引起嗓音的损害通常是暂时的,但却也可能成为形成过度用力发声习惯的诱发因素。经前期由于性激素的影响,声带黏膜上皮会发生改变,喉黏膜下出血也很常见,期间如不注意节制用声也有可能成为形成过度用力发声习惯的诱发因素。

嗓音误用或嗓音滥用指不是以发声器官最有效、最正常的习性发声,从而使嗓音在音调、音色、音量、呼吸用气或说话速率等方面明显不同于正常。如过紧或过分用力发声、音调不当、说话过多等。

嗓音滥用如音量过大时间过长,在肿胀、炎症期勉强和过度用嗓、过度咳嗽和清嗓等。

误用和滥用的区别很小,且误用可以发展为滥用。

不当地过度用力发声常常发生在人们希望能达到预期发声效果时。这种不符合正常发声生理行为的过度发声方法,会使发声的效率下降,发声效率的下降促使患者试图用更加用力的方式发声来弥补,于是就形成了恶性循环。长此以往,就将在不知不觉中形成不当地过度用力发声的习惯。在某些诱因以及易感因素的共同作用下,就更容易导致功能过强性嗓音障碍发生。

（2）功能减弱性嗓音障碍

功能减弱性嗓音障碍有原发性和继发性之分。原发性多见于年老体弱、身体消瘦、病后或大手术后、呼吸功能异常等。继发性多是由于长期的过强用力发声,导致喉肌劳损收缩无力,或因为慢性喉炎、喉内肌肌炎后肌纤维萎缩导致的喉肌张力下降收缩无力。当然,要注意排除一些全身性疾病的存在,如垂体和甲状腺功能低下、肌无力等。

2. 精神性(心因性)嗓音障碍

精神性(心因性)嗓音障碍是由心理因素导致的嗓音问题,是由于受到外界精神刺激或不良暗示所引起的发声障碍,从精神病的观点来看,是意志较薄弱者的一种防御性反应,是无意识地逃避外界的良性刺激。从心理学观点来看,此类患者多有性格上的缺陷。多见于女性,可发生在任何年龄段,以 17～23 岁和 45～55 岁多见。常有诱发因素,多为受到外界某事件的突然强烈刺激引起的过度悲痛、恐惧、忧郁、紧张、激怒等。

（二）器质性嗓音障碍

许多嗓音异常可由器质性因素引起。这些器质性因素通常可能发生在两个位置即声带和共鸣腔。

1. 声带病变

影响嗓音的声带疾病主要有以下几种:

（1）声带结构异常

①声带"先天性"疾病。这类声带病变的原因尚不十分明确,主要有两种情况:一是先天性原因,认为本病是先天性发育异常,其根据是大部分患者的嗓音障碍开始于儿童时期;有部分患者在儿童时期已发现有声带囊肿或声带沟;嗓音障碍的出现与疲劳或喉炎等因素无关;声带沟和声带囊肿可同时存在;病变切除后不复发;同一家族中可以多人发病。二是后天性,因声带纹多发生于成年人,故认为是由于创伤、感染或萎缩性喉炎所致,(见图 7-2)。

②声带获得性病变。声带获得性病变的主要或者唯一的原因是功能不良性因素,不良的发声习惯会对发声器官产生不良影响。如这种不良习惯长期存在将导致声带黏膜的损害并因此发生各种声带病变。另外,如烟草对喉黏膜的刺激在声带黏膜的慢性水肿中起着一定的作用。这些声带病变包括声带结节、声带息肉、声带慢性水肿、声带潴留性黏液囊肿等。其他,还有病因尚未完全清楚的声带乳头状瘤及喉癌,(见图 7-3、4、5)。

声带结构的异常造成声带的体积变异,而在声带振动、声门关闭的过程中,声带的大小或体积对声音有很大的影响,声带不正常的增大或缩小都会对声带振动、声门关闭的质量产生很大的影响,从而导致嗓音的异常。

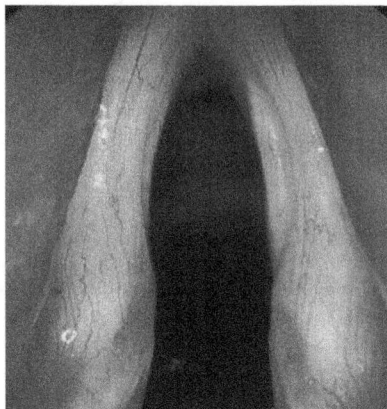

图 7-2　声带沟

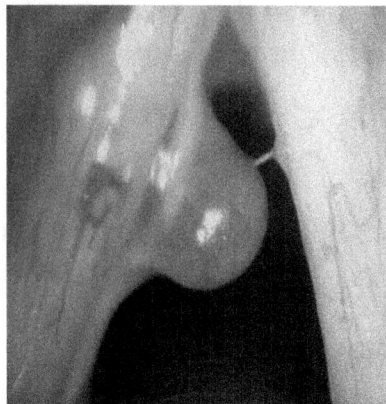

图 7-3　声带息肉

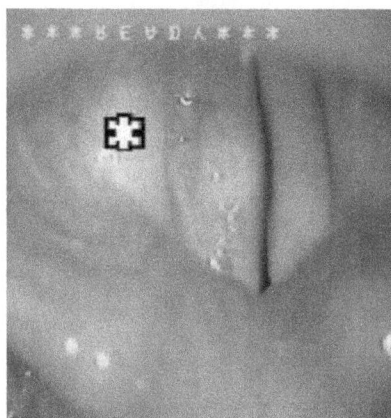

图 7-4　声带囊肿

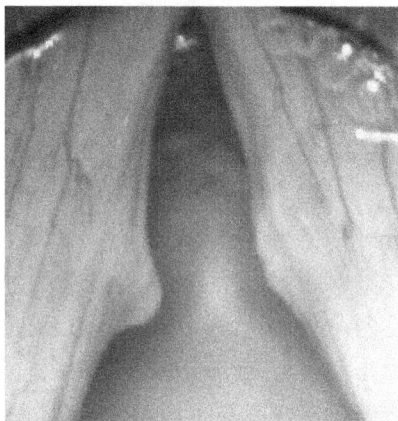

图 7-5　声带小结

(2) 声带麻痹

这是引起声带无法完全关闭声门的一种常见器质性病变,多由各种因素造成的神经系统障碍所致。声带肌肉失去收缩力,使得与其相连的部位无法随意移动,声带就不能正常振动。声带麻痹可以表现为单侧和双侧,单侧可以对声音影响不大,双侧麻痹对嗓音有很大影响。声带麻痹按病变部位可分为中枢性和周围性两种,周围性多见,两者比例约为 10:1。因为左侧迷走神经和喉返神经的行程较长,右侧较短,故左侧损伤的机会较右侧约多 1 倍。中枢性麻痹的常见病因有假性球麻痹、脑出血、脑肿瘤或脑外伤等,延髓空洞症、肿瘤、小脑后下动脉栓塞炎症、和外伤等也可引起声带麻痹。

周围性麻痹的常见病因有外伤如颅底骨折、颈部外伤、甲状腺手术等,肿瘤如食管肿瘤、甲状腺肿瘤、颈部肿瘤、纵隔肿瘤等,炎症如白喉、梅毒等。还有一些原因不明的特发性声带麻痹,(见图7-6)。

（3）声带机械运动障碍

环杓关节能司声带运动,环甲关节调节声带张力。若因外伤、插管等原因使环杓关节脱位或半脱位,或外伤、真菌感染造成杓间瘢痕粘连或环杓关节炎,或外伤造成环甲关节损伤等原因都能导致杓状软骨运动障碍,也即造成声带机械运动障碍,使得声门无法完全关闭,这种损伤造成的后果与声带麻痹造成的

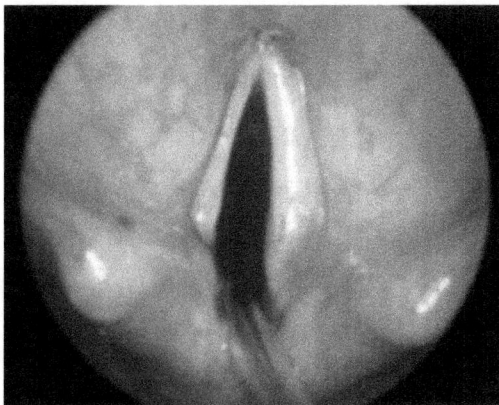

图 7-6　左侧声带麻痹

后果类似,但治疗原则却完全不同。因此早期的确诊和治疗是预后的关键。

2. 共鸣腔异常

共鸣腔的异常也是造成嗓音疾病的一个原因。如果一个人常常把该从口腔发出来的声音发成从鼻腔里出来,或者把该从鼻腔发出来的声音发成从口腔出来,就说明这个人存在共鸣异常现象。共鸣异常者说话让人听起来常常感觉鼻音过重或鼻音过少。鼻音过重可以有两种情况,一种是开放性鼻音、一种是闭塞性鼻音。前者是由于口腔和鼻腔之间持续开放造成的。正常情况下软腭与硬腭一起完全将口腔与鼻腔分隔开,如腭裂、腭过短、软腭麻痹等原因就会造成口腔和鼻腔之间持续开放,导致一切语音都带有鼻音的成分,这种情况表现的鼻音过重就是一种开放性鼻音。后者是由于鼻子通道的前部分被阻塞造成。如有意捏住鼻孔或鼻两侧,肥厚性鼻炎、鼻息肉时,声音或大部分声音通过开放的口咽部、鼻咽部和鼻腔的后部,在口腔—咽部空间形成共鸣,然后从口里出来。这种情况表现的鼻音过重就是闭塞性鼻音。鼻音过少或鼻音缺乏的现象通常在鼻咽部或鼻腔后部的鼻腔通道阻塞时会出现。当个别重感冒而鼻塞时也会产生这种情况。

六、中医关于嗓音的论述

中医理论认为,人的发声功能与人体"气"之间有着极为密切的关系,故《仁斋

直指方》有"声由气而发,无气则无声"的说法。所谓气,一是指生理之气,二是指脏腑活动功能,嗓音虽发于喉,但与整体机能密切相关,尤其是五脏在嗓音的发音、发挥与维持方面起着重要的作用。古人有云:"心为声音之主,肺为声音之户,肾为声音之本,肝为声音之枢,脾为声音之源,脾胃为后天之本,气血之源"。

下面将五脏功能与嗓音的关系分述如下:

(一)嗓音与心

心主血脉,藏神,为一身之大主,故声音虽属于肺,根于肾,而其主则属心神。正如《医学摘粹》曰:"声出于气,而气使于神,盖门户之开阖,机关之启闭,气为之也,而所以司其开阖启闭,……神使之也。"因神之用,由于心、声之用,使乎神,故有"心为声音之主"之称。这就充分说明了人声受心之主宰,因此有劳累伤神,神不守舍,声音嘶哑的症状。若有心病,则可引起发声障碍,甚至失音。如宋代杨士瀛所说:"大惊入心,则败血顽疾,填塞心窍,故瘖不能言。"

(二)嗓音与肝

肝主疏泄,畅气机,舒和情志,脉循经喉咙。若肝失调达,肝气横逆犯肺,气机受阻,会导致突然声音嘶哑,甚至失声。肝藏血,主一身之筋膜,若肝血不足,则不能濡养筋膜,而致声道喉器黏膜萎缩,功能下降,致声音不扬。正如《景岳全书》所曰:"喑哑之病,……有气逆闭,肝滞强也。"又曰:"惊恐愤郁,瘁然致瘖者,肝之病也。"

(三)嗓音与脾

脾与胃共为后天之本,气血生化之源。脾胃二脉皆行咽喉。嗓音的发挥与维持有赖气血的不断充养,故脾可称其为声音之源。若脾胃功能强健,气血生化充足,喉得濡养,气道通畅,则声户运动自如,发声清亮有力。故张仲景说:"脾旺不受邪。"倘若脾胃虚损,气血不足,中气虚乏,则可致声嘶乏力,发声易于断裂不续,控制不能自如等。若脾胃失调,中焦蕴热,循经灼喉,则致咽喉肿痛,声音嘶哑,若脾失健运,痰湿上泛,壅结声带,则可生结长息,声音浊闷不清等。所以历代医家有"咽喉者,脾胃之候也"之说。

(四)嗓音与肺

喉属肺系,是呼吸的门户和发音器官;肺属金脏,生蓄宗气,主宣发肃降,肺气宣发,宗气上升,金令以行,应喉而鸣,以为声音;此外,喉门的通利与否和发声密切相关,而喉门的通利与肺中气阴的盛衰、宣降功能的正常与否直接相关,声音之发非此则无以出矣,故《直指方》有"肺为声音之门",《难经·四十难》有"肺主声"的说法。虞庶注:"肺,金也。金击之有声,故五音皆出于肺也。"《河间六书》曰:"金肺主声,故五行惟金响,……凡诸发语声音,由其形气之鼓击也。"皆说明声音由肺气鼓动声带而发生,肺气充实乃发声之原动力足,宣降有度,喉门通畅,声户闭舒利,而发声自如,声音洪亮;肺气亏虚,肺失宣降,金气不行,声户失养,开合不利,则声音低弱,声音嘶哑,从而出现"金破不鸣"。若肺金热盛,灼津为痰,痰热交阻,气道阻塞,即所谓"金实不鸣"。

(五)嗓音与肾

肾为五脏元气之根,藏精之所,主生长、发育,其脉从肺上入喉咙。肾中阴阳精气循经上注于喉,濡养声户,发育健正,开合有度,则发声始能正常。且肾精生肾气,肾为元气之本,丹田之气发于肾,嗓音以丹田之气为本。肾之阴精旺盛,元气充足,丹田充盈,则声音发而持恒,端正圆润,后音饱满,久而不衰。故《景岳全书》曰:"肾藏精,精化气,阴虚则无气,此肾为声音之根也。"倘若肾精亏损,元气不足,丹田空虚,或阴阳盛衰不规,气不上行,喉失温养,则易致发声异常而为嘶哑,音弱,声出无根,后音不足等。正如《古今医统》所曰:"肾者……元气发生之主也,肾气一亏,则元气虚弱而语瘖者有之。"此外,肾藏精主发育的功能与人声的发育变化亦密切相关。在人之一生中,肾中精气始终对声音起着支配作用。例如,婴童之年,肾中精气充而未实,喉厌发育未就,故声音幼稚,尖而不圆,短而不长,高而不扬,并且男女声音若同,几无差别。青壮之年,肾中精气充盛盈实,喉厌发育以就,故声音圆润高扬,洪亮恒长,且因男女精用不同,喉厌发育有别,故男女声音迥异。至若晚暮之年,因肾之精气渐衰而竭,故声音暗然失色,低弱难扬,乏于高昂。声音由童声变为成人声的过程,亦是在肾精的作用下完成的。肾之精气充盛则变声顺利无障,倘若先禀匮乏,年幼作劳,肾之精气不足,或充而难实,则易致变声障碍,而为变声迟缓,或变声延长,或成人之声若童,或男作女声,女作男腔,阴阳倒错等。

肺主呼吸,肾主纳气,吸入之气下纳入肾,沉于丹田,使阴阳之气相济,复而上行,盈肺击金而出声,且声音高亢激昂,刚劲有力。倘若肾失潜纳,丹田气弱,则可致声音不扬,高音不足,后音难出等。因此,肾是维持发声,主持声音强弱高低的重要器官,故《直指方》称"肾为声音之根"。

综上所述,五脏的功能与嗓音有密切的关系,五脏气盛者嗓音圆正宏亮,五脏气衰则嗓音怯弱不扬。正如《灵枢集注》曰:"本于五脏之气全备,而后能音声宏亮,语气清明。"《景岳全书》认为:"声音出于脏气,凡脏实则声宏,脏虚则声怯,故凡五脏之病皆能为瘖。"

第二节 嗓音障碍的评估

由于嗓音障碍的病因及性质不同,临床表现也各不相同。因此,首先要求医生对患者进行详细的问诊、耐心的倾听、仔细的观察及认真的检查。通过询问和倾听了解患者的嗓音情况,询问时要将局部的、全身的、情感的、职业的、环境的以及生活方式相关的对嗓音有影响的诸多因素考虑在内, 对于青春期还需询问生理发育的情况;通过观察了解患者有无不良的发声行为;检查包括全身体检、详细的耳鼻喉科检查以及专业的嗓音功能评估。

一、嗓音检查

(一) 喉镜检查

通过喉镜检查可以了解声带等发声器官的解剖结构、形态变化和活动情况等问题。喉镜检查包括间接喉镜、纤维喉镜、电子喉镜、直接喉镜检查等。

间接喉镜检查是目前最常用的喉部检查方法,此方法简单易行,患者痛苦小,是日常门诊筛查喉部疾患的一个有用手段。通过该项检查可以观察到会厌游离缘、会厌舌面与喉面、杓会厌皱襞、左右杓状软骨、室带、声带、声门下、梨状窝及上段气管壁等的情况,发声时还可见到两侧声带内收,吸气时两侧声带外展情况。

纤维喉镜检查,目前已成为喉部检查的重要手段,是用导光玻璃纤维制成的软性内镜,可弯曲,亮度强,视野广。此方法可用于间接喉镜检查有困难者,一般直接喉镜检查不能承受者,对喉部隐蔽的病变或微小的早期喉肿瘤的检查,以及观察声带活动等,还可以进行活检、较小息肉和结节摘除、异物取出等手术治疗。

电子喉镜检查是近年来发展起来的一种软性内镜,结构与纤维内镜相似,图像质量优于纤维喉镜,可以锁定瞬间图像,可将图像保存在所连接的电脑上,并通过打印机打印成报告。

直接喉镜检查最具侵入性且费用高,目前在临床上的应用已有所减少。

(二) 声带振动检查

主要包括动态频闪喉镜检查、高速及超高速摄影检查、声门图(包括电声门图和光声门图)、喉记波扫描分析等。

频闪喉镜是嗓音临床最有价值的检查手段,通过观察声带快速振动的慢像,进一步了解声带振动的状况,其观察的指标包括:基频、声带振动对称性、规律性、振幅、声门闭合度、黏膜波、非振动部分及声门上病变等。目前已广泛应用于临床。

高速成像技术包括视频记波和视频摄像,可以观察高速运动的声带,因价格昂贵国内尚局限于少数单位使用。

声门图主要包括电声门图和光声门图,其中电声门图由于其检查的无创性和不受上声道干扰的特点,以往除了在波形特征的解释和声带振动周期的监控研究中应用之外,尚有应用于儿童和少数振动病理的探索。

喉记波扫描分析也已应用于分析声带非周期性的振动。

(三)嗓音的声学分析

包括嗓音的主观评估和客观评估

1. 主观评估

主观评估方法主要有两类,一类是主观听感知评估,另一种是患者自我评估。

主观听感知评估,GRBAS 评价标准是目前应用广泛的主观感知评价方法,是"日本音声言语医学会"制定的,它共有五个指标:总嘶哑度(Grade, G)、粗糙声(Rough, R)、气息声(Breathe, B)、无力声(Asthenicity, A)和紧张声(Strathy, S)。

每个指标分 4 个水平:正常(0)、轻度障碍(1)、中度障碍(2)、重度障碍(3)。操作时要求 3 人组成的专业人员独立地进行判断,取其评价的平均值作为判定的结果。

嗓音障碍指数 (VHI),是最常用的嗓音障碍患者自我评估的方法,含功能(function,F)、生理(physical,P)和情感(emotion,E)3 个范畴,每一范畴包括 10 个条目,共 30 个条目。每个条目分别描述了患者日常生活中嗓音的障碍情况,严重程度从 0 到 4 的分 5 级,代表本条目所叙述的情况发生的频繁程度:0 为从未出现,1 为几乎没有,2 为有时出现,3 为几乎经常出现,4 表示经常出现, 由患者根据自己的感受选择分数。每一范畴的分数就是其下包含的 10 个条目分数的总和,从 0(无影响)到 40(严重影响),总分(total voice handicap index,TVH)是三个范畴分数的总和,从 0(无影响)到 120(严重影响)。

2. 客观声学分析

随着电子计算机的广泛应用,客观嗓音检查已越来越普遍的应用于临床,采用各种电子仪器测量可检测二十几种参数,其中临床应用较多的参数有:基频(Fundamental frequency, F_0)、声强、谐噪比(H/N)、标准化噪声能量(Normalized noise energy, NNE)、频率微扰(Jitter)、振幅微扰(Shimmer)等。用这些参数进行分析,可对嗓音客观地进行声学评价

(1) 基频(F_0)

基频是指声带振动的固有频率，它反映的是听感上音调的高低。通常用赫兹(Hz)表示，即声带振动次数／秒。它是嗓音分析的基本参数，除与声带本身的基本特性(长度、质量、张力等)有关外，还受环甲肌、甲杓肌及声门下压的调节。可反映出声带的发育、成熟及老化的生理过程。当声带变薄、被拉紧及声门下压增加，基频增加。正常男性的基频在 110～130Hz，正常女性在 220～250Hz，正常儿童在 340Hz 左右。基频将随着年龄发生变化，女性随着年龄增加(60 岁以后)，基频有降低的趋势；男性(70 岁以后)基频轻微升高。

基频的异常变化可以是功能性的，如男性青少年的"变声期紊乱"，但最常见的原因是器质性的，如声带质量增加(声带息肉等)，引起基频降低，特别是在女性表现更显著；声带质量减轻(如声带瘢痕、声带沟)，导致基频升高。因此，基频的改变常常被用来作为判断治疗效果的参考指标。

(2) 声音强度(声强)

声强是反映声带振动的强度，用分贝表示。当增加肺通气量时，通过呼气压(声门下压)推动声带振动的气流量增加，可获得声带振动波幅的增大。因此，声门下压越高，声音强度也越强。然而，声音强度的增加不仅只是通过声门下压来实现，同时也必须有声带自主调节加强声带对气流量的抵抗力，即通过增加声门阻抗来增加声门下压。因此，声强的增加是声门下压和声带对气流量的抵抗相互作用产生的。

(3) 微扰

微扰包括频率微扰、振幅微扰、频率微扰用来描述相邻周期之间声波基频的微小变化；振幅微扰描述相邻周期之间声波振幅的微小变化。他们均反映声带发声时振动的规律性，与声带的病理改变相关。

(4) 谐噪比(H/N)

谐噪比是谐波能量与噪声能量的比值，主要反映声音的嘶哑成分，对发现疾病、判定疗效有重要意义，正常值男性为 8.3～17.0dB，均值为 12.2dB；女性为 7.0～14.6dB，均值为 11.5dB。

(5) 标准化噪声能量(NNE)

标准化噪声能量是指嗓音信号中噪声能量的大小，反映发声时声带的闭合情况，也是嘶哑程度的客观指标。

(四) 气流动力学测试

反映发声器官将气流转化为声音的效能及其呼吸功能。检测的主要参数包括：最大发声时间(maximum phonatory time, MPT)、平均气流率(MFR)、声门下压等参数。

1. 最大发声时间(MPT)

最大发声时间是指一次深吸气后所能持续发元音的最长时间。正常情况下,成年男性平均持续 20s,成年女性为 15s,儿童为 10s。最大发声时间的缩短反映了发声器官和(或)呼吸系统的功能不足,如声门闭合不良,体弱肺功能下降者。尽管 MPT 易受年龄、疲劳度及个体差异等因素的影响,但因其不需任何特殊仪器设备,不受条件限制,是临床常应用的测试指标。

2. 平均气流率(MFR)

平均气流率是指发声时每秒钟通过声门空气流量的一个指标。在治疗过程中,通过对平均气流率的检测,可动态观察声门闭合改善的程度,从而判断治疗效果。

3. 声门下压

声门下压指肺气压到达声门下的压力,呼气量控制声门下压。声门下压与音强呈正相关,是音质的重要因素,频率对声门下压的影响较小。

二、肌电图检查

肌电图检查是检测喉神经、肌肉病变的标准性检查,近年来已经在国内逐步开展,是施行喉神经再支配手术必不可少的检查。

三、影像学检查

影像学检查在传统的嗓音临床中应用不多,但在其延伸领域如吞咽障碍、胃咽返流等检查和评估中有重要意义。

第三节　嗓音障碍的治疗

嗓音障碍的治疗可包括内科保守治疗和外科治疗, 内科保守治疗又包括药物治疗、物理治疗及发声训练,它对于嗓音障碍是首选的或必须的,其中的发声训练是多数嗓音障碍的唯一治疗措施。即便是嗓音外科领域,术前的发声训练、术后的发声休息和发声训练也越来越受到重视。

发声训练是针对嗓音的音调、音强、音色、用气或呼吸方法等问题的处理,以及对胸腔、喉腔、口咽腔、鼻腔及头颅等共鸣器官的调节利用。

嗓音保健是发声训练中非常重要的部分。不良的发声行为会损害发声器官的功能,若得不到及时纠正还将导致声带黏膜的损害,而出现各种声带病变发生嗓音障碍,所以做好嗓音的保健工作,注意用嗓卫生,避免嗓音滥用和误用显得尤其重要,特别是对于易感人群更是如此。为此,平时说话时要注意音量、音调的适当,避免声音过高或过低,避免用声时间过长,避免过度清嗓和咳嗽,尤其在肿胀、炎症期间更应注意避免勉强或过度用嗓。避免在噪声环境中讲话,养成良好的生活习惯,避免刺激性食物,尤其是烟、酒、辣椒等;保证足够的睡眠和适量的饮水。掌握并运用正确的发声技巧,注意采用软起声发声。保持心理健康,注意说话时的情绪稳定,避免用声音来发泄情绪。

发声训练开始前要全面了解患者的嗓音问题,并使患者了解治疗的目的以及预期效果。要使患者明白发声训练的目的是使患者不受音调、音量、发声疲劳或发声质量等因素的困扰而能够自如地胜任基本交流的需要,并不是重塑声音。经过多年的发展,学者们已提出了很多种发声训练的方法:如共鸣发声疗法、低语发声疗法、喉部周围按摩法、重音节律疗法、吸气样发声法、放松训练、颤音发声法等。

嗓音外科技术包含喉显微手术、声带注射喉成形、喉部框架手术、喉切除术后发声重建、喉神经修复等技术。

(林 馨 赵乌兰)

【病例】[①]

患者,男,62岁。画家,无烟酒嗜好,现为沪剧的组织者,酷爱唱戏,经常演出或接受采访。平常说唱不停,因声嘶、发声疲劳3周就诊。

相关检查:(1)嗓音的主观评估:腹式呼吸,起音正常;言语音调偏高,响度较弱;嗓音速率正常,十分健谈。听觉感知评估GRBAS描述:嘶哑声G(2级),粗糙声R(1级),气息声B(2级),虚弱程度A(0级),紧张程度S(0级)。(2)嗓音的客观评估:声学测量:基频微扰为0.33%(参考标准<0.5%),振幅微扰为2.35%(参考标准<3.0%),声门噪声能量(NNE)为−7.64dB(参考标准<−10dB)。电声门检测:接触率为71.82%(参考标准为50%~70%),接触率微扰为2.49%(参考标准<3.0%),接触幂为0.10,接触幂微扰为82.36。嘶哑声(1级),粗糙声(0级),气息声(3级),呼吸功能正常。动态喉镜检查:会厌无红肿,梨状窝对称,表面光滑;披裂对称,表面光滑,活动好;室带对称,表面光滑,对称;声带对称,红,充血,略肿,表面光滑,活动好,闭合有缝。

临床诊断为:(1)慢性喉炎;(2)声门闭合不全的功能性嗓音障碍。

---

① 病例引自王飞《声门闭合不全的功能性嗓音障碍矫治的个案研究》,2009年第12期。

分析:该患者是一名沪剧爱好者及组织者,平时说唱不停,喉内肌一直处于工作状态,即发声过度用力、时间过久,致使喉内肌劳损,其肌张力逐渐减退,运动无力,声门闭合不全,响度降低,有气息声。嗓音声学测试主要是对发声功能和嗓音质量进行评估。气息声程度与嗓音信号中的噪声成分密切相关。一般认为,NNE 直接反映了声带的闭合程度。

矫治方法:

基础性治疗:(1)喉部按摩法;(2)声带的放松训练。

针对性治疗:(1)半吞咽法;(2)气泡发声法。

喉部按摩可使患者因长期过度用声而导致喉部紧张的肌肉得到放松,同时,穴位刺激能促进声带表面腺体黏液分泌,重新调节声带振动的方式和规律性。

半吞咽法是根据吞咽时,喉的位置上升,声门关闭,从而避免食物进入到呼吸道的原理,使患者在声门闭合时发声,恢复喉内肌之间的协调性。

气泡发声法所需的气流量小,声门下压很低,声带几乎不受压,从而可以减少相互间的摩擦。气泡发声法能有效地克服患者发声时喉部紧张受压的现象,可促进发声气流平稳,双侧声带振动均匀有力,并使声带内收肌的收缩力增强,对功能性声带闭合不良有很好的改善作用。

经过系统的、有针对性的嗓音矫治后,患者的嗓音功能得到很好的恢复。

参考文献

[1] 于萍.语言病理学概述[M].听力学及言语疾病杂志,2006,14(1).

[2] 戴维.克里斯特尔.现代语言学词典[M].商书印书馆,2004.

[3] 姜泗长,顾瑞.言语语言疾病学[M].科学出版社,2005.

[4] 昝飞,马红英.言语语言病理学[M].华东师范大学出版社,2005.

[5] 王明方,李宁.嗓音声学检测临床应用进展[J].中外健康文摘(医药月刊),2007,4(6).

[6] 韩德民.嗓音医学[M].人民卫生出版社,2007,10.

[7] 王丽曼.声乐训练中的嗓音保护[J].荆门职业技术学院学报,2001(4).

[8] 杨式麟.嗓音医学基础与临床[M].辽宁科学技术出版社,2001.

[9] 田勇泉.耳鼻喉头颈外科学[M].人民卫生出版社,2008(6).

[10] 魏春生,张天宇.嗓音医学概述[J].听力学及言语疾病杂志,2008,16(4).

[11] 王明方,李宁.嗓音声学检测临床应用进展[J].中外健康文摘,2007,4(6).

[12] 魏春生,张天宇.嗓音医学概述[J].听力学及言语疾病杂志,2008,16(4).

[13] 王飞,郑钦,黄昭鸣.声门闭合不全的功能性嗓音障碍矫治的个案研究 [J].临床耳鼻咽喉头颈外科杂志,2009,23(12).

思考题

1. 哪些原因会引起嗓音障碍?
2. 简述常用的嗓音声学分析参数及其临床意义。

第八章　口　吃

第一节　概　述

一、口吃的概念

口吃是一种言语流畅性障碍,又叫语流障碍、俗称结巴,在医学上又称"痉挛性言语神经官能症"。

世界卫生组织把口吃定义为:"一种言语节律障碍,在说话过程中,个体确切地知道他希望说什么,但是有时由于不随意的发音重复,延长或停顿,而在表达思想时产生困难"。

美国精神疾病诊断与统计手册(DSM-IV)将口吃定义为:一种语言流畅性和节奏方面的障碍,以如下几种情况的频繁出现为特点:语音或音节重复,语音拖长,感叹声,词句破裂,有声或无声的阻断期,表达困难,讲话时身体过分紧张,以及单音节词的重复等。

台湾林宝贵对口吃的定义是:所谓口吃,常指说话不清,说话时或想说话时,把语句开始的某些语音或音节重复、延长,或结巴,造成首语难发、连发、延长或中断的现象。

《中国精神障碍分类与诊断标准(第三版)》把口吃定义为"一种口语障碍,讲话的特征为频繁地重复或延长声音、音节或单词,或频繁出现踌躇或停顿以致破坏讲话的节律"。

综上所述:对于口吃,尽管目前尚无统一的定义,但很明确,口吃是一种言语表达或言语产生过程中的流畅性障碍。它包括了四个方面的特点:(1)最主要的表现是异常的言语行为,有音素或音节的重复、拖长,应连续说出的词语出现中断,发音用力过强,只有发音动作而发不出声;(2)有意掩饰自己的流畅性障碍;(3)情绪方面的困扰,表现为在生理方面有紧张反应;(4)处事态度和方式的改变。

二、口吃的症状

在临床上,口吃所表现出的症状多种多样,而且这些症状在不同的病例身上表现的程度和出现的先后也有所不同。国内外很多学者对口吃的症状进行过描述。日本的森山晴之等根据口吃的特点从言语、运动、情绪等方面的变化来考虑,将口吃症状分为"言语症状""伴随症状""情绪反应""努力性"等方面,并由此将其总结分析归类为几个症候群。

钱厚心(1986)认为口吃的症状及类型大致可以分为连发性口吃、往复性口吃、无意义掺音口吃、中阻性口吃、强直性口吃、难发性口吃和伴随性口吃等七种类型。

李成文(1989)将口吃的症状从言语机能的障碍、呼吸的紊乱、痉挛、伴随运动、心理障碍等五个方面进行论述,并认为口吃的言语机能障碍可区分为痉挛性的与强直性的两种基本形式,其症状主要有难发性、连发性、中阻性、无义重音四类。

周跃先(1995)对口吃的临床表现从发音构语困难、呼吸紊乱、肌肉紧张、伴随动作、环境对口吃的影响、排斥口吃的强烈愿望、其他改变等七个方面作了详尽的描述。

(一)发音构语困难

发音构语困难是口吃病的主要症状,即说话时失去节奏,常常表现在某个字上的连发、难发、停顿、拖音、爆破、重复等不流畅性,具体可表现为以下几种情况:

1. 连发性

患者在讲话时,不由自主地将某个字连发、重复多遍后才能将后面的字继续说下去。例如:"你……你……你……你……去食堂吃饭吗?""他……他……他……回家去了。"这种表现可发生在各年龄段的患者,但以儿童或初期口吃患者较多见。是属于痉挛性质的口吃。

2. 难发性

患者说话时,一句话的第一个字音就无法说出,必须经过努力,借助手舞足蹈等伴随动作方可发出。有时第一个字在大脑里翻来复去的想了好多遍,做了很多准备可是一张口还是发不出来,急得两眼发直,呼吸紊乱,全身用力也不能很好地发出,这属于强直性质的口吃。由于难看,引人发笑,患者往往不敢说话,也不愿说话。久而久之,悲观失望形成"半哑人"。

3. 中阻性

开头的几个字能较顺利发出,中间碰到自己最害怕的字音时突然中断,此时患者越着急、停顿越长,有时呼吸紊乱,需经努力,才能发出这个字的音而把语句继续下去,例如,"你昨晚上哪儿去了? 我到处找……你"。这也是属于强直性口吃。

4. 往复性

一句话中的某个音节,即"词音",讲过后又重复再讲才能将句子往下进行。例如,"我昨天到……昨天到……公司昨天到……公司加班去了。""这台电脑……这台……电脑……质量……这台电脑……质量……质量非常好的。"有时表现为说错而不断做自我修正。

5. 隐蔽性

由于自尊心过强,原本只是有一点轻微的口吃现象,却引起心理的恐惧。为不让别人发现,内心产生严重的压抑感,自己暗暗地与口吃作斗争,造成舌、唇、下颌等构语器官痉挛,做说话前的各种准备动作,颈部肌肉痉挛,出现难发、中阻性的口吃现象,多见于女性。

6. 拖音性

既不连发,也无中阻,更不难发,只是把某一个字音拉得很长后才能说下一个字。例如"你——今天没空,明天——交给我也行。""对——不起,我——错了。"此类表现较少见。

以上症状,有的患者只表现出一种,有的可以兼有两种或两种以上。

(二) 呼吸紊乱

呼吸紊乱也是口吃患者较明显的症状,具体可表现为以下几种情况:

1. 呼吸短促

可出现呼吸断断续续、声音衰弱无力,有的似哭泣。这是由于口吃患者精神紧张,造成呼吸功能紊乱,出现呼吸过浅,由此造成发声动力不足,声带不能有效振动。

2. 不呼吸

患者可突然出现呼吸中断,表情紧张,头颈僵直,满头大汗,目瞪口呆,天旋地转,四肢发麻,头脑一片空白,大有濒于死亡之感。这是由于患者预感口吃来临之时精神高度紧张造成的,最后因二氧化碳气体积蓄,象爆炸似的发出令人难以接受的刺耳声音。

3. 逆呼吸

与正常人的呼吸运动方式相反,逆呼吸吸气时胸廓下陷,腹部内收,呼气腹部隆起,发声无力。

4. 用余气说话

这种发声非常费力,结果声音是断断续续的。由于放气过多而又要坚持说话,会头晕脑胀,四肢发麻,患者因此会丧失说话的欲望。

(三)肌肉紧张

发音器官、呼吸器官的肌肉紧张现象是口吃的又一个突出症状。当精神紧张时,通过条件反射,出现肌肉紧张,甚至出现肌痉挛、肌强直,发声时感觉咽喉如有物堵住一般,呼吸不畅,唇、舌、下颌等发音器官活动不灵活,面部肌肉痉挛,情景十分难堪。这种肌肉痉挛的出现是病人无法控制的,越想控制越严重。

有的人甚至听到"口吃"二字就紧张,看见"口吃"二字就紧张。

(四)伴随动作

口吃患者在讲话前或讲话过程中,常常会出现一些伴随动作,引人注意,形象很难看,这些伴随动作可有:摇头晃脑,手舞脚跺,拍腿瞪眼,咬牙闭嘴,歪嘴挤眼,上身摇动,抓耳搔腮,全身抖动。另外,有的在讲话时第一个字音上或讲话中某一个音节前还会伴随一个与语句无关的音节,之后才能说话,例如:"嘶……","像我……","啊……"等。还有的伴随情绪性反应,如面红耳赤、视线不定、焦躁不安,甚至汗流满面等。口吃矫正之后,这些伴随的表现也会自然消失。

(五)环境对口吃的影响

一般来说,以下环境容易发生口吃或使口吃加重,如人多时,开会时,见上级、老师,小孩见大人、见长辈时,在异性面前,在新环境中,情绪不好时,阴雨天,生气着急时,不满意对方,气愤、违心、失理时,以及寒冷季节等。而以下环境不容易发生口吃或口吃很轻,如人少、无人、自言自语时,歌唱朗诵时,读报背台词时,在下级、同学、儿童面前说话时,与动物说话,在同性面前讲话时,晴天、平静、愉快、正义、自信及温暖的季节等。当然,也有些人则完全相反。

(六)排斥口吃的强烈愿望

患者为了避免口吃并从口吃的状态中解脱出来,努力寻求不发生口吃的场合,努力回避、反抗、排除口吃的念头、压制口吃的出现。这种人为地强迫自己、克制自己的心理,久而久会之形成病态的强迫观念,反而导致口吃的加重。

(七)其他改变

口吃还可以引起心理的、行为的、生理的、生化的一系列反应,造成植物神经紊乱,时间长了,便引起心跳加快、神经衰弱、胃肠功能紊乱等全身性疾病。

三、口吃的分类

目前国内对口吃的分类方法很多,其中,林岚(1993)根据病人的情绪、病程、基本表现将口吃分为习惯性口吃、情绪型口吃和功能型口吃三类。1.习惯型口吃:为口吃的初期,多发生于儿童、少年。此型患者刚刚形成口吃习惯,尚未渗入心理因素。是由定向反射引起的习惯性语言节律失调。其特点为:无心理负担,无恐惧、忧虑,因而不怕别人讥笑,无心理障碍。此种类型只要正确引导,施行语言训练,常可迅速得到矫正。2.情绪型口吃:这是青年人易患的类型,也是绝大多数口吃患者常患的类型。是因情绪冲突而引起的功能性发声障碍,其特征为:神经反射机能高度敏感,自我意识强,说话中情绪易失控。有严重的心理障碍,痛苦、自卑、焦虑,长期固定下来的习惯心理形成无形的枷锁,不能自拔。3.功能型口吃:此类口吃病程较长,多出现在中老年人。其口吃的程度与心理障碍情绪变化关系不大,无矫治的要求,不太影响工作、交际。他们的这种错误的言语习惯已经形成固定的"动力定型",这类口吃矫治有一定的难度,但只要坚持严格的语言训练,将说话全部置于大脑的控制之下,也可以形成流利的语言。

姜泗长等主编的《言语语言治疗学》一书中则将口吃分为发育性口吃、可矫正性口吃和慢性顽固性口吃三类。1.发育性口吃:7岁以下的儿童表现出异常的言语不流利。此类患者通常不需要特殊的专业治疗,只需要父母的知识教育和支持帮助,这些儿童到7岁时可达到言语流畅。在之后的几年中,他们可能会记得过去的言语障碍,但成年后他们当中没有人能记得自己曾有过口吃。而且这些儿童在出现言语不流利的时候并没有感到失去控制,或不能用言语表达这种感觉,他们可能会意识到自己的言语不流利,但并不认为或感到这种言语不流利对自己有多大麻烦。2.可矫正性口吃:7岁以后患口吃。通常这些人经过专业帮助和家庭环境的支持,可对他们的感情(情感表达方面)、行为(行为方面)和思想(认知方面)方式进行必要的调整,而达到正常言语流畅。成年后,他们中大多数能回忆起战胜口吃的奋斗经历,但通常他们不再认为自己仍是口吃者。尽管这些人在发生言语不流畅时有失去控制的感觉,但他们的言语不流利只是发作性的,多数与个体的身体或精神状态或环境情况的改变有关。3.慢性顽固性口吃:7岁以下即患有口吃,而这种口吃不是由于正常发育性的言语不流利所致,这些患者,可能需要终生治疗来维持一个可接受的言语流畅水平。因为慢性顽固性口吃是多年来一直有情感表达、行为和认知等因素影响的共同存在和这些因素的相互作用,所以很难彻底治愈或缓解症状。然而,通过对他们的帮助,通常是能达到产生和维持控制言语流畅的效果,并正常交流的。

四、口吃的发生原因

虽然对于口吃的研究已有很长的历史了，但对于口吃的原因至今并未有公认的结论。在古埃及，希波克拉底认为口吃起因于舌头干燥，因此，他主张通过化学或外科手术的方法使舌头的血管扩张来进行治疗；而16世纪意大利著名医生 Mercurielis 则认为，口吃是由于发音器官"潮湿和发冷"引起的，建议使用烧灼术使颈部和耳后部起泡干燥头部；在19世纪，人们普遍相信口吃产生于口腔解剖学上的缺陷，结果，外科手术方法成了流行的治疗方法。事实上，关于口吃的原因至今尚无公认的结论，只能说目前普遍的观点认为口吃不是鼻、口、咽、喉等发音器官的结构缺陷，而是脑功能失调的原因。

目前，对口吃发生的原因有多种学说。姜泗长主编的《言语语言疾病学》中将口吃的原因总结为五大类：1.期待与争取行为说包括交流失败说、误诊导致说、原发口吃说；2.故障说包括大脑优势及惯用手说、词素障碍及生化说、持续行为说；3.能力和需求说或称控制说；4.学习说包括接近与避免说、条件性不整说、勉力避免说、奖惩行为说；5.压抑需要说，又称神经官能症学说。

台湾杨淑兰则更详细地将口吃的原因总结为九大类：(1)故障假设；(2)大脑主导性理论；(3)生化理论；(4)压抑-需求假说；(5)期待与挣扎反应；(6)学习理论；(7)心理语言学观点；(8)电脑模式；(9)多重因素、非线性动态模式。本书引杨淑兰的总结内容分述如下：

(一) 故障假设(Breakdown Hypothesis)

该假设认为口吃是由于口吃者的某一部份功能出现障碍所致，这一障碍可以分为两个方面：

1. 情绪和心理上的压力：

当个体受到惊吓、创伤或受伤、生病时，会产生口吃的现象。但事实上大多数儿童并不会因为受到惊吓、创伤或受伤、生病，就产生语言重复等口吃的特征。对此，Bluemel(1957)认为可能是口吃者在先天或基因上本来就带有缺陷，因此，当遇到以上的这些情况时便容易导致口吃的发生。

2. 生理故障：

在 Aristotle 时代便认为口吃者是舌头出了问题，当时医生 Dieffenbach(1841)用手术切除患者的舌底楔型部份以避免舌头抽搐，虽然暂时改善患者的口吃但并无长期效果，而未被后人所采用。West 和他的学生(1929—1968)认为口吃是儿童期先天内在机体的语言障碍，受外在环境的刺激（情绪、压力和疾病）所催化。

Bloodstein(1995)认为归纳而言故障假说是指口吃者在(身心)压力下形成功能的障碍。

(二)大脑主导性理论(Cerebral Dominance or handedness theory)

1920年末期,Travis发现由左利改右利造成口吃的案例,认为左右对称的说话组织是被两束动作神经所控制,这两者须同时正确的发生,由一边主导,另一边接受,以维持平衡。强迫双利或左利者改用右手是训练其原本较弱的左半球,却发生大脑两半球功能彼此间的冲突造成无法主导动作而口吃。实际情境中,左利者生活在右利社会常需面对许多压力迫使他们必须使用右手, 很多儿童也并未因改变惯用手而产生口吃, 即便将这些人的右利再改成左利对口吃的治疗效果并不佳。因此,因为左利改右利造成口吃的说法,近来并未被接受。

(三)生化理论(Biochemical Theory)

West(1958)发现了口吃者与非口吃者的新陈代谢和生物化学物质的差异,口吃者在先天上因化学物质不平衡, 造成主导说话的神经生理机转的弱点而产生口吃,口吃像是一种小型的抽搐类似癫痫的小发作,支持的证据显示口吃者有较高的血糖,癫痫者有较多口吃,而糖尿病患者却较少有口吃现象。

Geschwind & Galaburda (1985) 提出荷尔蒙理论,认为男性荷尔蒙会抑制胚胎大脑的神经发育,因为大脑右半球发育早于左半球,因此男性荷尔蒙对左半球的影响较大,而男胚胎又比女胚胎暴露的机会高,因此男生的左半球发育较慢,影响他们的语言发展,他们认为口吃和男性化、左利和识字困难、口语发展迟缓有关。但此说仍无法完整地解释口吃的发生, 因为一些识字困难和口语发展迟缓者并未有口吃的现象,而且口吃与非口吃者在左、右利上并无不同。但Geschwind和Galaburda的说法解释了为何男性会出现较多口吃者,口吃者为何会有较多语言迟缓现象,许多口吃者为何使用右半球处理语言功能等问题。不过目前有关口吃者与非口吃者的生物化学物质差异的研究仍呈不一致现象。

(四)压抑—需求假说(Repressed-Need Hypothesis)

研究者由Frued古典精神分析理论观点认为口吃是一种精神官能症, 导源于深植在潜意识的性心理需求未能满足,这是因为儿童早期(母)亲子之间的冲突,有以下四种解释:

(1) 婴儿口腔期(咬、咀嚼、吸吮等)需求未被满足。

(2) 为了满足肛门期的性需求,肛门刮约肌被象征性的错置,移至嘴巴。

(3) 个体害怕表达的敌意和攻击,借口吃表现。

(4) 潜意识里渴望抑制口语表达,因此口吃是个体意识想说,而内在潜意识的需求希望沉默,两者之间的冲突。

因此可以得知,若相信此说,则减少口吃的最佳方法是精神分析的心理治疗,帮助患者解决潜意识的心理冲突,改善口吃的精神官能症。

（五）期待与挣扎反应（Anticipatory Struggle Reaction）

Bloodstein(1995)指出期待与挣扎反应理论认为口吃是被一种"相信说话是困难"的想法所干扰的说话方式。当口吃者预期说话会口吃,又想说得很流利时造成的"欲速则不达"的心理现象,类似在观众前弹奏乐器就较容易出错。Bloodstein 将期待与挣扎理论的不同重点加以说明:

1. 太早公式化（Early formulation）

例如 Feund(1996)认为口吃是一种预期性的精神官能症,有其他的学者认为口吃如同焦虑精神官能症或演说焦虑,个体预期说话是十分困难的情境。

2. 失去自主性（Failure of Automaticity）

口吃是企图用意识控制说话的自主性过程。而害怕和预期最容易对需要多方动作协调的行为,例如说话、弹琴等造成干扰,影响表现。

3. 预期性的逃避（anticipatory avoidance）

Johnson (Johnson & Knott,1936; Johnson, 1938)认为口吃者所做的特别事情就是用口吃来避免口吃,口吃是一种预期的、复杂的和亢奋的逃避反应,亦即个体预期口吃,害怕口吃,紧张地想逃避口吃。因此口吃并非生成的或情绪的异常,而是对语言不正确的知觉和评估,而这是学自社会环境的。

4. 趋避冲突（Approach-Avoidance Conflict）

Sheehan(1953,1958)利用 Miller 趋避冲突原理,他认为当口吃者说话的欲望超过逃避的驱力,便说得很顺畅,反之则沉默,当两者(说话和逃避)力量接近时,则产生冲突,就发生口吃。当口吃发生,事先存在的害怕会减少,逃避驱力因此减低,冲突暂时解除,口吃者对于沉默也有类似的冲突,因此口吃者的感觉是双重的趋避冲突。Sheehan 认为这些驱力来自(1)对特殊字的反应,主要是过去对某声音的制约;(2)对威胁性说话情境的反应;(3)对说话内容的情绪反应(焦虑或罪恶感);(4)对听众的焦虑感(权威人士);(5)避免成败威胁的自我防卫需要。

5. 预备的状态（preparatory set）

Van Riper(1937)认为在个体预期要说困难的字会把自己的肌肉和心理状态置于口吃卡住的情境,以至于发生口吃。首先,口吃者不正常的专注在说话器官上的紧张;第二,他们用固着于发音位置来说困难字的第一个声音,而不是用说其他音的正常发音动作。他们不相信自己可以把害怕的字的起始声音说得顺畅,因此他只准备说[b]而不是 boy;第三,在开始发音或吸气时他们采用不自然的口腔肌肉说话位置,造成说不出话来。如果这三项预备状态都没发生就不会口吃了,Van Riper(1954)在日后把预备的状态的消除作为治疗的方法。

6. 紧张和片段(tension & fragmentation)

Bloodstein(1995)认为当个体从事复杂而要求正确的工作,常会用错肌肉的张力,而做出部分或重复动作,之后才完成整个动作,因此紧张造成口吃的拉长和用力碰触发音器官,所以口吃片段的现象可解释为类似丢标枪开始时,来回甩动手的行为,用此来说明口吃常常重复第一个声音的原因。

Bloodstein(1995)将以上各成份统整成一系列发生口吃的顺序:(1)外在刺激造成说话困难(压力);(2)预期失败;(3)想要逃避;(4)对自主性发声产生异常的动作计划;(5)形成特定的预备状态;(6)造成紧张和片断口语。

但是儿童为什么会有预期害怕说话的想法,Bloodstein(1995)认为:(1)儿童本身过度迟疑和害怕造成单纯的口语重复现象,称为初级口吃;(2)大人对流利说话设定太高的标准;(3)广泛的沟通失败或压力,儿童感受到自己说的不好。Bloodstein 认为口吃是一种发展性异常, 开始的口吃只是单纯的重复声音, 如同Froeschel(1943)和 Bluemel(1932, 1957)所说不费力的重复,儿童并未察觉,如果儿童未被告知说话与别人不同,这些没有挣扎行为的口吃,就逐渐消失;相反如果儿童觉得有罪恶感,想要避免初级口吃,就会演变为费劲的停顿、害怕、尴尬及其他多种努力和情绪混合导致的二级口吃。这一种预期性的挣扎行为。

7. 错误诊断理论(diagnosogenic theory)

Wendell Johnson(1946)十分有名的错误诊断理论也属于期待与挣扎假说的一种,Johnson 指出当儿童说话重复或迟疑时被认为是不正常的, 父母对这些正常的不顺畅过度关心和纠正,儿童想避免产生这样的挫折,因此越注意避免发生口吃,反而越紧张而口吃。"口吃不在儿童的嘴巴里,而在父母的耳朵里"便是 Johnson 的名言。Johnson 在 Iowa University 发现初级的口吃和一般孩子的不顺畅并无不同,他认为孩子发展出挣扎或逃避的预期性行为,是因为父母的不正常反应,口吃是在父母的诊断后才产生的。改变父母的评判标准,以免原本无需治疗的初级口吃变成需要治疗的二级口吃是学前口吃治疗的重点。

(六)学习理论(Learning Theory)

一些学者由行为学派古典制约或操作制约的观点认为口吃是学习而来的反应,说明如下:

1. 口吃是工具性逃避行动(Instrumental Avoidance Act)

Whischner(1947,1950,1952)指出,过去研究发现口吃者在重复阅读同一页的内容时,不顺畅会逐渐减少(称为适应效果)。在口吃发生前,个体有失败的预期和害怕,口吃后,焦虑情绪立即减少,因此使口吃症状得到减轻。Whischner 和 Johnson 一样认为口吃是焦虑引起的逃避反应,在口吃之前引起焦虑的刺激就是父母对不顺畅的反应。

2. 口吃是操作制约的行为(Operant Behavior)

Flanagan 等人(Flangan, Goldiamond, & Azrin, 1958)应用操作制约理论,在口吃者出现不顺畅时给予 105 分贝的大声响,发现可以减少口吃次数,但关掉声响口吃频率便增加。之后他们用电击作实验,发现电击会增加正常人的不顺畅次数。Shame & Sherrick(1963)企图用错误诊断论和行为理论一起解释口吃,认为儿童口吃时,被责备(惩罚),转成挣扎或沉默,这改变被没发生口吃所增强(负增强),偶尔也会变惩罚。原来简单的重复恶化成不正常的口吃,儿童也可能以口吃获取注意或做为不良行为的借口(正增强),这种循环的平衡只有在某种类型的口吃正增强强于其负向结果时,才会停止。例如在团体情境中,孩子用不顺畅增加以获取其他人的注意,或得到想要的东西,当得到东西后口吃便被增强了。

3. 口吃是制约的出错行为(Conditioned Disintegration)

Brutten & Shoemaker(1967)认为口吃是由说话相关情绪唤起的古典制约反应,如果儿童重复在压力情境下产生负向情绪,负向情绪便由中性刺激变成制约刺激,口吃时经常产生负向情绪,情境中的线索(例如困难的字或权威者),连结成为制约刺激或类化的刺激引起口吃。Hill(1954)以红灯作为说话的讯号,之后电击与红灯配对,红灯本身便会增加参与实验的正常者不顺畅的频率。

口吃似乎是一项复杂的行为由操作 (工具) 制约和古典制约两种机制所产生(Bloodstein, 1995)。

(七) 心理语言学观点(Psycholinguistic Perspective)

1. 要求-能力模式(Demand-Capacity Model, DCM)

Starkweather(Starkweather, 1987, 1997; Starkweather & Gottwald, 1990)认为当说话的困难度超过语言机转的能力,便会引起口吃,包括以下几种情况:(1)对运动神经肌肉要求的情况:在时间压力下说话、说句首的第一个字和较长的字时易发生口吃;(2)对语言表达要求的情况:在快速的语言发展期和要求把话说得正确时,例如 2 至 3 岁儿童一方面语汇快速增加, 同时要学习使用成人的句型和字型便容易形成口吃;(3)对社会性、情绪性技巧的要求:例如用合乎礼仪的方式说话或到一个新学校说话;(4)对认知能力的要求:需要说明许多事件或解释事件的细节,例如参加重要会议进行口头报告。在以上四大状况下,说话的困难度增加,超过说话者语言机转的负荷,极易引起口吃。

2. 内在修正假设(Covert Repair Hypothesis, CRH)

Postma & Kolk（1990, 1993）认为口吃是内在修正说话时的错误产生的干扰性副作用。说话之前,大脑将说话的命令传递至语言中枢,命令发音的指令编码时,大脑回路侦测语音的计划有错误,想要修正这些错误,而口吃者的语音计划常出现较多的错误,所以形成语音的重复、中断或拉长。口吃是语言运作过程正常的侦测和修正不正常的语音计划。

3. 切割片语或搜寻片语的障碍

Yang（2000）以 10 名口吃儿童和 10 名口吃成人的语言样本作为分析材料,发现口吃发生在片语的第一个字超过期望值, 尤其是儿童不顺畅发生在片语起始位置高达 90%,她推论这可能与口吃者在运作句子的过程时切割片语或搜寻片语的障碍有关。

4. 交易现象(trade-off)

Bernstein Ratner（1995, 1997）指出口吃常发生在儿童 2—3 岁语言快速成长时期,因为语汇的快速增加,而且学习成人的语法和句法,这两者同时需要大脑中相同部位的处理,使得儿童无法同时应付而加重其语言机转的负担(DCM),因此产生语句中断的现象,类似贸易中以物易物的现象,过去研究发现 60%—80% 的儿童口吃频率会逐渐减少而恢复正常,称为自发性的恢复,这些儿童无需接受治疗。

（八）电脑模式(Cybernetic Model)

Wiener（1948）应用伺服器原理发展出讯息处理理论,说明机械、生理和行为科学之间的关系,如体温、血压和水的平衡等在身体中运作的过程。以体温为例,在人体中的体温调节中枢储藏着适合人类身体运作温度的讯息, 身体温度的讯息随时传回体温调节中枢进行比较,当温度升高至某一程度,讯息传回体温调节中枢,发现高过原来所设定的极限,便会发出错误讯息,命令身体中的降温机制启动,因此身体的微血管扩张, 开始流汗并觉得口渴想要补充水分, 使体温降低。Fairbank（1954）进一步利用伺服器原理说明口语自动化历程。在 Fairbank 的模式中耳朵是感受者,由耳朵听到的声音经过空气和头骨的传导,这是由外界传进来,与内在储存在大脑中意图要说的话,在一个调节的中枢相互比较后发出错误讯号,再传送至调节肌肉动作、呼吸和发音的机制修正至错误减到可以接受的范围,再成为口语传送出来。

Lee（1950, 1950, 1951）用气导式放大传送声音回馈,比正常状态下慢 0.2 秒

(DAF),发现对非口吃者的口语产生破坏作用,例如受试者减低说话速度、发音不正确、不流畅增加,还有一些人产生类似口吃的重复和卡住音节的现象。1955年,Fairbank发现在延迟听觉回馈的状况下受试提高音量和音调,他认为这是受试为了抗拒干扰的缘故。Fairbank & Guttman(1958)发现在延迟听觉回馈的状况下少数人会经常重复,而且几乎都是发音两次,他们认为是DAF提供了错误讯息所造成,Lee称此为人工口吃。所以口吃者在大声噪音如水声、海浪声、火车声下,可以说的流利,是因为噪音破坏了其内在异常的听觉回馈。

Needly(1961)研究发现听者很容易在DAF下区分口吃者与非口吃者的不顺畅;在阅读一般读物处于DAF情境,非口吃者的适应效果不像口吃者那么一致。Needly认为口吃是和听觉回馈的延迟有关。Brandt and Wilde(1977)的研究发现正常者在DAF下,和另一个声音一起合念或跟着念节拍器读,可以减少口语中的不顺畅。

Mysak(1960, 1966)认为语言的自动化历程中任何一环节出了差错都可能造成口吃:

(1)由精神分析的观点来看,大脑中统整语言机制部分有所冲突,如心中有罪恶感压抑口语表达的功能,便会破坏自动化历程。

(2)大脑中控制语言历程的传导者受破坏产生重复性语言,和Parkinson症造成的抽搐类似,如同用电刺激脑部造成的口语异常是一样。

(3)配合Johnson的错误诊断理论,儿童对外在(成人)过度监控其流畅性,会经常形成预期性语畅错误讯息,干扰口语自动化系统。

(4)口吃问题可能出现在感受器,如听觉回馈的错误造成口语的不顺畅。

(5)问题也可能是由于听者经常给予说话者"不懂其意思"的回馈,使说话者需要一再修正或重复说明。

(九) 多重因素、非线性动态模式(Mutifactorial, nonlinear, dynamic model)

Zimmerman(1984)和Smith & Kelly(1997)认为口吃并非只是在某一时刻发生的异常行为,因此如何定义口吃,必须观察与口吃有关的现象而非仅是口吃发生的片刻,Smith & Kelly提出口吃的发生可能与以下的因素都有相关:

(1)听者的知觉系统;(2)语言过程的不稳定性;(3)可在录音的语言样本中听出音节重复的特性;(4)眨眼或顿脚等第二症状;(5)说话时肌肉抽搐的现象;(6)呼吸时胸壁不正常的起伏;(7)说话前肤电反应的增加;(8)大脑化学物质或代谢活动的变化;(9)DNA的序列;(10)口吃者逃避的说话情境

他们都强调口吃是一种复杂的异常现象,包括环境和个体本身的行为表现,例如环境因素方面包含遗传机体本身的弱点,情绪、认知、语言相互对口语动作机转的影响;个体表现方面可分析的层次包括:社会文化层面、心理/行为层面、知觉/语言学层面、听觉声学层面、动作层面、电子摄影层面、中枢神经系统层面和自律系统等不同角度(Zimmerman, 1984)。过去为了研究及说明的方便,将口吃现象加以切割成较小的单位,有可能造成研究或实务处理上的问题,例如由语言学角度来看,可能会说口吃是字的重复或拉长,是声音编码的问题,常发生在子音或音节或词的第一个声音(Postma & Kolk, 1993),这样的说法并未考虑口吃者的生理的基础,因为他们可能在口吃发生前五秒吸入太多空气,在口吃发生的后三秒生理的唤起却增加了。因此口吃的产生是一个动力过程,不顺畅发生在不同层次不同时间点上,多向度的动态模式中包括家族史、社会情境、语言历程、情绪/自律因素、口语动作组织和其他因素的了解,对于口吃的诊断和治疗尤其重要。

五、口吃的分期

Bloodstein(1975)和 Van Riper(1971;1973)提出对口吃的不同分期。

(一)Bloodstein(1975)将口吃分为四期
四期之间可以有相互重叠。

第一期,口吃是偶尔发生的,主要表现为在说话开始时词或音节的重复。常常发生在儿童情绪烦乱需要说很多话时,或在感觉有压力时交流,这一期的口吃,儿童并不在意自己的言语不流畅。

第二期,口吃已成为习惯性,儿童也认为自己口吃,在说话的大部分时候都会出现口吃,在兴奋或说话快时口吃加重。儿童仍不大在意他的说话困难,这一期的口吃儿童常为小学阶段的学生。

第三期,口吃在不同情境中表现不同,有的对某些声音或某些词难说好,他会用较容易说的词代替较难说的词,避免说某些词。还没有避开说话环境,也没有在交往中出现窘迫的表现。

第四期,口吃者对口吃有恐惧心理,对词、声音和面临的处境都怀有胆怯的心理。常用代替的词,避开说话的场合,而且有恐惧感、窘迫感和感到无奈,这一期常见于青年和成年人。

(二)Van Riper(1971;1973)将口吃分为三期

1. 初期
语言中有词的无意识的重复或言语的延长,也是一种正常的不流利。

2. 过渡期

以语句中更快更长更少规则的重复和延长为特征。重复更快，延长的时间更长。儿童开始觉得焦虑，有挫折感。

3. 后期

继发性口吃，以挣扎反应、害怕和逃避为特征。患者除了语言不流利的症状之外，还出现了害怕说话、逃避说话场合以及在口吃时伴随挣扎性行为的表现。这时口吃对个体的影响已经非常严重。

第二节　口吃的评估

在口吃的评估过程中要考虑许多因素，不仅要考虑患者词或"词片段"的重复、延长、停顿以及伴随的挣扎行为情况，还要考虑其言语不流利发生的频率、历史、环境的一致性、可能存在的一些具体的前奏事件和随后的听众反应。要区分正常的言语不流利(发展性不流畅)和有治疗必要的言语不流利(口吃)。

关于判断哪些是不需要治疗的言语不流利，Adams(1980)曾提出：在说 100 个词时，不流利的不超过 9 个词的，重复的是整个词或词组，开始说话时不费力不紧张，在对词的一部分重复时，不会出现用轻元音代替相应的元音，为不需要治疗的言语不流利。

VanRiper(1973)提出可以用以下几个标准来判断儿童是否存在口吃：

(1) 以两个字或更多字为单位进行重复，有 2%或更多的单词被重复，重复过度增加，且以央元音来代替单词中的其他元音，声音非常紧张；

(2) 2%或更多的单词被延长，而且延长时间超过 1 秒；

(3) 不恰当的停顿，时间超过 2 秒；

(4) 不流畅时伴随身体动作，如眨眼睛、唇部或下颚的颤抖，以及其他挣扎现象；

(5) 对说话的情绪反应和逃避行为；

(6) 以口吃作为其他能力不足的借口；

(7) 言语破裂的频率和严重性随说话情境改变而改变。

口吃与发展性不流畅的区别可归纳为下表，(见表 8-1)。

Curlee(1980)对 Van Riper 的诊断标准加以补充修改成以下 7 条：

(1) 在说的词中有 2%以上的词有"词的一部分"重复，且每次重复两次或多次，重复的速率增加和在词中用轻元音代替元音以及发音紧张；

(2) 说的词中 2%以上延长 1 秒钟以上，突然终止延长并提高音调和响度；

表 8-1　口吃与发展性不流畅的区别

行为表现	口吃	发展性不流畅
每个词的音节重复次数	两次或更多	一次或几乎没有
语速	比正常快	正常
气流	常常中断(受阻)	几乎不中断
声音紧张	常常明显	没有
100 个词的延长次数	两次或更多	一次或几乎没有
延长时间	两秒或更多	1 秒或更少
心理紧张	常常出现	没有
一个词内无声的停顿	可能出现	没有
尝试说话之前无声的停顿	常常比较长	不明显
不流畅后无声的停顿	可能出现	没有
发声姿势	可能不恰当	恰当
对压力的反应	较多的词语中断	在不流畅方面没变化
挫折	可能出现	没有
眼光接触	可能摇摆不定	正常

（3）在言语中不自主地间断或迟疑 2 秒钟以上；

（4）言语不流利有身体活动、眨眼、唇及下颌颤抖及使劲的姿势；

（5）说话时伴有情绪反应和回避的举止；

（6）用言语作为成绩不好的理由；

（7）在说话场合不同时,言语不流利的频率和严重程度会有所改变。

DSM-IV 对于口吃有这样的诊断标准(DSM-IV,APA,1994 年)：

（1）正常语流和言语时间模式的破裂(不符合个体的年龄)。

①语音和音节的重复；

②语音的延长；

③无关音的插入；

④词汇破裂(比如词内停顿)；

⑤可听见的或者默声的阻塞(言语中的停顿)；

⑥迂回现象(单词替代以避免有问题的词汇)；

⑦单词发出时伴随过度的生理紧张；

⑧单音节词汇的整个重复(如"我,我,我去公园")。

（2）流利性问题对学业或者职业成就或者社会交往的影响。

（3）这种言语困难排除言语—运动或者感觉方面的缺陷。

根据这些标准可以判断儿童是否存在口吃以及口吃的严重程度。

第三节　口吃的矫正与训练

在我国，口吃治疗有多年的历史，也积累了较为丰富的经验。由于口吃这种言语障碍的复杂性和多样性，治疗的方法也复杂多样。文献上曾介绍过多达数百种的有效方法，主要都是采取非药物治疗，其中包括心理治疗、生物电反馈节拍器、改变发声方法、延迟语音反馈方法、声音掩蔽法、脱敏治疗、流利塑形法等等，而这些方法的治疗效果则又是一个非常复杂的问题，因为事实证明有些方法对一些口吃者有效，对另一些口吃者则没有表现出成效；有些口吃者接受治疗后在一段时间内言语障碍有所改善，可是过了一段时间又复发了。所以，虽然口吃可以治疗，但想要取得好的治疗效果并不是一件容易做到的事。

通常，如果一个孩子在4年内口吃超过3个月，并表现出口吃时的紧张或挣扎行为，就需要对儿童进行治疗。口吃儿童的心理和情绪问题都应引起注意。口吃者常受到同伴的嘲弄。他们可能不能充分参加学校的活动，特别是那些需要当众讲话的活动。他们在入学、发展人际关系和选择职业时也常常会遇到困难，口吃儿童随着年龄的增长可能有不良的自我形象、失败感和面对生活情境的被动方式。早期干预将保护儿童免受不良条件的影响。其基本原理是：使儿童避免慢性口吃引起的苦恼、焦虑、社会适应不良、学业受挫。

一、口吃的早期干预

虽然儿童口吃的自然康复率达到80%，但父母或治疗师的早期干预很重要。早期干预的目的是提高儿童的自信心，改善孩子的自我形象。适应和调整儿童的人际环境以降低口吃者的恐惧、挫折和压力感。为此，首先要与父母进行很好的沟通，以便比较准确客观地找出影响口吃的不利因素，不仅如此，通过与父母的沟通还可以使父母减轻自身的焦虑感、内疚感以及不融洽的人际关系，以一种新的、客观的眼光来看待口吃儿童。从而能与治疗师配合消除这些不利因素，这些不利因素可以包括：（1）家庭中易激动的程度；（2）快节奏的活动；（3）交流紧迫；（4）抢话；（5）情绪压抑；（6）同胞兄弟姐妹间的竞争；（7）家庭成员对其说话的打断或打消（阻止）其说话的愿望;(8)要求过高或过低;相互矛盾的指令;(9)对孩子的行为养成干涉太多或太不关心;(10)缺少父母的帮助;(11)对说话和成绩的压力过大;(12)家庭成员之间不和谐;(13)在儿童和家庭之间用负面的言语等。

要提醒儿童慢慢地说话,建议父母不要批评或呵斥他们的孩子。父母应该慢慢地、放松地与孩子谈话,允许孩子们用自己的节奏说话。就寝时的阅读是父母示范慢速、流利言语的好方式,也可以培养与孩子间的亲密感。孩子的受挫体验应控制在最低限度。应鼓励口吃儿童与朋友和家庭公开地讨论问题,探讨有关口吃的情绪。

二、口吃的治疗

口吃治疗的目标主要是异常言语行为、口吃者的焦虑和恐惧等消极情绪、消极的自我意象问题和父母亲的消极态度等。治疗应该个体化。

口吃的治疗大致可分为言语治疗、心理疗法和其他疗法。

(一)言语治疗

较严重的口吃患者需要言语治疗,言语治疗是矫治口吃的重要方法。口吃患者长期以来形成了说话急、快、猛、重的习惯,这种说话方式容易导致口吃。改变这种说话方式可以部分或暂时减少口吃现象。

目前,多数言语治疗方法均为试图使口吃患者在言语治疗师的指导下轻柔、缓慢地说话,或运用节拍器、延迟听觉反馈(DAF)或变频反馈(FAF),如思比易,减慢说话的速度。为了防止变声反馈,口吃者必须放慢讲话速度。当与孩子们做游戏时,语言治疗师鼓励每个儿童用慢速说话。大一点的孩子教给定时距的音节言语,鼓励他们按音节讲话,每个音节均匀地重读,用一种均匀的节奏说话,一个音节与下一个音节等时距地分开。另外,还有一些其他方法,如跟读方法,口吃者跟着读出治疗师说出的词。

不管是慢发音还是均匀的节拍训练,虽然都能增强说话的流畅性,但却往往失去了自然言语本身所具有的韵律和情感成分,在治疗的整个进程中还需要进行言语自然状态的恢复过程。因此,近20多年来,有人试图克服发音法(主要特点是慢、拖音)的不足,以正常人说话的自然语速和韵律来矫正口吃,取得了很好的效果。

因为口吃者说话时常常会表现呼吸紊乱,呼吸方式不当,或呼吸和发音不协调,言语产生的发音和呼吸的动力机制出现问题。因此,目前国内外口吃矫治比较普遍的强调或进行呼吸训练,采用符合发音规律的呼吸疗法对口吃患者进行呼吸训练,如练习呼吸操,进行呼吸和发音的协调训练,结合言语训练和系统脱敏,能取得良好的治疗效果。

(二)心理疗法

国内外学者的研究都发现口吃患者存有对口吃的恐惧心理，表现为逃避与外界的言语交流，严重时与外界隔绝。心理障碍的加重使口吃症状进一步恶化，反过来更加深心理障碍，恶性循环的结果使口吃变得根深蒂固。Ruth(2004)等研究表明，成年口吃者比儿童的社交恐惧水平更高，从儿童到成人，口吃潜在的消极的影响可能会发展成特征焦虑水平。复杂而困难的交谈与较高的状态焦虑相联系，较高的状态焦虑反过来提高口吃。Craig 和 Hancock(1995)发现，在口吃矫正后的成年人中口吃复发与特征焦虑存在显著的关系。治疗后复发的被试经历高水平的焦虑是没有复发的被试的 3 倍多。在治疗方面，Sheehan(1984)认为如果片面追求减少口吃数量，而不注意消除口吃患者的恐惧心理和逃避行为，只会减少其痊愈的机会。张景晖(1992)认为：根治口吃病的着眼点应放在心理障碍的破除上。口吃病的病根在于"一个字也不能口吃"的主观愿望，不彻底摧毁这个错误的强烈愿望，一切努力都是徒劳的。欲消除心理障碍，必须无条件地允许口吃。心理障碍消除后，因心理因素而导致的口吃现象自会逐渐消失。因此，在心理治疗中，文献强调行为的、认知的和情绪的治疗。如强调承认口吃，允许口吃，敢于开口说话；进行放松训练，或系统脱敏(按照说话情境的焦虑等级逐渐进行言语训练)。刘盈(1998)等研究认为，提倡"不惧怕，不逃避，顺其自然，为所当为"的森田疗法在口吃矫治的疗效显著，明显改善了口吃者的焦虑、抑郁情绪，缓解了口吃者的心理压力，从而使口吃症状明显减轻或消失。治疗也强调建立和维持流利的情绪控制，加强自我情绪管理是预防和控制口吃复发的重要手段。

(三)其他方法

1. 爱丁堡掩蔽(Edingburgh Masker)技术

该技术基于这样的事实，即当口吃者不能听到自己的声音的时候，说话就不口吃。其装置是一个小仪器横过喉部用带子捆住，接着贴到象听诊器的装置上。当口吃者讲话时，小仪器激活了，阻止口吃者听到自己的讲话。

2. 流利手势训练

流利产生手势(Fluency initiating gestures，FIGS)主要用来改变发声、呼吸、发音之间的协调性，有助于防止口吃。言语治疗师除了教口吃者怎样流利说话外，也帮助他们使用适当的手势。这些手势首先分开教，以后再合并起来。

3. 生物反馈治疗和计算机辅助的流利言语训练

通过生物反馈，如呼吸、肌电反馈，进行放松训练或者通过提供反馈和指导的计算机程序来减少口吃，可以提高言语的流畅性。Craig (1996) 等用流利矫正和EMG 反馈治疗，有效地降低了口吃。瑞士的基于计算机的口吃者言语训练程序包括：流利言语的转换和测验，精确的流利改变程序（Precision Fluency Shaping Program,PFSP）是综合训练口吃程序（Comprehensive Stuttering Program,CSP）的一个部分。这个训练程序的原理是把口吃当作一种生理失调，而不是心理失调，有效率达到63％。

（林　馨）

参考文献

[1] 昝飞,马红英.言语语言病理学[M].华东师范大学出版社,2005.

[2] 姜泗长.顾瑞.言语语言疾病学[M].科学出版社,2005.

[3] 吴海生,蔡来舟.实用语言治疗学[M].人民军医出版社,1995.

[4] 刘旭刚,徐杏元,彭聃龄,等.口吃复发的研究进展述评[J].中国特殊教育,2005(4).

[5] 王爱青,刘连启.药物引起的口吃[J].齐鲁医学杂志,2002,17(1).

[6] 张积家,肖二平.汉语口吃者在不出声言语中的语音编码[J].心理学报,2008,40(3).

[7] 周跃先.口吃病及其矫治[M].南海出版公司,1995.

[8] 李成文.怎样矫正口吃[M].1989.

[9] 钱厚心.口吃矫正法[M].上海翻译出版公司,1986.

[10] 刘旭刚,徐杏元.口吃的诊断与矫治[J].中国特殊教育,2005.

[11] 黄海茵,黄铎香.口吃的国内外治疗与研究回顾[J].中国临床心理学杂志,1996,4(4).

思考题

1. 造成口吃的原因是什么？
2. 口吃患者的症状有哪些？
3. 怎样对口吃患者进行矫正和训练？

第九章　精神发育迟滞儿童的言语语言障碍

第一节　概　述

智力低下在国内外都有许多同义词,医疗卫生部门从病因角度考虑,称之为精神发育迟滞;教育部门从接受教育的能力考虑,称为弱智;民政部门从救济救助的角度出发,称之为精神残疾。

一、弱智的概念

弱智是一种症状复合体,其特点是显著的智力低下,伴有学习困难,社会适应能力欠缺,一般都是非进行性的。

(一)弱智的诊断

按照世界卫生组织《国际疾病分类》第十版(ICD-10)的诊断标准:

1. 智力明显低于平均水平,即智商(IQ)低于 70;

2. 按年龄来看,有社会适应行为的缺陷;

3. 起病于 18 岁以前。

(二)弱智的病因

1. 出生前

(1)遗传性异常:常染色体显性遗传,如结节性硬化症、萎缩性肌强直等;常染色体隐性遗传,如苯丙酮尿症、脂质沉积症、黏多糖病等。

(2)染色体异常:21 三体、18 三体、脆性 X 综合征等。

(3)颅脑畸形:小头畸形、脑积水、胼胝体缺如、神经管闭合不全、脑膜脑膨出等。

(4)妊娠期受有害因素影响：感染，特别是巨细胞病毒、风疹病毒、单纯疱疹病毒等病毒感染，弓形虫感染，梅毒感染等；药物、毒物、化学品；放射线；母体营养不良、内分泌异常、缺氧、妊高症等，胎盘功能不足，先兆流产、早产等。

2. 分娩时

产程过长、宫内窒息、产伤、出生时缺氧、新生儿颅内出血等。

3. 出生后

中枢神经系统感染、核黄疸、脑外伤、脑缺氧、甲状腺功能低下、重金属或化学药品中毒、代谢性或中毒性脑病、重度营养不良等，以及儿童早年缺乏文化教育的机会。

二、弱智的分级

弱智的分级按照不同角度，有着不同的分类方式。

按照世界卫生组织《国际疾病分类》第十版(ICD-10)的标准，把精神发育迟滞分为五级。教育部门参照国外的四级分类法，从确定教育方案的角度来区分弱智的程度。不管哪一种分类方法，仅从 IQ 划分弱智病情的轻重是不够全面的，因为弱智有社会适应行为的异常，表现为适应环境的能力、处理人际关系的能力以及适应职业的能力等的欠缺，精神行为的冲动、刻板、强迫、易激动等。

(一)边缘智力：智商(IQ)70～85；轻度弱智：智商(IQ)50～69

一般无脑损伤和神经病理症状，仅有大脑功能的障碍。幼年发育比正常儿童落后，特别是语言发育迟缓，但仍有一定的表达能力。在进入幼儿园或小学后，才发现有学习困难，领悟能力低下，思维简单，综合分析能力欠缺，学习速度很慢，需要多次重复才能掌握知识。经过特殊教育，勉强能够达到小学毕业水平，他们被称为"可教育者"。他们有一定的社交能力，生活能够自理，成年后具有低水平的职业适应能力和社会适应能力，对环境变化缺乏应付的能力，需要帮助。这部分人占弱智总数的 80%左右。

(二)中度弱智：智商(IQ)35～49

大多有着脑损伤或其他神经障碍，幼年的运动发育、语言发育都比正常儿童缓慢，语言发育不完全，词汇贫乏，不能完整表达自己的意思。他们学习能力低下，经过特殊的训练，能够学会简单的手工技能，被称为"可训练者"。成年以后与人交往没有问题，语言简单，生活能够达到半自理，在他人的照顾下，能从事简单的非技术性工作。这部分人占弱智总数的约 12%左右。

(三)重度弱智:智商(IQ)20~34

大脑有着较重的损伤,或同时伴有严重的脑瘫、癫痫,出生不久运动发育、精神发育便明显落后于同龄儿童。他们只有简单的交往能力,生活不能自理,不会讲话,只会发少数单音,被称为"监护者"。他们经过训练也只会说简单语句,大部分能够基本学会自己吃饭、穿衣、大小便。他们不能自理生活,不能接受学校教育,不能接受训练学会简单的技能,无社会行为能力,需要在家庭或专门的机构中监护。这部分人占弱智的 7~8%左右。

(四)极重度弱智:智商(IQ)<20

有着严重的大脑损伤,有不少在幼年就死亡。完全没有语言能力,不能认识亲人,不知躲避危险,没有意识,仅有原始情绪反应,用哭闹、尖叫来表示需求,还有攻击性、破坏性行为,全部生活需要人进行照料。这部分人约占弱智的 1.5%左右。

三、弱智儿童语言障碍的相关因素

儿童语言的获得和发展是一个相当复杂的过程,既与个体的生理、智力、心理等因素密切相关,又与生活环境的文化、社会等社会因素相关。因智力发展落后,弱智儿童主要在对语言的理解、表达、运用上存在着障碍,在语言的动作行为的控制能力上存在着异常。

从语言的理解和语言的运用等方面的调查来看,弱智儿童在语言的获得和发展上与正常儿童没有本质的区别,只是在语言获得的时间上比正常儿童晚,发展速度上比正常儿童慢,语言运用的品质上比正常儿童低。我们只有了解弱智儿童语言获得和发展的顺序、过程、特点、类型,才能够帮助我们设计更加有效的语言训练计划,开展更加科学合理的训练。

与弱智儿童语言障碍的相关因素有:发音时的语音障碍、语流障碍和嗓音障碍。

(一)语音障碍

1. 语音能力的发展

所有语言都有着自身的语音系统,语音系统内的各音段、超音段的发音难易程度不一,构成音节的协调运动难易程度不一,使得有些语音容易获得,有些语音不易获得。儿童获得语音的规律是:先获得容易获得的语音,后获得不易获得的语音。弱智儿童语言发展水平比正常儿童要落后许多,但他们语言发展的顺序、阶段特点等是一致的,弱智儿童语音获得的顺序为:

元音:低元音→高元音、不圆唇元音→圆唇元音→央元音

辅音:双唇辅音→舌面音→舌根音→舌尖前音→鼻音→舌尖后音

2. 语音障碍的表现

弱智儿童发音错误主要集中在替代、省略和歪曲。

(1)辅音发音错误:

造成辅音发音错误的原因有:一是受方言的影响,舌尖前音与舌尖后音不分,n、l、r混用;二是构音障碍难以控制发音器官的协调运动。如控制不好软腭和悬雍垂的运动,导致口、鼻音不分;控制不好舌的运动,导致辅音的发音严重的腭化倾向;气流量的大小控制不好,导致送气音与不送气音混淆。

①替代:辅音发音中非常普遍,有些有规律可循,有些规律不明显,也有些没有规律可循。如把送气音发成不送气音,舌尖前音与舌尖后音相互替代,是有规律可循的;有的把z音替代c、ch、s、sh、d、j、t等,把d替代t、p、k、z、zh、c、ch等多个音,以及n、l、r三个音使用混乱。

②歪曲:在辅音发音中也相当普遍,如把舌尖前音s错发为汉语中不存在的舌叶音/ʃ/。

③省略:发音时省略声母现象较少,如发"绿"音时,弱智多发成"ü"。

(2)元音发音错误:

元音的发音比辅音复杂,元音分单元音、复元音两大类,复元音还划分为二合元音、三合元音和元音加辅音等几种形式。

①歪曲:单元音发音中e和o的发音不易发准,常出现歪曲现象;单元音发音时因口腔发音器官过于松弛,元音发音出现趋央或趋低的情况,如a音趋高,I、u音趋低,e发成央元音;元音加辅音的鼻韵母发音出现省略、歪曲现象,如uan—an、uang—ang、ian—/A/、in—/ɛn/或/ɛ/加鼻化等。

②替代:对i、ü发音比较复杂,会出现歪曲或替代。

③省略:二合元音和三合元音发音时,常会丢失一部分元音,如丢失韵头,ua—/A/,uo—o,uei—/ɛi/或ei;丢失韵尾,ai—a,ei—/ɛ/等。

④添加:出现不多,是在单元音发音前添加一个启动半元音,或在结尾添加一个收尾元音,改变了原音段的音质,形成一个复元音。如把a发成/ia/或ia,把o发成ou。这些发音错误原因是:口腔开合度的大小、圆展程度掌握不好;对二合元音、三合元音以及元音加辅音的鼻韵母发音的舌头运动方向、速度、气流运用的连贯程度等掌握不好。

(3)声调错误:

与声带麻痹,气流控制困难,儿童声带控制过于松弛,发音随便等有关。

主要表现为:声带松弛,声调的调值普遍偏低;声调带有喉塞音;第二和第三调的分辨困难;阳平音上留有拖音。

如唐氏综合征的发音:存在发音不清,音节倒置,嗓音嘶哑,发音异常,口齿不清等特点,与中枢神经系统控制不成熟有关。

(二)语流障碍

弱智儿童的呼吸控制能力差,不能按照需要进行气流分配,不会进行正确的语言呼吸。临床表现为:说话断断续续,破句多,语言结构简单,声音越来越低,有语言呼吸不畅、气流不足的感觉。

(三)嗓音障碍

弱智儿童软腭和悬雍垂缺少正常的反射,不能自主控制其运动的方向和速度,使得气流难以进入鼻腔发音。嗓音障碍表现为鼻腔共鸣失调,在发音时需要运用口腔和鼻腔两个共鸣腔的共同作用,产生出不同音质以区别不同的意义。

部分重度弱智还存在着启音困难,极个别弱智儿童存在着声带、腭等器质性的病变。

四、弱智儿童的言语、语言障碍表现

弱智儿童的言语障碍与语言障碍有着密切的关系，语言障碍表现在词汇、语法、语用以及语言的理解和运用等方面。

(一)弱智儿童词汇发展

词汇是语言表达中的重要元素，词汇的应用不仅反映出个人的认知水平和文化素养,还反映出其语言的水平。弱智儿童的词汇掌握普遍偏少,应用有明显障碍。

1. 词汇能力的发展

早期儿童的认知结构简单,只能从大量的具体事物中形成初级概念,词汇能力也非常弱。随着儿童认知能力和操作能力的发展,概念的不断集聚和整合,其词汇量不断扩展,语言能力日益完善。

儿童词汇获得的顺序：实词→虚词，具体名词/动词→抽象名词/动词→形容词→其他词类,实词的发展比例随年龄增长而下降,虚词的发展比例随年龄增长而上升,最后达到词汇的自主运用。

弱智儿童因社会活动少,人际交往缺乏,造成认知水平低下,从而影响了他们的词汇的学习。他们选择和运用词汇的能力明显低于正常儿童,他们准确表达个人意愿的能力明显低于正常儿童,他们在人际交往中,词汇贫乏,用词缺乏准确性,从而影响了语言的表达。

弱智儿童词汇获得与发展的顺序:实词→虚词,具体名词/动词→抽象名词/动词→形容词→其他词类。弱智儿童词汇获得与发展的顺序虽然与正常儿童相同,但发展速度要慢得多。弱智儿童在整个词性发展过程中,对形容词、副词的使用能力有限,语言表达不生动、不准确,缺乏色彩。弱智儿童不能理解以及正确使用连词、介词等虚词的含义,因此他们说出的句子缺乏逻辑,让人费解。

在词性的获得上,弱智儿童最先掌握的是表示称呼、事物、生活用品等的名词;表示动作行为和愿望的动词;表示"大小""多少""好坏"等容易观察、分辨和表达的形容词。其次掌握的是表示用品、身体部位、空间位置等的名词;表示具有判断意义的"好""不好""要""不要"等判断词;表示心理活动和存在、消失等抽象意义的动词;表示抽象意义的"干净""可爱"等形容词;表示人称、指示、疑问等意义的代词;表示频率的副词;表示时间、处所、方向的介词;表示时态、结构、语气的助词;表示联合意义的连词。再次掌握的是表示抽象事物、时间、处所的抽象名词;表示趋向的动词;表示状态的形容词;表示数量概念的数词和物量词;表示程度、范围、时间、语气的副词;表示科学概念的名词;表示发展变化的动词;表示序列的序列词;表示动作频率的动量词。

2. 词汇的理解障碍

词汇的理解能力与儿童的智力水平的高低密切相关,智力水平越高,词汇的理解能力越强,智力水平越低,词汇的理解能力越差。弱智儿童的词汇理解能力低于正常儿童。具体表现如下:

(1)抽象意义的词语理解困难

弱智儿童不能理解抽象意义的词语,也几乎不使用抽象意义的词语,这是影响弱智语言交流的原因之一。

(2)色彩意义的词语理解困难

弱智儿童与社会接触少,观察粗泛,对语言中的色彩意义的词语理解困难,如对表达感情色彩的"情有独钟""高贵"等词语;表达语体色彩的"高层""母亲"等;表达形象色彩的"以卵击石""螳臂当车"等。弱智儿童对这类词语理解困难,影响其语言交流。

3. 词汇运用障碍

(1)词汇量小

弱智儿童的词汇量远远低于同年龄的儿童,有些词汇只是机械模仿,并非真正理解词汇的含义。

(2)词语运用品质差

常用词语的运用水平低,选词用词失当,使人费解;量词使用混乱,如"一只桌子""一个肉"等;人称代词转换困难,不能依据复述者主体的改变而及时转换恰当的人称,只会按照原说话人的人称机械地转述;因词汇掌握少,常常一词多用,使语言表达的精确性降低;掌握词汇有限,表达用词单一,缺少词语变化,词语的运用品质低;虚词使用困难,难以完成逻辑性内容的表达;词语表达简单,语言缺少修辞性;概念不清,词序颠倒等。

(二)语法发展障碍

词汇是构成语言的材料,而语法是构建语言的规则。通过语法把词汇进行有序地连接,表达准确的语言内涵。语言使用涉及逻辑思维,弱智儿童的逻辑思维能力低下,语法的发展存在障碍。

1. 句子理解障碍

复句理解困难,复句比单句复杂,对弱智儿童来说,存在着一定的理解困难,特别是对复句中的关联词把握不准,导致对语义的理解障碍或理解错误。缺乏良好的判断思维能力,对特殊的短语理解困难,不能把握其与整个句子的关系,导致语义理解困难。

2. 句法运用障碍

在表达中句法结构简单,多数不符合规则,句子成分残缺,随意添加句子成分,不会使用关联词,疑问句运用能力差,语序颠倒,逻辑关系混乱,甚至无法表达不熟悉的事物和情感等。

3. 语言运用发展的障碍

语言理解障碍,难以理解言外之意,说话的关联性差;语言运用障碍,违反语言交流的人文环境、社会契约以及文化传统,忽略交流中的礼貌原则、谦虚原则、轮流表达和倾听原则,延续话题的能力差。

4. 非语言交流障碍

非语言交流通过在日常生活中的特定环境下,有意识地观察、揣摩、模仿而习得。弱智儿童不善于观察,不善于思考,他们的非语言交流存在着障碍,主要表现为:表情语的理解和运用困难,对他人的表情难以正确理解,自己不会用表情传递自我的感受和思想;手势语的理解和运用困难,可能弱智儿童会使用一些简单的手势,如再见,吃饭等,但是难以理解复杂的手势。

第二节　弱智儿童的言语、语言训练

一、言语语言训练内容选择注意点

(一)语言获得顺序：

语言训练内容的选择要按照语言获得的基本顺序，即安排的内容要与儿童的年龄、智龄相符合。

(二)语言障碍特点：

语言训练内容的选择要考虑弱智儿童的语言障碍的特点,即不同的儿童,不同的障碍,安排不同的训练内容。

(三)考虑汉语特点：

语言训练内容的选择要考虑汉语内容的特点。

(四)语言应用特点：

语言训练内容的选择要考虑弱智儿童今后在社会上语言应用的基本需要,提高实际应用能力。

二、言语语言训练内容

按照语言构成的基本要素,训练内容应包括语音训练、词语训练、句子训练、语言运用技能的训练。

(一)语音训练：

语音训练的第一步就是感知和听辨语音,其中包括：

1. 听辨声音训练

要正确感知语音,需要能准确地感知各种不同的声音,分辨不同的语音结构。

(1)首先是动物声和自然声训练。利用各种动物的叫声,模拟各种自然界的声音,对弱智儿童进行声音敏感性和注意力的训练,提高对声音的分辨能力。

(2)其次,进行语音训练。语音是由人的发音器官发出的,具有语言意义的声音。咳嗽、喷嚏、鼾声等声音由人的发音器官发出,但不是有话语意义的声音。通过对无意义的声音做听辨训练,可以提高弱智儿童对各种声音的敏感度。有意义的语音训练,可以使弱智儿童熟悉各种人的不同说话声。

(3)再次,元辅音训练。元辅音的听辨训练是语音教学中的重要环节,如果弱智儿童能够准确地分辨元辅音,就为发音训练打下了良好的基础。主要内容有:元辅音的指辨训练、语音正误的辨别训练、词中辨音的训练、句中辨音的训练、目标音的听辨训练、儿歌辨韵的训练等。

①元辅音的指辨训练:让弱智儿童看着图或实物,老师读出图片或实物的读音,然后由儿童指辨老师所读的是什么,这样进行元辅音的指辨能力的训练。

②语音正误的辨别训练:老师手拿图片或实物,并读出图片和实物的名称,然后由弱智儿童辨别老师读音的正确与否,训练难度有所增加。

③词中辨音的训练:让弱智儿童看着图片或实物,老师把图片内容连续读出,要求儿童按照老师所读,一一指出。这项内容难度高,图片的数量多,各读音又较相似,需要按照弱智儿童的智力情况、年龄大小进行适当的调整。

④句中辨音的训练:老师说出句子,让弱智儿童指出句子中最多的元音或辅音。

⑤目标音的听辨训练:老师把目标音设置在一个相当嘈杂的环境之中,让弱智儿童在噪音环境下进行目标音的听辨。这类训练有助于提高儿童听觉注意力,增强听辨能力。

⑥儿歌辨韵的训练:老师通过读一些同韵同脚的儿歌,使得弱智儿童从自己熟悉的生活或兴趣中,感受音节的相同或相似。

(4)最后,声调和语调的训练。弱智儿童学习声调和语调的难度大,主要原因是对声调和语调的分辨能力差,所以训练时应先训练听辨能力。训练内容包括:声调听辨、词语听辨、语调听辨。

①声调听辨训练:老师读出不同的声调(ˉˊˇˋ),让弱智儿童进行听辨。

②词语听辨训练:出示图片,老师读出图片内的内容,让弱智儿童指出老师读的是哪一张图片。

③语调听辨训练:语调反映说话人的情绪,弱智儿童应该学会通过说话人的语调,了解到他真实的意图,增强对语调表现力的理解。语调听辨训练要在听句子中进行。通过听疑问句,理解问句所表达的是什么要求;通过听反问句,分辨说话人的肯定还是否定的态度;通过听感叹句,理解句子表达的情感。

2. 发音训练

语音虽然也是依靠呼吸、咀嚼等相关器官发出的,但是维持生命的呼吸与发音的语言呼吸是有区别的,进食时的咀嚼、吞咽以及唇、舌、齿、腭等器官的活动与发音时的唇、舌、齿、腭的运动也是不同的。弱智儿童对语言的辨别能力低,同时伴有发音运动障碍,必须对发音器官和呼吸控制进行专门的调制和训练,发音训练包括呼吸训练、口腔控制训练、启音训练、音量调整训练、发音训练、声调语调训练等。

(1)呼吸训练:均匀地呼吸是说话的基础,呼吸训练就是让弱智儿童学会均匀地呼吸,特别是要按照语音和语调的变化而调整呼吸,以适应说话的需要。弱智儿童大多对呼吸控制不良,需要开展呼气训练、吸气训练和呼吸节奏训练。呼气训练可利用吹蜡烛、吹气球、吹泡泡等游戏,训练对气流呼出的控制和气流量呼出大小的控制,还可以进行送气音和不送气音的对比训练;吸气训练可通过闻各种不同气味和深呼吸的训练方法,控制吸气的多少以及快速换气;呼吸节奏的训练可通过弱智儿童模仿词语或句子,提高在语言中对气流呼出时的节奏控制能力。

(2)口腔控制训练:准确的发音需要有正确的口腔造型,弱智儿童口腔运动功能障碍是他们不能准确发音的原因。因此,弱智儿童进行口腔运动训练是提高他们语言清晰度的重要方法,口腔运动训练主要训练对唇、舌、齿、腭以及悬雍垂等正确的控制和协调,分别进行唇运动训练,如展唇、敛唇、努唇、唇齿咬合等训练;舌运动训练,如舔唇、伸舌、绕舌、翘舌、舌抵齿背、舌抵齿龈、舌抵硬腭;声带训练,如咳嗽、清嗓等,感受声带运动与控制;软腭与悬雍垂训练,软腭和悬雍垂的开合直接关系到口音与鼻音的区别,通过发声母"g、k、h"的方法来感受软腭和悬雍垂的上升,发"m、n"来感受软腭和悬雍垂的下降,自然体会口音、鼻音在发音时软腭和悬雍垂的不同运动;外力干预训练是指弱智儿童因口舌障碍无法主动控制发音器官,老师可以借助外力,对儿童进行辅助训练,如通过口腔的开合可以形成不同的音素,而有的弱智儿童的中枢神经控制功能差,不能完成合口发音,因此老师在训练中给予外力,帮助儿童把口腔闭合发音,此外还可以使用压舌板等工具帮助儿童的舌运动,辅助发音;运动觉训练是指以触觉和运动觉为基础,在弱智儿童发音困难时,触压脸部或身体其他部位,协助他们认知发音器官、运动方向及气流量;有意义的构音治疗是指以有意义的音节为治疗媒介,在发音训练的同时促进思维、情感、理解、自我观念等方面发展。

(3)启音训练:是指启发弱智儿童的发音训练。对发音能力不足、缺乏发音经验的弱智儿童,应开展相应的启音训练,启音训练可以借助专门的仪器,也可以进行一对一的引导和启发发音训练。

(4)音量的调整训练:嗓音是由气流量的大小和撞击声带力量的大小所决定的。弱智儿童因中枢神经控制能力差,不能自主控制说话时的音量,不是音量过大,就是过小,影响了人际交往。因此,要注意弱智儿童的用嗓情况,加强对用嗓的指导和训练,通过吹气让弱智儿童感受气流量的大小,通过发泡沫音让弱智儿童感受声带的控制。

(5)发音训练:主要内容和方法有:

①模仿发音:听和模仿是语音学习中最重要的两个环节,在教学中,老师要特别注意让弱智儿童听得清楚,模仿准确;老师的口型和发音可以作适当的夸张,使弱智儿童看得更清楚,便于模仿;还可以使用镜子,让弱智儿童模仿发音的训练。

②语言游戏:通过游戏的方法引导弱智儿童进行学习。通过学习含语音训练的儿歌来区别不同的音素,用儿童熟悉的、含有相近音素的词语来做听辩训练。

③人机对话:计算机能提供规范的、标准的语言模本,进行大量的、反复的练习,并能根据弱智儿童的不同情况选择合适的反应速度,满足弱智儿童的训练需要。

④团体训练:主张在人际间的谈话中自然进行,有利于构音的成熟。

(6)声调语调训练:

①声调训练:声调是汉语特有的语音特点,受声带的松紧所控制,声带的松紧又是依靠气流量的大小和冲击力来控制的。训练的方法如下:

声带松紧法:用气泡音的方法使声带充分放松,用发元音"a"的方法使声带收紧。

声调训练法:按第一、二、三、四调的序列学发四声,也可不按序列训练。

词语训练:把声调搭配一致的词语放在一起,领弱智儿童反复朗读,声调受前后音节的影响而产生连读变调,声调的学习应在词语中进行。

②语调训练:语调与声调不同,是根据语境和要表达的需要对语音组合的运用。同一个句子在不同的语境、不同的人、不同的心情之下可能会采取不同的语调来表达不同的意思,对弱智儿童来说往往不能够进行分辨。老师要教会弱智儿童正确使用语调进行表达,语调的训练主要采用听和模仿的方法。

(二)词语训练

词语是构成句子的基本单位,也是概念的基本单位。弱智儿童词语贫乏,运用能力低下,词语的训练对弱智儿童具有重要的意义。

1. 词语训练的内容

词语运用能力的训练主要从词语、词性的训练以及词语的积累方面进行。

(1)词语训练:让弱智儿童掌握语音形式下所代表的具体含义,即词义。

(2)词性训练:句子是按照一定的规则由词组合而成的。弱智儿童对词性不清楚导致句子运用错误,需要进行词性训练。

(3)词语积累:要帮助弱智儿童积累词语,增强人际交往的效果。

2. 词语训练的方法

(1)词语归类:把意义相关的词语聚合在一起训练,如把各种常见的生活用品、交通工具、植物、动物等分别归在一起学习。按照词义场理论,归类训练能够集中记忆,对了解词义间的相关性、掌握概念的上下位关系、以及准确掌握各词语间的差异和辨别词义具有重要的作用。

(2)词语联想:词语联想训练是老师先说一个词,请弱智儿童经过联想,说出与此词相关的词。如老师说"猫",儿童说"老鼠(猫捉老鼠)"或"鱼(小猫钓鱼)"。通过游戏的方式进行,可以是个别训练,也可以进行集体训练。

(3)词性运用:训练弱智儿童进行科学合理的词性分类,为今后的词类整合打下基础。训练常用的时间名词、形容词、人称代词、动词、手部动词、五官动词、心理动词等。

(4)词语搭配:由老师说一个名词,引导弱智儿童说出能与名词搭配的量词、动词、形容词等,也可以由老师说一个动词,引导儿童说出相关的名词、副词等。如老师说"幼儿园",儿童说出"一所幼儿园""上幼儿园""美丽的幼儿园"等。

(5)看图学词:具有形象性、生动性、可辩性。按照弱智儿童的程度,使用适合的图片及计算机软件进行教学,以便弱智儿童理解。但抽象词语无法用图片表示。

(6)词语积累:给弱智儿童讲适合他们理解力的故事、朗读儿歌,符合他们的兴趣,容易为他们所接受。词语积累需要一个过程,能丰富弱智儿童的词库。

(三)句子训练

1. 句子训练的内容

(1)单句训练:包括简单句、句子扩展、复杂单句以及紧缩句的训练。

单句训练应该从句子的主干部分开始训练,然后逐步扩展,不断丰富。如从"我吃饭"开始训练,扩展为"我吃过饭""我吃过中饭""我吃过一顿丰盛的中饭""星期天我们上街去玩,在一家很大的餐厅吃了一顿丰盛的中饭"。通过单句训练,提高弱智儿童句子扩展能力,丰富了语义,增强了语言能力。

(2)复句训练:包括复句句型以及复句中的关联词语的训练。

复句中关联词要在复句中进行,离开具体的表达环境和表达需要,这些关联词就无法得到训练。

(3)社会交往适应训练:经常带弱智儿童去公共场所,扩大生活的接触面和社会经历,增强主动表达,丰富语言表达的内容。

2. 句子训练的方法

句子训练是建立在词语训练的基础上的,必须与词语训练相结合。句子训练的常用方式如下:

(1)你说我做：句义理解的训练。老师按语境说出要求，弱智儿童按要求去做。

(2)卡片配对：词语理解和联想的训练。老师给弱智儿童两组卡片，按照老师的要求进行卡片配对。如卡片上有"鱼""大海"，老师说"鱼在水中游"，儿童按照语序把两张卡片组合在一起。

(3)模仿说句：老师按照弱智儿童的认知能力、理解水平来设计句子，内容要符合儿童的生活和兴趣，根据不同的情况，设计三音节句、五音节句、七音节句，让儿童进行模仿说句子的训练，重点是学会模仿说五音节句、七音节句，促使他们具备句子运用和表达的基本能力。

(4)句法结构训练：替换句子中的某一成分的训练，通过替换训练，让弱智儿童掌握句子的句型、语序特征等特点；扩展句子结构的训练，句子结构越简单，表达的内容也越简单，通过扩展句子内部结构的方法，让弱智儿童学习表达复杂的情感和需求；不同句类的训练，按照说话时的语气句子可分为陈述句、疑问句、祈使句和感叹句四类句子。平时使用得最多的是陈述句和疑问句，而祈使句和感叹句应用较少。对弱智儿童要加强训练使其不但能模仿这类句子的使用，而且还能理解这类句子的语气所表达的思想意义；句类转换的训练，句类改变其意义也随之变化，弱智儿童不仅要掌握四类基本句类，还应学会句类的变化；关联词的训练，关联词是虚词，没有实在的意义。因此，弱智儿童对关联词的理解和使用存在困难，训练时，要创设具体的语境，引导弱智儿童理解和学习关联词；复句表达的训练，设计表达复句的语境，简单的可以设计按照前后次序做的事情，用"先……，再……，最后……"来表达。

(5)完善句子的训练：老师说上半句话，让弱智儿童接下半句话，不但培养儿童完善句子结构的能力，还培养了儿童的思维。

(6)以唱引说：唱歌时对发音造型的速度要求低于说话的要求，对口腔控制速度慢的弱智儿童，老师利用唱歌，让口腔控制速度慢的儿童通过"唱"，使他先熟悉发音的口、唇、舌的造型，然后逐步过渡到"说"。

(7)讨论式训练：在集体训练中采用自我介绍、传话、对话、讨论等形式，使弱智儿童的情绪放松，兴趣性增高，运用自然。

(8)实践运用：把弱智儿童带往人际交往的场所，培养他们与人交流的技巧，从与他人的交往中学会调控自己说话的话语结构，使表达更加准确和完整。

(四)语用训练

语用是交流双方共同营造的交流环境，儿童在开展语用训练前，应先学习语用的基本技巧。

1. 个别训练

(1)静坐训练:静坐训练的目的是让弱智儿童学会集中注意力听讲,这是参与交流的基本技能。

(2)目光接触:要求弱智儿童说话时眼睛看着对方,这是与人交流的基本礼貌。由于弱智儿童很难做到,因此,在训练中要常常提醒儿童,不但要倾听,还要看着对方,作出相应的反应。

(3)忍耐训练:弱智儿童常常没有倾听完别人的讲话,就随意插话,他们的忍耐性差,需要依次发言,开展忍耐性的训练。

(4)礼貌训练:让弱智儿童学习待人接物的礼貌以及与人进行交流的礼仪。

2. 集体训练

(1)轮流发言:通过轮流发言训练,培养弱智儿童的等候、倾听、安静、思考等交流技巧,这是语用训练的重要内容。

(2)故事接龙:通过故事接龙训练培养弱智儿童集中注意力听故事的能力,积极进行思维,选择适当的词语进行表达。

(3)回答说明:培养弱智儿童的思考能力,对弱智儿童来说训练有一定的难度,因此在训练中老师要加强指导,必要时给予关键性的提示,帮助儿童完成说明。

(4)复述:培养弱智儿童的机械记忆和意义记忆的能力,复述分为完整复述和大意复述,大意复述相对容易,完整复述难度相对较大。

(5)角色扮演:对熟悉的故事或情节,通过让弱智儿童进行角色表演的训练方法,这种训练情节清楚,语用固定,容易被儿童所掌握。

(6)谈话:训练的目的就是要求弱智儿童通过训练学会维持话题,维持好话题也是人际交流中的一种待人接物的礼貌。双方感兴趣的话题容易维持,不感兴趣的难以维持。如何维持话题,双方能进行轻松愉快地交流,是训练中老师要把握的内容。

(五)非语言手段运用的训练

1. 看着对方的脸

在交流中弱智儿童不会主动地看着对方的脸,这在人际交流中是极其失礼的,需要进行训练。

2. 目光接触

与人谈话时要看着对方的眼睛,但弱智儿童往往不能做到,被认为是不礼貌的行为,对此必须进行专门训练,让弱智儿童看着老师的眼睛说话或看着镜子说话。

3. 手势动作

语言中的许多内容可以通过各种动作、手势来传达的,可以按照弱智儿童的理解水平和模仿能力进行训练。如拍手表示高兴的心情,告诉儿童在高兴的时候不要大叫大喊来发泄,而是通过拍手动作来表示;挥手表示再见,当分别时用挥手来表示等。

4. 面部表情

面部表情可以传递人的信息和情感,要理解面部表情的内容,需要一定的认知发展水平,所以要根据弱智儿童的智力和理解力,决定是否进行面部表情的模仿训练。

5. 其他

拥抱和亲吻是两个重要的情感发泄渠道,训练弱智儿童学会并使用拥抱和亲吻;模仿社交礼仪,训练他们学会最基本的社交规则和礼仪;递交物品是日常生活中的常用技能,训练弱智儿童将物件转交给他人。

弱智儿童的语言障碍因素很多,各种表现也各不相同,老师要根据每个弱智儿童不同的障碍特点,不同的表现情况,在评估后制定有针对性的训练计划,在训练中要重视心理康复,对于他们的差错、不配合、甚至对抗等行为,要给予充分的宽容,用极大的耐心和热情去鼓励他们,让弱智儿童有一个更宽松的语言学习环境。

要扩大弱智儿童的生活范围,进行更多的生活实践,提供丰富的生活表达内容,以促进他们的语言发展。

【病例】

沈某　女　2岁　唐氏综合征,智力中度低下,语言发展迟缓,只能发单音。其练方法如下:

1. 训练倾听各种环境的声音

播放各种人的说话声、车辆的声音、动物的声音,播放一段,就告诉她这是什么声音,并鼓励她进行模仿。

2. 模仿口型训练

经过听音训练,再开展模仿口型训练,先训练舌运动,练习舔果酱,把果酱涂在嘴唇上,训练舌头伸进伸出,学会之后练习吹蜡烛及咀嚼食物,最后训练模仿口型,老师发"ō"的声音,让她仔细看老师的口型,接着模仿发音,纠正不正确的口型。

3. 听音指图(物)训练

通过听音训练和模仿口型训练后,再进行听音指图(物)训练,把两种物品(或图片)放在桌子上,让她注意看,教学时先说出一种物品(或图片)的名称,在她基本上已经掌握后,再进行提问。如说对进行另一物品的名称训练,最后进行两种物品的听音指图(物)训练,以后增加到多种物品的训练,最多可以加到六种。

4. 指图说名称训练

当她进行听音指图(物)训练后,能够听音指图(物)约40～50种以上,可以进行指图说名称训练,先由教师指图说名称,然后她模仿说出,并反复多次提问她。

5. 认读自己名字训练:

先把她的名字写在卡片上,卡片上画有她熟悉的卡通画,把班上同学的卡片取三张放在桌子上,告诉她哪一张、什么图形代表他(她),读卡片上她的名字,要其反复跟读,直至她能够认读自己的名字,找出自己名字的卡片。

6. 问答训练:

弱智儿童能够重复别人的回答,但不能独立回答别人的问题。所以在学习了一定数量的句子后,要对其开展问答训练,让她学会听问题,并说出与问题相应的答复。刚开始训练时,要注意训练"要"和"不要"、"好"和"不好"的回答,从建立最简单的交流开始。

7. 儿歌:

弱智的儿童机械记忆尚可,儿歌句子短小,语言精练,有节奏、有韵律,容易记忆,适合他们学习。

(卢亦鲁)

参考文献

[1] 茅于燕.智力落后儿童早期教育手册[M].四川少儿出版社,1992.

[2] 李雪荣.现代儿童精神医学[M].湖南科技出版社,1994.

[3] 姜泗长,顾瑞.言语语言疾病学.科学出版社,2005.

[4] 吴海生,蔡来舟.实用语言治疗学[M].人民军医出版社,1995.

[5] 昝飞,马红英.言语语言病理学[M].华东师范大学出版社,2005.

思考题

1. 请简述弱智的诊断和病因。

2. 请简述弱智的分级。

3. 请简述弱智儿童的言语、语言障碍表现。

4. 请简述弱智儿童的语言训练特点和内容。

第十章 听力障碍儿童的言语语言障碍

第一节 概 述

一、听力障碍的概念

（一）听力障碍

听力障碍是指听觉系统中传音、感音以及对声音进行综合分析的各级神经中枢发生器质性或功能性异常,而导致听力出现不同程度的减退。听力学对于听力的轻度减退称为重听(hypacusia),对于重度听力障碍称为聋(deafness),而临床又常将两者混同都称为聋,(图10-1)。

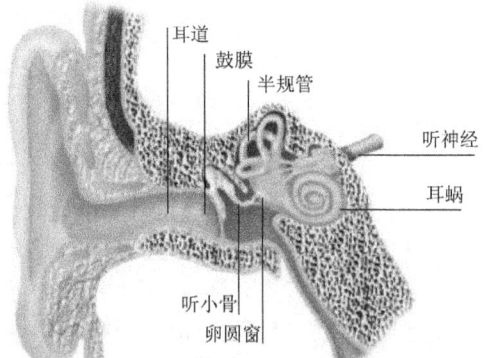

图 10-1 耳的解剖图

（二）听力障碍儿童

听力障碍儿童是指在婴幼儿时期因先天因素或在幼儿时期因后天因素导致听力下降,并且经治疗不能恢复正常听力的个体。听力障碍儿童习惯上又称作聋儿。

二、我国聋儿康复概况

由于我国人口众多,听力障碍人数也是世界最多。据 2006 年第二次全国残疾人抽样调查显示, 我国有听力残疾人 2780 万, 其中 17 岁以下听力残疾人数 58.1 万。另外, 我国每年出生约 2000 万名新生儿, 按国内外先天性听力损失发病率

1‰～3‰计算,我国每年将新增先天性听力损失患儿约2～6万名。随着我国步入老龄化社会,老年性耳聋人数日渐增长。听力障碍作为耳鼻咽喉科临床上最常见的难治病症,越来越严重地损害着更多人的听觉言语功能,妨碍患者的社会交流能力,从而影响身心健康,导致他们的生活质量下降,同时给社会和家庭带来沉重的负担。

(一) 基本情况

听力障碍预防与康复工作重要而迫切,受到我国的高度重视,中国聋儿教育已经有百余年的历史,但以政府行为提出是在20世纪80年代以后。那时一系列的政策制度制定出台,如制定、颁布了《中华人民共和国残疾人保障法》,有关部门出台了《常用耳毒性药物临床使用规范》《工业企业职工听力保护规范》等规范性文件;在1988年中国残疾人联合会成立以及全国特殊教育工作会议后,国务院批准的《中国残疾人事业五年工作纲要》以及之后的“八五”计划、“九五”纲要和“十五”纲要都把聋儿康复作为抢救性的康复工作,列为国家计划系统开展。建立并完善了听力障碍预防与康复的工作体系和服务网络;采取措施,实施免疫规划,规范耳毒性药物的使用,有效控制了可避免性听力障碍的发生;积极推广新生儿听力筛查,大力开展聋儿康复训练,显著改善了听力障碍的早期干预及康复服务状况;设立全国爱耳日, 宣传普及听力障碍预防及康复知识, 明显增强了公众的爱耳护耳意识。2001年,作为全国的技术资源中心和业务管理部门——中国聋儿康复研究中心下发了《关于省聋儿康复中心的建设与发展规划》,实施了分级分类目标管理。为了加强队伍建设,通过国家人事部的帮助,协调聋儿康复系统内的职称评定工作。在全国启动“听力助残”的基础上,资助贫困聋儿配戴助听器,资助贫困聋儿康复和入学。2001年8月有关“开展新生儿听力筛查及早期干预”工作的条款明确写入了《中国残疾人事业“十五”计划纲要》,并在《聋儿康复“十五”实施方案》中明确规定:各省卫生、教育、民政、妇联、计生、残联等部门联合发文,把新生儿听力筛查列入新生儿疾病筛查项目,筛查结果及时报告卫生行政部门及残疾人康复工作办公室;组织康复人员对聋儿采取早期干预措施。2003年,中国聋儿康复研究中心成立“听力国际国家(中国)中心”,并于同年10月在中国北京举办“第五届听力国际科学大会”,进一步加强了国际、国内交流。这一切都给中国聋儿听力语言康复事业增加了新的内容,增添了新的活力。2007年,与世界卫生组织共同发起召开“首届国际听力障碍预防与康复大会”,推动了听力障碍预防和康复领域的国际交流与合作。目前,我国已形成了以中国聋儿康复研究中心为技术资源中心、省级聋儿康复中心为指导、语训部为骨干、语训班为基础、社区家庭训练为依托的中国聋儿康复工作体系,并在聋儿康复的实践中积累了宝贵的经验,为今后的发展奠定了坚实的基础。

（二）发展中取得的成绩

自聋儿康复工作开展以来，全国已有 20 几万名聋儿接受听力语言康复训练，许多聋儿进入正常小学读书，部分聋儿进入中学，甚至大学。聋儿康复不仅把无声世界变为有声世界，而且改变了聋儿的一生。目前我国已经建立起了由国家到省和地方的聋儿听力语言康复机构的网络。以残联为主体建立了 33 个省级聋儿康复中心，每一个聋儿康复中心基本都具备听力门诊、语言训练和社区指导三大功能，发挥着听力与康复技术资源中心的作用。以社会为主体建立和利用社会资源兴办的 1 千多个语训部和语训班，承担着收训聋儿、培训家长、指导社区和家庭训练的任务。

中国残疾人联合会通过《长江新里程计划聋儿语训师资培养项目》在 2001 年到 2005 年间，为基层系统培养具备听力语言康复专业知识和技能的高等职业素质的语训教师 500 名，缓解了语训教师队伍的匮乏。通过和华东师范大学联合开办听觉言语科学研究生进修课程，对相关人员的语言病理及矫治进行了专业的培训。我国听力学教育也已经得到了重视，浙江中医药大学自 2001 年开始，在我国开办听力学本科教育，成为得到教育部认可的首个听力学目录外专业，近十年来培养了大批从事听力学工作的专业人才。中国聋儿康复研究中心陆续举办了"聋儿早期康复教育专业"大专班、"听力语言障碍预防专业"大专班。另外首都医科大学、北京联合大学等院校也在积极开展听力学专业人才教育。

随着科技的发展，助听器与人工耳蜗技术的应用使越来越多的聋儿受益。助听器由传统的模拟型发展为数字型，助听器越来越微型化，满足不同听力损失程度患者的需求，适应各种复杂环境的能力也越来越强。在聋儿康复的实践工作中发现，仍有约 20％的聋儿即使通过特大功率助听器验配，也很难达到理想的助听效果，通过植入人工耳蜗实现听觉重建，经过听觉语言训练，也能得到满意的康复效果。人工耳蜗技术的开展，标志着中国的听力语言康复技术水平上了新台阶，与国际接轨又迈近一步。目前国内已完成一套教学大纲和听力语言教材的统一编写工作—聋幼儿听力语言训练教材试用本《学说话》，同时还出版了聋儿家庭康复指导教材—《聋儿家庭康复教材》，对全国范围内的聋儿家庭康复训练，尤其是贫困落后地区的聋儿康复起到了一定的促进作用。建立了一套聋儿听力语言康复评估方案。为了提高聋儿康复效果，在"全国聋儿康复评估提纲草案"和"五级康复标准"的基础上，结合幼儿听觉发育、汉语语音及聋幼儿语言特点，制定了全国聋儿听力语言康复评估方案。

（三）存在的问题

专业队伍技术水平偏低，大专以上学历只占 20％，还有相当一部分没有学历，严重影响了听力语言训练的水平和质量。有些聋儿语训教师只注重知识的传授,不注意聋儿思维能力的培养;过分地强调聋儿的训练时间,忽略了聋儿的年龄和身心发展特点;着眼结果多,突出过程少;过分地强调语言训练,忽视了综合能力的培养;教学的基本出发点是教材内容的讲解,不注重知识和能力的迁移;教学中聋儿的参与意识不强,没有真正地调动聋儿学习的积极性和主动性。聋儿康复教育观念陈旧、教学手段落后等问题直接影响聋儿康复的质量和数量。在对 3013 名各省级聋儿中心在岗受聘专业人员的专项调查中,发现专业队伍人数总体数量太少,与聋儿康复实际的需求之间存在着巨大的人才空洞。专业队伍整体素质、学历水平和职称水平不高,教学水平和服务质量很难提升。各地人才结构欠合理,岗位布局欠科学,人浮于事现象比较严重,有限的编制资源、人力资源没有得到很好的开发利用。专业队伍年龄相对年轻,具有很强的可塑性,但是继续教育和岗位培训欠深入、系统。专业队伍知识结构老化,不能适应新技术、新手段日益更新的要求,专业后劲不足。

全国不足 10% 的省级中心能成为集听力医学与教育康复为一体的技术资源中心,各级康复机构受训儿童偏少,家庭训练薄弱。多数省级中心收训人数还是保持在 10 年前 30 多人的规模,个别省级中心收训不足 10 人,语训部和语训班更为可怜,家庭训练更难开展。在一些农村,7 岁以前聋儿接受训练的很少,又没有助听器,根本就没有效果。0—7 岁是聋儿听觉语言康复的"敏感期",错过这个最佳时期进行听觉语言康复训练,聋儿很难回到有声世界。经济较发达的国家已做到聋儿出生一个干预一个,入学率已达 90%。调查发现,在我国 0—4 岁的听力障碍儿童中,城市占 5.64%,城镇占 11.6%,乡村占 83.2%。因此做好农村聋儿的早期康复工作是一项重要而又非常有意义的工作。通过访谈调查,发现我国农村聋儿的早期干预现状令人担忧, 在 0—3 岁这段语言发展关键期内的干预训练几乎处于空白状态。而造成这一现象的原因主要有以下几个方面:一是农村观念落后,家长文化程度低,信息相对闭塞,不少地方仍然保留了贵人语迟的旧观念,即便发现孩子说话晚,有可能存在着问题,也不能正确的认识。有些家长已经通过医疗等手段对孩子的听障问题进行了确诊,却对如何进行干预一片茫然。而即使有些孩子验配了助听器,但缺乏有效的指导知识, 而使助听器的效果不能完全发挥甚至最终只能成为装饰品。二是家庭经济状况窘迫。农村的家庭子女比较多,父母双方都没有稳定的收入,因此家庭经济比较困难,不能采取更好的干预措施,如验配性能先进的助听器,没有经济能力送孩子进入康复机构进行康复训练。三是康复机构地理布局不合理。康复机构都集中在比较大的都市里面,离农村比较远,且交通不便利,不方便家长经常带着幼小的孩子去这些机构进行康复训练。四是孩子年幼,长时间的远离让家长在心理上难以接受。进行早期干预重要的是必须及早,强调的是越早越好,聋儿言语听力康复的最佳时期是 0—3 岁,这样孩子比较小,且又有残疾,即便那些有经济条件送孩子进入康复机构的家庭,长时间的分离让家长在心理上难以接受;五是家长缺少这方面的知识和技能,心有余而力不足。

许多聋儿无力承担助听器、听力语言训练的费用,致使很多只要配戴助听器、接受语训就能康复的聋儿无法回到有声世界。初步估算,我国西部省区农村的在训聋儿 30%—40%没有配戴助听器。没有助听器,便失去了获得语言的有效手段,何谈康复?而聋儿康复与否是影响聋儿一生的头等大事,因此从这方面来说,我国聋儿康复还有很多工作需要我们去努力做。另外,对于人工耳蜗的认识方面,一部分家长对之术后康复效果的期望值过高、心态失衡、看法极端。有的家长认为自己的聋儿干预的年龄小,想"速成";家长之间盲目比较,徒然给自己的聋儿乃至其他家庭增添了许多压力;还有的家长认为做了耳蜗,就无须进行专门的语言训练了,因此贻误了聋儿最佳的康复时机,不仅增加了教学难度,更重要的是影响了康复效果。

(四) 前景分析

中国聋儿教育和聋儿听力语言康复一直受到党和政府以及社会各界的关怀和支持。特别是在改革开放以后我国各方面都取得了日新月异的变化和进步。但是由于我国还是个人口众多、地域广阔,地域间经济、文化等方面发展很不平衡的发展中国家。在展望中国的聋儿听力语言康复的未来的时候,我们在看到进步,取得经验的同时,必须清醒地认识到中国的聋儿听力语言康复事业还处在起步阶段,应当看到它的艰巨性,应看到它与世界先进国家还存在着不少差距。今后要做的事还很多,要走的路还很长,可谓"任重而道远"。

相对于我国人数较多的聋儿来说,目前接受语言康复的聋儿只是少部分。在广大的农村由于信息的不够畅通,尤其是经济的相对落后的偏远山区,尚有大量的聋儿需要接受康复的教育。对于大多数聋儿家庭,昂贵的助听器和人工耳蜗是他们所不能接受,因此只能给聋儿验配一些低廉的助听器,而一些困难的聋儿家庭更是如此。助听器功能有限,康复设备不能跟上,使他们不能享受现代科技带给他们的成果,从而大大影响了康复的效果。因此,政府、社会应给予更多的关注,全社会需要进一步更新理念,尽快实现中国聋儿听力语言康复由生物医学模式向社会生态模式的转化。尽快得推广面向社区、面向家庭的社区康复模式,把康复知识传授出去,使更多的聋儿就地就近得到帮助。政府应建立更多社会救助体系,提供基本保证资金,为他们提供优良的干预设备、语言康复费用的保证。

聋儿听力语言康复是涉及医学、教育、心理、工程、社会等诸多学科的交叉学科,要求从事聋儿早期康复教育的人应当掌握诸多学科知识。在国外从事这方面工作的听觉学家、语言病理学家等都是一些接受过大学本科以上教育,有一定经验经考试合格的执业人员,而在我国从事聋儿听力语言康复专业的人士,多半缺少系统的专业培训,多数是从耳鼻喉科、儿科医生或幼儿师范、学前教育、特殊教育的专业人员转行过来的,造成目前我国医学与教育、研究学校课程与工作实践脱离的现象。助听器验配、听觉言语矫治还没有形成执业考核和执证上岗制度,这一切都制约着事业的发展。要把专业队伍的建设当成重中之重的工作来抓,加大人才队伍建设的经费投入。提升专业人员岗位实践能力和服务水平为目标,建立从中央到地方的二级职前、在职培训机制全面实施岗位资格考核及认证制度,推进聋儿康复事业的专业化进程。要千方百计培养聋儿康复专业技能的高层次人才,或从国外引进这方面的人才。

三、听力障碍的分类

临床上根据耳聋产生的病因机制将耳聋分为下述类型:

(一)传导性耳聋

由于各种原因引起的外耳道、中耳的病变,使得经空气径路传导的声波受到阻碍,引起到达内耳声能的减退,从而引起的听力障碍称为传导性聋。在引起传导性耳聋的原因中有先天性的,如外耳道闭锁、鼓膜发育不全、缺如或呈骨板样;鼓室发育不全呈裂隙状;听骨链畸形如槌、砧骨发育不全或融合成块状,并有固定,镫骨发育不全或前庭窗缺如等。后天性的原因如外耳道由于耵聍、骨疣、异物、炎症、瘢痕等堵塞,鼓膜穿孔,增厚及粘连;中耳积液或蓄脓、息肉、肉芽组织及胆脂瘤形成;听骨链受损伤、坏死及粘连僵直、耳硬化症或中耳良性及恶性肿瘤。

(二)感音神经性耳聋

内耳感音结构如毛细胞、血管纹、螺旋神经节,神经传导通路如听神经以及各级听中枢发生病变,致声音的感受与神经冲动传递障碍,由此引起的听力下降或丧失称为感音神经性耳聋。

根据病因不同,又可分为以下几种:

1. 遗传性聋

遗传性聋指的是由于基因或染色体异常等遗传缺陷,引起的听觉器官发育缺陷而导致的听力障碍。遗传性聋是由父母的遗传物质(包括染色体及位于其中的基因)发生了改变传给后代而引起的耳聋,并且在子孙后代中以一定数量出现。由于基因或染色体异常出生时已存在,听力障碍者称为先天性遗传性聋;出生后某个时期(多发生于婴幼儿期、儿童期或青少年期)开始出现的听力障碍称为获得性先天性遗传性聋。

2. 非遗传性先天性聋

是指在母亲怀孕期或围生期发生的耳聋,出生时即已存在听力障碍。病毒感染、孕期用药、孕期受到物理性损伤如射线、黄疸症以及新生儿缺氧、产伤、早产、体重过低等均可造成,也可常见有先天性耳蜗畸形、前庭水管综合征等,非遗传性耳聋听力损失程度往往为双侧重度性聋或极度聋。

3. 非遗传性获得性感音神经性聋

此类听力障碍在临床上发病率最高,占确诊感音神经性聋的 90% 以上,常见有药物性耳聋、突发性耳聋、噪声性耳聋、老年性耳聋、创伤性耳聋、感染中毒性耳聋以及肿瘤和相关性疾病耳聋。

(1) 药物性耳聋。是由于在应用药物或接触某些化学制剂过程中或应用后发生的感音神经性聋。能够引起药物性耳聋的药物称为耳毒性药物。药物性耳聋一般在用药 1~2 周后出现,并逐渐加重,多数呈双侧对称,听力损失一般从高频开始,逐渐向低频扩展。常见的耳毒性药物有:氨基糖苷类抗生素如链霉素、庆大霉素、卡那霉素、小诺霉素、新霉素等;多肽类抗菌素如多粘菌素等;利尿剂:速尿、利尿酸等;水杨酸盐类如阿司匹林、APC 等;抗肿瘤药物如顺铂、氮芥等;其他如乌头碱、重金属盐(汞、铅、砷等)、酒精中毒等也可造成药物性耳聋。

(2) 噪声性耳聋。由于长期接触噪声影响而发生缓慢的进行性的感音性耳聋,早期表现为听觉疲劳,离开噪声环境后可以逐渐恢复,久之则难以恢复,终致感音神经性聋。噪声性聋听力减退方式为缓慢进行性,噪声引起的耳聋一开始是损伤听觉器官的高频听力区,即 4000Hz 以上,再进一步损伤临近的 3000~6000Hz 的听力区,接着是 2000~8000Hz。由于早期程度较轻或只累及高频区,对言语交流的影响不很明显,而常被人们忽视,直到耳聋发展的晚期,听说话都感到困难时才发现自己耳朵聋了。噪声性聋常见于高度噪声环境中工作的人员,如舰艇轮机兵,坦克驾驶员,飞机场地勤人员,常戴耳机的电话员及无线工作者、铆工、锻工、纺织工等。

(3) 老年性耳聋。由于年龄的老化而引起听觉器官退行性病变。一般呈双耳进行性听力减退,多先从高频开始,逐渐向低频扩展。有时也可先为一侧性,随后发展成两侧或一侧较重。早期可无明显自觉症状,涉及主要语言频率后才引起听话不清。老年性聋主要为听觉器官的退化所致,这种退化遍及全身各器官,是组织细胞衰老的结果,其中以各种感觉器官,如视觉、听觉、位觉即平衡功能较明显,只是速度及程度各有不同而已。一般而论,年龄越大,老化越快,但亦有个体差异。有些因素如遗传因素、环境噪声、慢性疾病、心脑血管病变、中耳炎、耳毒性药物等可提前或加速老年性聋的发生。

（4）突发性耳聋。是短时间内发生的，原因不明的感音神经性聋，又称暴聋。突发性耳聋原因一般常不明确，可探知的原因常见有病毒感染、血管疾病、淋巴水肿等。突发性耳聋发病时病势比较突然，瞬间、几小时、几天就可以发病，多为单侧，常伴有耳鸣、眩晕等症状。突发性耳聋发病后治疗贵在时间，一旦病发，应抓紧时间治疗，最好在一周内送治，若迁延日久，则难以恢复。若经过治疗，听力呈稳定状态后，可进行助听器验配等听力学干预。

（三）混合性耳聋

混合性耳聋是由于耳的传音结构(外耳和中耳)及感音或神经系统(内耳及听神经)都受到损害而影响声波传导与感受所造成的听力障碍。有混合性耳聋疾病的患者，其中耳、内耳病变同时存在。混合性聋的病因可以是一种病变同时损伤了耳的传音和感音系统时导致，如患有化脓性中耳炎时，毒素进入迷路引起感音神经的障碍；也可以是不同的疾病分别导致中耳和内耳功能障碍所引起，如慢性分泌性中耳炎合并突发性耳聋、本身有神经性聋又并发中耳炎等。

（四）中枢性耳聋

中枢性耳聋指的是听觉中枢发生病变引起的神经性耳聋，包括脑干性聋和皮层性聋。病变位于脑干与大脑，累及蜗神经核及其中枢传导通路、听觉皮质中枢时导致中枢性耳聋。听觉信号的感受也即是感音过程是在内耳的耳蜗中完成的，神经传导部分是由蜗后的听神经、脑干以及相关的神经传导束共同向上投射到大脑的听觉皮层，声音的接受和处理则是在大脑皮层的不同区域负责完成。(1)脑干性中枢性耳聋：累及耳蜗神经核产生一侧性的耳聋，程度轻；如果累及一侧耳蜗神经核与对侧的交叉纤维则产生双侧性耳聋，以部分性感音性耳聋多见，常见于脑桥、延髓病变。引起脑干性聋的病因主要有小脑脑桥角肿瘤、脑干肿瘤、脑干梗死、脑干出血以及放射性脑病等。(2)皮质性耳聋：皮质性耳聋对于声音的辨距、性质难以辨别，有时虽然一般听觉不受损害但对于语言的审美能力降低。由于一侧耳蜗神经核纤维投射到双侧的听觉皮质，一侧听觉皮质受损或传导通路的一侧受损，产生一侧或双侧听力减退。引起皮层性聋的病因有脑出血、脑梗死、脑肿瘤以及脑的退行性变如老年性痴呆、多发性硬化等。中枢性聋的共同特点是言语听力的明显损害，并且和纯音听力呈现分离的现象。患者多表现在生活中听取说话声明显困难，但对于环境声易于辨别，其对于言语声音的听辨障碍尤其在嘈杂环境中更加明显。

（五）伪聋

伪聋即装聋,是指听觉系统无明显器质性病变,听力正常,而自称耳聋。伪聋者一般听力无损伤或轻微损伤, 只是为了达到某种目的而伪装夸大自己的听力损失程度。听性脑干诱发电位、声阻抗、耳声发射等客观检查方法可以进行诊断。临床上,对伪聋者应了解其动机和原因,耐心的进行心理疏导。

在传导性、混合性、神经性、中枢性几种常见类型的耳聋中,神经性耳聋占有80%左右甚至更高的比例,其次为混合性,传导性和中枢性耳聋所占比例最小。在广东省聋儿状况残疾发生的相关因素的调查研究中发现,在纳入调查的 1886 例聋儿中,260 例(13.8%)为传导性聋,180 例(9.5%)为混合性聋,1446 例(76.7%)为感音神经性聋。在对致聋因素分类发现,产前期占 20.5%;产期占 25%;产后期占44.5%;致聋病因以使用耳毒性药占首位 34.1%;遗传性聋居第二位 13.1%。在对我国 0~17 岁听力残疾儿童 616940 人病因学调查发现,0~17 岁这一年龄段儿童听力残疾的主要病因构成为原因不明(29.42%)、遗传(17.32%)、中耳炎(14.19%)和药物中毒(13.23%)。

四、影响听障儿童语言发展的因素

（一）听力损失程度

听力损伤是造成儿童语言学习困难的最直接原因, 听力损伤程度与语言障碍的程度密切相关,听力损伤程度愈轻,语言障碍程度愈轻;听力损伤程度愈重,语言障碍愈突出。听力损失在 25dB 以下,一般无语言障碍,不会影响正常的语言交流。平均听力损失在 26~40dB 时,对一般的说话声听取没有困难,较小的声音不易听到,较远处语言以及噪声环境中的语言有困难,如果高频下降明显,此情况更为突出。如果婴幼儿有此情况的听力损失,会不同程度地影响语言的发育及智力发展。若听力损失在 41~55dB 时,对普通音量的说话声会感到听辨困难,如发在婴幼儿期,可明显延迟儿童的语言发展。由于尚未达到与外界声音完全隔绝的程度,可能出现“听不清,学不准”的现象,其声调特殊,吐字不清。若听力损失超过 56~70dB 时,对大声说话听辨困难,如发生在婴幼儿期,可导致明显的语言发育迟缓。若听力损失超过 71~90dB 时,对较大声音可有声感,分辨言语声困难,导致语言障碍。

（二）听力损失发生的年龄

新生儿的脑重约 370 克,6 个月时达到 650 克, 两到三岁时增加至 900~1100克,7 岁时接近成人的脑重量,达 1500 克。从婴幼儿生理及语言发展的规律来看,听力正常婴幼儿一般在三岁时已经基本学会用语言进行正常的人际交流, 应该说 3

岁之前是语言发展的重要时期。因此如果单纯以听力损失发生的年龄对语言发展的影响而言，听力损伤发生的年龄越小，对语言发展的影响越大，发生在 3 岁前的婴幼儿比发生在之后的语言发展影响会很大，发生在 3 岁以后对语言发展影响相对小些。这种听力损失的发生与年龄的关系，提示我们对聋儿早期干预是十分重要的。

（三）干预时间

有研究指出言语 80% 在 1～3 岁期间形成的。因此，对听力损失婴幼儿的声放大干预，最佳时间是出生后 6 个月内或更早。如果在听力障碍儿童出生后 6 个月以内明确诊断并及时干预，其听力对语言能力的负面影响将得到显著改善。在语言发育最重要和关键的 2～3 岁内不能建立正常的语言学习，最终重者导致聋哑，轻者导致语言和言语障碍，社会适应能力低下，注意力缺陷和学习困难等心理行为问题。有研究者报道，对听力障碍儿童进行早期干预及在 3 岁前进行听力辅助，他们的语言表达能力及未来的表现明显优于未进行早期干预的患儿。在近几年训练并毕业的 15 名聋儿中，9 名是 3 岁以前进行干预的为一组，6 名是 3 岁以后进行干预的为一组，比较两组训练后根据康复评估的结果研究发现，干预早的效果更好些，大多数进入了普小普幼；而干预年龄较晚的一组，尽管也有进入普校学习的，但其与人交往及学习都有一定的困难。因此专家建议早期听力损失干预与治疗指导原则是：确诊为重度或极重度感音神经性听力损失的患儿，4 个月开始佩戴助听器；确诊为中度听力损失的患儿，6 个月开始佩戴助听器；轻度或部分中度听力损失的患儿，随访至 8～10 个月，确定为永久性听力损失后，建议佩戴助听器。康复训练效果欠佳的重度或极重度聋感音神经性听力损失患儿，建议 1 岁左右进行人工耳蜗植入手术，术后继续进行听觉言语康复训练。因此，对儿童的听力损失情况发现并进行干预的年龄越小越好，开始语训的时间越早对语言的康复越有利；由于语言训练的迫切性存在，语言训练的强度、频率越大，康复的效果就越好；另外，科学的、正确的语训方式和教师的实际经验对语言康复效果也非常重要。

（四）其他

儿童智力发育情况、所处的语言环境、家庭教育和重视程度、日常交流的方式等，都能影响聋儿听力语言的发展。

以上因素常常会相互影响，相互作用，一般每种因素相对程度重的情况叠加，则对语言发育的影响就越发严重，如一个儿童其听力损失呈极重度，病发年龄越早，干预时间越晚则其语言发展越不好。因此任何一个因素都是影响语言发育的重要因素，但却不一定是决定因素，各个因素之间的相互作用对语言的发育才会产生重要的影响。因此国内外的专家一致认为，对听力损失的聋儿，尽早发现、尽早佩带助听器、尽早进行语言康复教育是康复的最重要的原则。

五、听障儿童的言语语言障碍表现

人类语言的识别能力和发音能力是密切相关的，聋儿听力的障碍影响了其本身对语言的识别能力，因此对发音能力必然产生影响。正常的人在语言发音过程中，大脑会根据自己听觉对语音的传递后进行识别，并根据识别情况，对自己的发音进行反馈性的调整，以纠正自己错误的发音。听力损失的问题使这种反馈机制受到影响，从而对发音不能进行正确的调整，同时发音器官不能得到正确的使用，也会使之变得僵化，动力系统、发音系统、共鸣系统受到影响，使儿童不能正确掌握语言的节律、音调，从而表现出语言障碍，听障儿童的言语语言异常主要有以下方面。

（一）声音异常

声音异常指的是听力障碍儿童所发声音的音量、音调、音色方面的异常。这主要因为听障儿童对声音的认识出现了异常。

1. 音量异常

声音在相应的环境和情景下表现出太大声或者太微弱。由于听力障碍儿童存在不同程度的听力损失，其对自身发声时的监控能力降低甚至缺失，因此在根据情景需要进行发声高低调控便产生障碍，使其很难根据环境、情景调节自己的声强，表现出发声太大或者太微弱。

2. 音调异常

表现在音调的过高或者过低、音调范围狭窄等方面。音调的高低在汉语中是影响声调的主要因素，许多音节的意义的区别就是由声调决定的。请看这样几组词"事实、实施、逝世、失事、史诗、世事"，如果没有音调的变化，是不能区分这些词所表示的意义的。由于听障儿童听力损失类型常表现出在不同频段的不同损失，因此对言语声的频率辨别能力下降，在进行言语会话过程中对于自己说话的音调的反馈调节也失去正常，从而表现出音调的异常。

3. 音色异常

音质异常表现如发音的音质不良、硬起音、声带发声异常、声音使用过度或不足、鼻音过重或鼻音不足等。由于患儿长期不正常发声，使得发声的器官组织闲置不用，因此会带来肌力、运动能力的减退或丧失，患儿不能对声音进行正常的修饰，引起异常的共鸣如鼻音化异常、韵律节奏单一、呼吸声等。

（二）构音异常

构音异常是指听力障碍儿童由于不能像正常儿童那样通过听来获取发音的方

法,因此在言语学习过程中形成错误的发音方式,导致了发音的错误。构音异常是听障儿童最明显的言语障碍问题。

1. 添加音

在正确的语音上添加了不该有的音素。

2. 省略音

应该有的音素没有发出,如声母或者韵母被省略,造成不正确的发音。例如"飞机"省略辅音变"飞一";再如把"蚊子"说成"无子"、"汪汪"说成"娃娃"等。

3. 替代音

一个字的声母或者韵母被另一个字的韵母或声母所取代,造成不正确的音。汉语中有许多音如 p、t、k、等是送气音,当儿童把送气音用不送气的音作替代,即为错误。如"婆婆"说成"跛跛"、"泡泡"说成"抱抱",说明儿童气流与语音协调的问题。舌根音与舌尖音的替代如"g"与"d"等,而且这种替代并不局限于某一发音位置或某一个发音方法上面。

4. 歪曲音

语音接近正常的发音,但听起来又不完全正确,所发的音不是该语音系统中正常存在的音。多见于塞擦音、摩擦音和边音上如"s"和"sh"、"x"和"q"、"l"和"r"等。

(三) 语言发育异常

由于听力障碍导致患者对语音信息的接受认识存在缺陷,因而在语音、词汇、句子、语法等语言要素的掌握方面必然受到影响,导致其对语言的感受理解、表达及交流过程的障碍。有听力障碍的儿童其口头语言的发育会不同程度地落后于同龄儿童,导致其语言发育的迟缓。其表现除言语发育落后外,还有发育、语言质与量以及交流等方面的异常。因为语言交流的障碍,使有听力障碍的儿童对于会话交谈产生了畏惧和抵制,也严重影响了其参与社会生活的能力。

第二节　听障儿童的评价

一、听力水平检查

听力检查是对受试者的听力情况做出量化的评估,是听力学中重要的检查手段。对于婴幼儿,完整的评估应该是获得双耳的 250—8000Hz 的纯音测听的耳机听阈。但由于婴幼儿配合度低,随意性大,测试有时需要多次进行,根据个体情况具体安排。随着年龄的增长,婴幼儿对于指令的配合度越来越高,就越能获得精确的听力结果。常见的听力检查方法可分为两种:主观测听和客观测听。主观测听是根据受试者对信号的主观反应来判断结果。主观测听法包括行为测听法、音叉试验、纯音听阈检查及言语测听等。行为测听法分成两类:一类是没有强化条件,如行为观察测听(BOA);另一类是有强化条件,如条件测听(如游戏测听 Play audiometry)及描述强化类型,如视觉强化(VRA, COR)、触觉强化(TROCA)。客观测听是指直接用检查仪器判断检查结果的听力检查方式。临床上常用的客观测听法有听性脑干诱发电位(ABR)、耳声发射(OAE)、耳蜗电图(EcochG)、听觉稳态诱发电位(AS-SR)、长潜伏期(MLR)等电生理测试及声导抗测试等。Jerger & Hayes (1976)提出听力测试过程中的交叉确认原理(Cross-check Principle),即用电生理测试和声导抗等主观测试作为行为测试结果的交叉确认方式,简单的听觉行为观察会误导诊断结果。因此婴幼儿听力评估测试应有行为测试、ABR 和声阻抗等综合检查。

客观测试优势是快速,可以有效的定位诊断比较复杂的疾病(如听神经病),同时也可以预估人工耳蜗植入的效果。缺点是需要镇定或麻醉,缺少频率特异性。主观测试优势是无创伤,无需用药,可以精确的观察儿童听到了什么,有效向家长阐述结果和用于助听器评估。缺点是有时需要多次进行,一些测试只能提供有限的听力信息和所有的测试都存在测试观察者的人为因素。

评估的程序取决于婴儿的发育程度和反应能力。小于 7 个月的幼儿,建议测试包括行为观察测听,电耳镜,声阻抗,耳声发射,脑干诱发电位,及在需要的情况下多频稳态测试。7 月到 3 岁之间的幼儿,评估的目的是在言语频率范围内获得双耳自由声场听阈或插入式耳机的反应听阈,建议测试包括电耳镜,声阻抗,视觉强化,或其他测试方法(如果视觉强化不能获得的话,根据小孩的发育水平选择其他测试方法)。3 岁以上的小孩,评估的目的是测试小孩是否具有功能性正常听力(functionally normal hearing),建议测试包括电耳镜、声阻抗、纯音测听(包括游戏测听)及言语测听。

(一) 主观测试

1. 行为观察测听(Behavioural Observation Audiometry,BOA)

对于 7 个月以下小儿的测听主要用行为观察测听的方法,观察受试儿与声刺激一致的反射性行为反应,不附加任何的强化条件,是一种被动的方法。此法虽不能定量,且对较大婴儿由于可产生适应性,而失去兴趣,难于获得准确恒定的反应结果,但对不能采用强化条件刺激的小婴儿仍是唯一的一种行为测听方法。试验由两个测试者进行。小儿坐于母亲腿上,一测试者面对小儿引逗其注意力保持在正前方,另一测试者在小儿视线看不到处的背后侧,于距耳 1m 处给声,用声级计控制给声强度,一般使用噪声发声器(noisemakers)或测试者发声,如具有 1000Hz 特性的噪声发声器,以口发出"ss"(2000～4000Hz),"mm"和"bb"(250～500Hz)声等作为声信号,先一侧,后另侧,观察小儿有无转头寻找声源的定位反应。认为正常 4—7 月大小儿在 70dB(A)的声音下都能有转头定位反应,如果在这个给声下没有反应提示小儿有重度或极重度听力损失。

2. 视觉强化(Visual Reinforcement Audiometry, VRA)

7 个月以上的小儿进行视觉强化测试可以获得与成人类似的对各种声音的低强度阈值。VRA 在评估发育迟缓儿童也有帮助。测试时,首先建立条件反射。一旦儿童条件化建立,就可以降低声信号。声信号可是啭声、窄带噪声、言语声。测试在声场中进行,可用闪光、活动玩具或视频影像强化。VRA 可以获得完整的听力图,许多儿童使用插入式耳机,可获得单耳听力;也可以使用骨导耳机给声。

3. 游戏测听(Play Audiometry, PA)

3～7 岁的儿童很难配合完成纯音测听,即依据听到的声音做出应答和给予一定的注意力。一般来说,小儿常表现很难主动地作出应答而且注意力不集中、不持久,不能很稳定地坐在那里仔细听测试声。游戏测听很好地解决了这个问题,让小儿在玩乐中完成测试过程。例如选用简单的指令游戏,如叠积木、拨珠、放弹珠等,首先测试者或家长通过示范让儿童了解游戏规则,即听到了声音就拨一个珠、叠一块积木、放个弹珠等。如此,如果儿童明白了游戏规则,测听人员就可以根据纯音测试的方法测得结果。测试音可通过测听耳机或声场扬声器发出,来测试小儿的裸耳听力或助听后的听阈。游戏测听的关键是与小孩建立良好的互动关系,让小孩准确快速地配合你的听放测试。

4. 纯音测听

一般情况下,7 岁以上的小孩,具备做听声举手或按键的配合能力,故可以按成人的方法做纯音测听。从听力学角度上讲,小孩测听的最终目标是获得纯音测听的结果,反映整个听觉通路的听阈情况。

纯音测听检查应用纯音听力计完成,纯音听力计应用电声学原理设计而成,能产生不同频率、不同强度的纯音,临床常频测定范围在 250～8000 赫兹,声级范围在 0～120 分贝,测定单位用分贝听力级(dB HL)表示。测定听阈用的声刺激有纯音、啭音(warble tone)、窄带噪声(narrow band noise NBN)。常用的声刺激持续时间为 1～2 秒,给声间隔应该是不规则的,一般不短于测试的持续时间,主要测量被检查对象刚刚能听到的最低强度的声音。纯音测听可通过气导耳机和骨导耳机分别测试人耳的气导听力和骨导听力，气导听阈反映传导和感音神经整个听觉系统的功能，骨导听阈主要是反映感音神经听觉系统的情况，且基本上不受外耳和中耳情况的影响，气导和骨导听力测定是比较传导性和感音神经性耳聋的有效方式。阈值是指某个物理量（如强度）由小变大的过程中的某一特定值，在此值之上，机体对刺激总有反应，而在值之下无反应，听阈是指在规定条件下，在测试中对多次给予的声信号，察觉次数在一半以上的最小声音。在进行纯音听阈测定时受试者应脱离噪声12小时以上。受试者在检查前，最好休息五分钟，平静心情，然后由检查者详细告诉受试者接下来要做的事情，如先告诉受试者耳机中发出的声音，无论多么轻微，只要听到就要作出反应，反应的方式是举手或用应答器，再告诉受试者测试耳朵的顺序、测试声频率音调的变化等。测试过程先测试听力较好的耳，如无明显偏向，可先测试右耳。测试频率先后为1000、2000、4000、8000、1000、250、500赫兹，如果相邻频率的听阈差大于或等于20分贝，就应测试750、1500、3000、6000赫兹频率听力。对于儿童，应先测试双耳2000和500赫兹情况，测试信号的时程一般相同。除纯音测试外，也有建议使用脉冲音，脉冲音可以帮助有耳鸣的患者区别信号。检测时遵循升5降10的原则，最后进行听阈判断。根据世界卫生组织（WHO）1997年标准，听力障碍按照言语频率500Hz、1000Hz、2000Hz和4000Hz的平均听阈计算，以较好耳为准，将耳聋分为四级：轻度，平均听阈26~40dB；中度，平均听阈41~60dB；重度，平均听阈61~80dB；极重度，平均听阈80dB以上。我国2006年残疾人抽样调查时，听力残疾评定标准，以较好耳听力测试频率（500Hz、1000Hz、2000Hz和4000Hz）计算平均听阈，将听力残疾分为四个类别：四级听力残疾，41~60dB HL（Hearing Level，听力水平）；三级听力残疾，61~80dB HL；二级听力残疾，81~90dB HL；一级听力残疾，≥91dB HL。

5. 儿童言语测听

儿童能玩游戏时就可以获得言语识别阈（Speech recognition threshold, SRT）。使用表示身体部位的词汇、客观的实物及图片等闭合性形式（指出听到的内容），年龄稍大且口语较好的儿童可以重复。需注意的是，应确保测试词汇在其掌握的词汇范围内，还需考虑到发育迟缓等因素的影响。儿童容易对言语作出反应，SRT可以提供重要的行为听力图，能对听力进行总体评估。骨导SRT有助于评估传导性听力损失的有无及耳蜗听敏度。

对于2~3岁的儿童，可以采用Kendall Toy Test (1954, KTT) and McCormick Toy Test (1977, MTT)等测试言语识别率。KTT测试是临床常见的评估听力功能的测试组中的一项测试，其结果可以帮助父母亲或监护人意识到孩子目前可能具有的听力损失。具体来说，它测试的是简单的英文词汇，例如 fish(鱼)、house(房子)等。测试者用 35dB(A)SPL 的声音给出玩具的名字，如果小孩在没有唇读的情况下能正确地指出全部玩具，提示纯音测听的平均听力在 20dB HL 以内。

(二) 客观测听

1. 听性脑干诱发电位(Auditory Brainstem Response, ABR)

听性脑干诱发电位是一种短潜伏期听觉诱发电位，是通过头皮电极记录的听神经和脑干通路对于瞬态声刺激信号的一系列反应。ABR 是由刺激后 10 毫秒内从颅骨表面描记出的 5～7 个正相波组成，它代表听神经和听觉低位中枢的功能状态，反映听敏度和脑干听通路的神经传导能力，在仅 25 周龄即娩出的早产儿身上就能被检测到，且不受睡眠、镇静及注意力等影响，ABR 反应阈和行为阈值有良好的相关性。因此，对于由于发育阶段或伴有其他残疾无法从传统行为测试中获得可靠听阈的婴幼儿，均可采用 ABR 测试来评估。临床中 ABR 测试通常采用短声(click)刺激声信号，Click 声具有刺激频率快、刺激频段宽等优点，且随着刺激强度的减少，各波振幅减小，V 波最后消失。通常以引出波 V 的最小短声强度作为脑干听性反应的阈值。短声诱发的 ABR(click-ABR)在评估婴幼儿及儿童听阈中应用最广泛，能在较宽范围激动神经单元，从而产生高度可重复波；峰潜伏期、振幅及波形态可以提供有关听神经和低位脑干通路成熟度和整合方面的信息；新生儿 ABR 波型主要包括Ⅰ、Ⅲ、Ⅴ波，Ⅱ波缺如，波 V 振幅较低，而波Ⅰ振幅常大于波Ⅴ；不同龄段的新生儿其阈值也不一样，婴幼儿月龄越小，反应阈越高。短声诱发的 ABR 主要反映 2～4kHz 频段的反应阈，因此用于评估中高频的听力损失情况较好，而在低频听力相关性较差。短纯音(toneburst)有一定的上升、下降时间，时程从数毫秒至数十毫秒不等，可以分频率测试，因此有较好的频率特异性，但是目前短纯音在临床上还没有得到广泛的运用，原因主要有对比于 Click-ABR 由于短纯音的每个频率都需要测到反应阈，因此更加费时，同时波形也较不明显，给阈值判断造成一定的难度，需要十分有经验的测试者才能得到可靠的结果。使用骨导 ABR 包括估计耳蜗听敏度、外耳或中耳功能紊乱之鉴别、诊断传导性及感音神经性耳聋等，还可以用在估计是否有结构畸形等问题上。

2. 耳声发射(Otoacustic Emission, OAE)

耳声发射首先由 Kamp 描述，他认为耳蜗外毛细胞能自发产生低强度声音并逆向传播。因此耳声发射来源于耳蜗，代表了耳蜗内的主动机械活动。如果来自于耳蜗的这个音频能量在外耳道能够被纪录到，必须要经过中耳机构的传导进入外耳道。由于外耳、中耳及内耳功能正常的新生儿或婴幼儿可快速、可靠的检测到

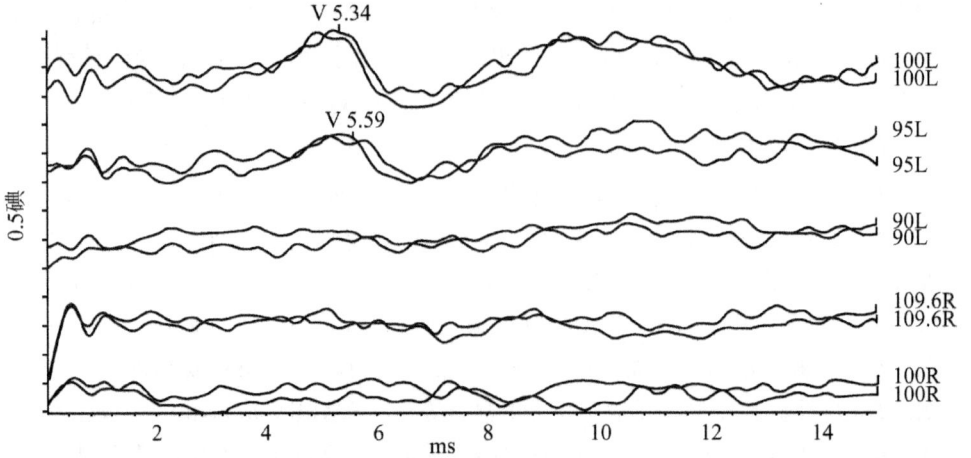

图10-2 5月大婴儿 click-ABR 测试结果,左耳 95dBnHL 给声可见明显 V 波,右耳最大给声 109.6dBnHL 未见明显 V 波。(注:nHL 为 normal hearing level 的缩写,即正常听力级,指一组正常听力青年人给于特定刺激声获得的平均阈强度)

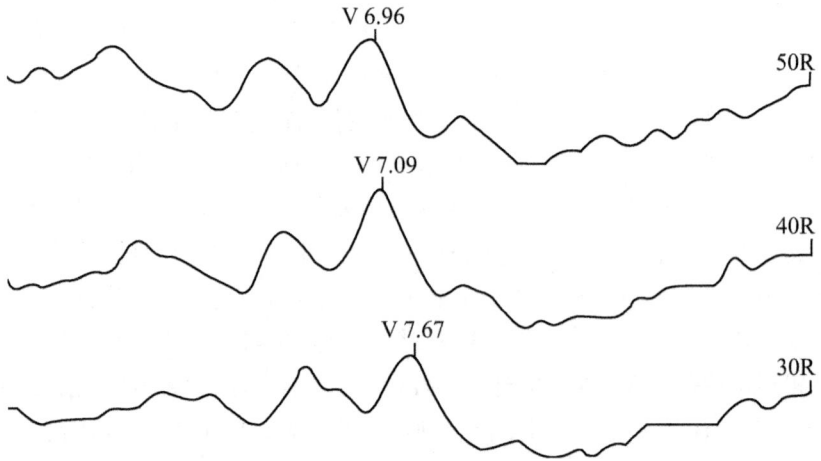

图 10-3 3月大男孩 click-ABR 右耳测试结果,波形明显分化好

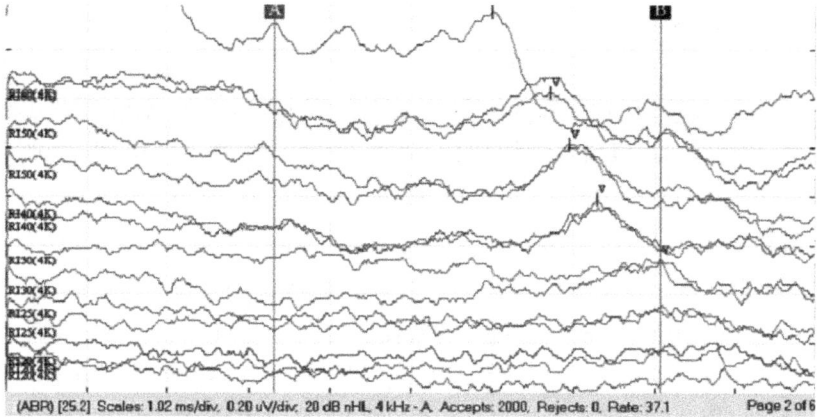

(ABR) [25.2] Scales: 1.02 ms/div, 0.20 uV/div, 20 dB nHL, 4 kHz - A, Accepts: 2000, Rejects: 0, Rate: 37.1　　　　Page 2 of 6

图 10-4　正常听力在校大学生 Toneburst-ABR4000Hz 结果

OAE，使得 OAE 被广泛应用在小儿听觉系统评估中。

　　OAE 可自发也可受声刺激产生，但记录比较困难，在临床上主要有瞬态声诱发性耳声发射（transient otoacoustic emission TEOAE）和畸变产物耳声发射（distortion product otoacoustic emission DPOAE），两者在有轻度听力损失时即会发生变化，在听力损失大于 30dBnHL 时检出率降低。TEOAE 是由于耳蜗大部分区域同时受瞬态声刺激而产生，同 ABR 类似，外耳道检测弱的信号被叠加平均，将其从背景噪声中提取出。反映耳蜗输出的声信息的频率组成，反应幅度高及低频本底噪声是婴幼儿 OAE 特点，受生物体活动如呼吸、咀嚼及血流等的影响。DPOAE 是当一定强度比的初始纯音诱发同时给声后从耳道记录的反应。与刺激声不同，这种新的产物源于正常耳蜗的非线形功能，其中明显发生于 2f1-f2，前者是频率较低的，后者是频率较高的，二者比为 1.22 最为适合，强度介于 50—70dB 间，使用这些刺激参数评估与后者接近的耳蜗的整合功能。由于很多听觉疾病早期常表现为高频听力下降，近年来包括耳声发射在内的不少听力学检查方法都试图通过高频检测的手段来达到早期诊断的目的，并取得了可喜的进展。国外有研究表明高频畸变产物耳声发射（high frequency DPOAE, HFDPOAE）对 4kHz 以上的听力测试更有意义。HF 与常频畸变产物耳声发射（conventional frequency DPOAE, CFDPOAE）相比，HFDPOAE 频率范围更广，有助于早期发现 CFDPOAE 无法发现的高频听力障碍。已有资料表明，靠近耳蜗底回的基底膜上的毛细胞耗氧量大，对缺血、缺氧的敏感性高，容易受到外界环境的影响。故 HFDPOAE 较 CFDPOAE 能更早、更真实地反映基底膜外毛细胞的受损情况；不易受中耳、外耳因素的影响，新生儿期外耳道和中耳腔残留的羊水、胎脂等胎性残积物可使传入的刺激声和传出的反应信号衰减，导致耳声发射能量减弱或消失,造成听力筛查"未通过"的假阳性。同时,HFDPOAE 和 CFDPOAE 一样具有可重复性。听神经病 1996 年由 Starr 等命名,其听力学表现为言语分辨率差, 纯音测听呈轻度或中度低频感音神经性耳聋,ABR 不能引出或呈重度异常,诱发性耳声发射正常或轻度改变等特点。因此耳声发射与其他听力学检查结合使用,综合分析,有助于对听神经病的认识和确诊。

3. 听觉稳态诱发电位(Auditory Steady—State Response, ASSR)

听觉稳态诱发电位是由调制声信号引起的反应,最初由 RGalambos 等于 1981 年采用 30～50Hz 调频音时记录到, 后来发展为同时给出多个调制频率的刺激信号,检测与调制频率一致的反应。多频稳态诱发电位是将不同的频率以不同的调制频率进行调幅调制,双耳 8 个刺激声(每耳 4 个),混合同步给声,通过听觉通路在人脑的头皮同步记录各个刺激声的反应,得到几个频率的反应阈。目前常用调幅加调频的混合调制信号,常用调制频率为 75～110Hz,不易受睡眠、麻醉的影响,具有客观、快速、频率特异性及声能量输出高等特点,在儿童及婴幼儿可得到可靠的结果。一般认为多频稳态诱发电位有两种类型,即低调制频率和高调制频率,低调制频率(30～60Hz),反应的潜伏期为 30ms(毫秒)左右,类似于中潜伏期反应,反应的是听觉皮层的活动。高调制率(70Hz 以上),反应潜伏期为 10ms 左右,类似于 ABR,反应的是听觉脑干活动。

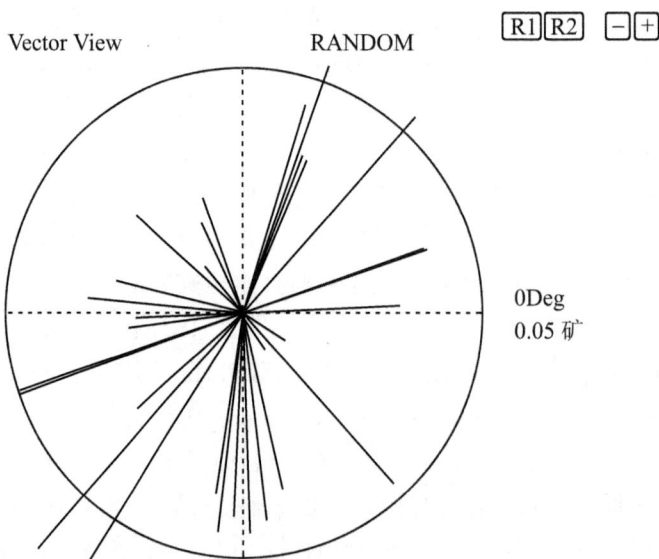

图 10-5 ASSR 的锁相反应图

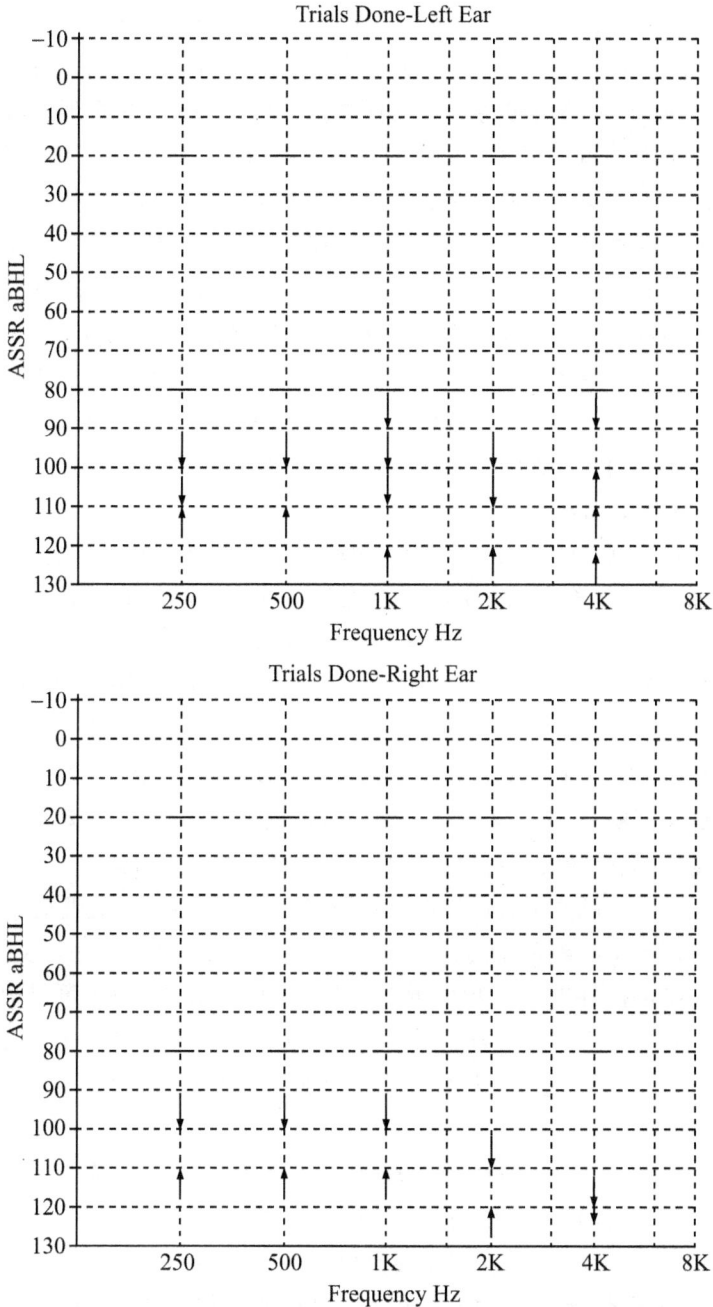

图10-6　ASSR测试结果图,箭头向下说明在该水平上的给声能引出锁相反应,判定为该被测试者对该声音有反应,反之箭头向上的说明在该水平上的给声能未引出锁相反应,判定为该被测试者对该声音没有反应。

ASSR 由于具有上述提及的快速客观等优势,是一个非常有前景的听力检查方法。ASSR 具有较好的频率特异性,且与行为听阈具有一定的相关性,故可以用来评估听阈。大量研究报道,无论是正常人还是听力损失患者,ASSR 阈值通常较纯音听阈阈值高, 听力损失越重,ASSR 阈值与纯音听阈阈值的差值越小, 其差值在 5～20dB 之间。在听力正常和轻度听力损失者,ASSR 阈值与纯音听阈阈值的差在 20dB 以内;对于中度听力损失者,二者之差在 10dB 以内;而对于重度到极重度听力损失者。二者的差值小于 5dB。在婴幼儿听力评估中,ASSR 可以准确的检测出其每个频段的听力情况, 尤其对于一些极重度感音神经性耳聋婴幼儿,ABR 未引出反应的,ASSR 测试更为重要, 并且为接下来进行助听器验配等干预方式的开展提供了详细的听力检查依据。另外,ASSR 也应用在助听听阈人工耳蜗评估、蜗后病变中诊断、麻醉深度的监测、法医学鉴定听力损害或伤残评定等临床方面。

4. 声导抗(Tympanometry)

声导抗能客观测试声能在人耳中的传递状态,包括了鼓室图、等效耳道容积和镫骨肌反射阈等。每一项都提供有关听觉系统功能的重要信息,在综合测试中具有重要的鉴别价值。声能的传递受到传递系统的质量、摩擦及劲度等因素的影响。儿童中耳疾病多发,鼓室图在小儿听力评估中不可缺少,一般采用低频探测音,鼓室图有峰压、幅度和整体形态等特征,用低频探测音提供有关鼓膜和鼓室及咽鼓管功能等方面的信息,而对于听骨链固定、断开或先天畸形不太敏感,在正常新生儿有无渗出的分辨也不甚明了,使用多成分鼓室图可以确诊中耳疾病。等效耳道容积测试提供耳道堵塞情况、鼓膜完整与否等信息。不同年龄段的异常值的标准不同。人耳受足够大强度的声音刺激引起保护性反射即双侧镫骨肌收缩引起听骨链劲度改变进而导致中耳声导抗的改变,所能重复引出声反射的最小强度即为声反射阈(acoustic reflex threshold, ART)。传导性听力损失常难以引出;但 ART 可以预测蜗性听力损失程度:轻度听力损失一般能引出, 中度听力损伤多数情况下表现为 ART 升高,听力损失大于 60～70dB 时多难以引出。由此可以筛查神经性听力损失,也可推测听损的大致部位。

在以前,开始对于 3～6 个月婴幼儿的中耳分析仅仅选择了传统的 226Hz 低频探测音进行鼓室声导抗的测试。由于低频率单成份探测音主要反映中耳以劲度为主的病变,对以质量因素为主的病变不能提供更多的信息,但对于新生儿来说,其中耳系统由质量占优势,随着年龄增加和中耳结构的变化,劲度声纳的成分增多,中耳共振频率也渐增高。外耳和中耳的成熟使出生时的中耳质量较高,随着年龄增长逐渐减少,中耳转变为劲度占优势。正常成人的中耳是以劲度占优势的系统,所以,该测试应用与诊断新生儿时的敏感性会非常差,因此单单以低频声导抗测试结果作为婴幼儿鼓室声导抗测试结果会产生偏差。一些学者认为:新生儿鼓部尚未发育,无骨性外耳道,外耳道短而软,在测试仪器加压下,可能会改变硬密闭腔的特征,外耳道壁对声能的吸收和反射不均匀,容易导致鼓室导抗图形状异常。但是对于6个月以下婴儿,使用226Hz鼓室声导抗测试不能很好地区分中耳功能正常与否,高频探测音(1000Hz)的声导抗测试对诊断婴儿中耳功能的敏感性和特异性均较好,所以更适应判断婴儿的中耳功能。

二、语言能力评价

(一)聋儿的听觉语言评估

1. 助听器佩戴前后听力评估

使用听力计,应用压耳式耳机或自由声场测听方法,评估聋儿佩戴助听器前后,纯音测听常用频率助听前后的听阈。该方法可初步判定助听器佩戴后的听力补偿效果,是否在正常人听觉言语区域,从而可判断助听器验配是否合适,对助听器佩戴后听力提升情况进行定量的评价。

2. 言语呼吸能力评价

应用最长声时的测定方法。声长测试让聋儿深吸气后持续发"a"音,中间不得有停顿,用计时工具记录发音时间。每个聋儿测试三次,取最大值即为聋儿声长值。并和正常人不同年龄阶段最长声时标准进行对比,判定聋儿的言语呼吸能力。

3. 自然环境声响识别

此种评估方法主要是针对无语言聋儿。测试方法中选择的各种环境声有不同的频率范围,测试环境要求在相对安静,并根据儿童心理特点结合游戏进行,声音的识别以指对该声响对应图片为正确,并以正确回答数除以总的测试数计算出该聋儿的成绩。

4. 语音识别

包括声母识别和韵母识别,声母和韵母是汉语普通话构成音节的重要部分。声母识别的测试对于了解聋儿的语音清晰度十分重要,声母的频率范围多在高频,因此对于了解聋儿高频听力补偿情况很重要。韵母是音节中语音能力重要的负载部分,其频谱范围多在低频段。语音识别要求的测试环境和自然声测试相同,测试方法一般采用听说复述法或听说识图法。测试前可将测试的声母和韵母编制成词表。

5. 声调识别

声调在汉语相同的音节中起着区别不同含义的作用。声调的变化主要是音高变化,其实际是频率变化决定的。由于听力损失存在,对于聋儿来说,声调辨别是一个难题。测试中用听声识图的方法,让聋儿选择出标有不同声调的图片。

6. 音节和短句识别

音节识别包括单音节识别、双音节识别和三音节识别。单音节识别测试可以进一步全面的了解聋儿声母、韵母、声调的综合识别能力,双音节测试可以掌握聋儿的言语分辨率情况,三音节测试可以判断聋儿感知判断连续音节的能力,而短句识别是判断聋儿日常交流能力所必须的。音节识别和短句识别采用的方法一般是听说复述法或听说识图。

7. 数字掌握

让聋儿从"1"开始数数,看其能够数到的最大数字是多少。

8. 选择性听取

在人类正常的语言交往过程中,不可能总是在安静的环境中进行,多数情况下会存在着各种各样的环境噪声。选择性听取的测试就是要判断聋儿在各种各样环境噪声的情况下如音乐噪声、自然环境噪声等,对某种信号的选择性听取的能力。

(二)发音功能评价

1. 共鸣系统检查

共鸣能力的客观评价可以应用语音分析软件对发音的声波、基频、强度、共振峰或语谱图进行测量分析,以评量共鸣系统参与构音运动的异常表现。

2. 构音器官检查

对于参与构音运动的器官组织如舌、软腭、喉、呼吸肌群的形态和运动状态进行评价,可应用测量下颌距、舌距、唇距、舌域图、口腔轮替运动速率等方法进行评价。

(三)语言发育检查

目前国内外已经有不同年龄阶段的儿童语言发育的标准,通过对听障儿童的语言发育阶段与正常的标准进行对比评价,可以了解聋儿实际的语言发育情况。(可以参考语言发育迟缓的相关评价)

第三节　助听器和人工耳蜗

如果发现孩子存在听力损失,并经过听力学检查,确定了听力损失的程度和类型,应该根据早期诊断的情况,采取必要的听力学补偿措施,目前助听器验配或人工耳蜗植入是聋儿进行听力学补偿的主要手段。

一、助听器类型和选配

(一)助听器类型

助听器是一种微型的电声扩大装置。目前所有的助听器都由传声器、放大器和受话器(耳机)三个主要部分组成。传声器为声电换能器,将外界声信号转变为电信号,随后电信号输入放大器后使声压放大,再经受话器输出这个放大后的声信号。助听器可以对听力进行补偿,但对于受损的听力不起治疗作用。助听器按照线路可分为模拟助听器和数字助听器两大类,按照体积及适应范围常见有盒式助听器、耳背式助听器、耳内式助听、耳道式助听器、深耳道式助听器等类型。以下介绍几种外形常见类型的助听器:

1. 盒式助听器

盒式助听器体积似香烟盒,主要部件麦克风、放大器和电池都放在一个盒里,由一条细小的电线把助听器与耳机(或附加在耳模上的耳机)连接起来,可挂在胸前小袋内或衣袋内,(见图10-7)。主机经一根导线连接耳机插入外耳道内使用。盒式助听器由于体积较大,使用常见的普通5号电池,是目前可以达到最大功率的助听器,因此可适用于重度、极重度聋患者以及手脚不便的老年人。盒式助听器尚具有调节方便,电池省,价格低廉等优点。相对于其他类型助听器,盒式助听器也具有一些缺点,盒式助听器由于其佩戴的位置关系,因此机身和导线常和身体产生摩擦噪音,对于助听效果会产生副面影响,而较为细弱的导线也会容易发生断裂,从而产生无声或声音断断续续等故障。盒式助听器具有低频反射增益的作用特点,因此对高频放大产生不利影响,同时环境噪声明显放大,这样便影响了助听器佩戴者的言语清晰度。耳聋具有隐性疾病的特点,多数听力障碍患者并不希望很多的人发现其自身耳朵不好的病情,因此从这一角度来看,盒式助听器就显得体积过大,佩戴时容易被人发现,从而导致很多患者不愿验配。

2. 耳背式助听器

耳背式助听器形似香蕉曲度,长约3~4厘米,麦克风、放大器、授话器、电池等均组装在机身内,档次较高的耳背式助听器内还有各种声音处理电路。耳背式助听器前端有一个半圆形的导声耳钩,导声耳钩可以和耳模或传声管连接,将助听器配戴在耳的背部。声音经耳背式助听器放大后经耳钩、传声管、耳模或耳塞传入外耳道。模拟线路的耳背式助听器外壳上可见开关、音量调控器、音调调节档、最大声输出调节档和"T"档等调节旋钮。耳背式助听器通常使用A13或A675电池。与盒式助听器相比,因其置于耳的背部,人体低频反射现象减弱,另外通过对耳模声孔等

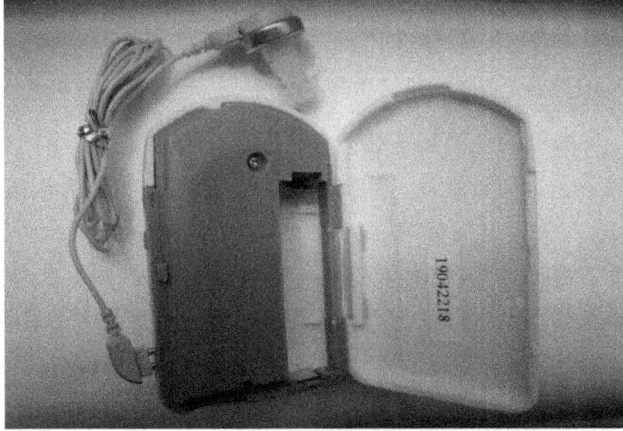

图 10-7　盒式助听器

的调整,可以改变助听器的声学特性,从而改善其佩戴效果,(见图 10-8)。

　　耳背式助听器的优点:(1)相对于其他耳道式、耳内式助听器而言,耳背式助听器具有功率大的优势,这便满足了听力损失程度较重的患者的需求,目前主要佩戴人群是老人和聋儿。(2)相对盒式助听器,耳背式助听器体积小,更美观,佩戴也方便。(3)耳背式助听器体积较大,可安装比较复杂的线路如感应线圈,增加其功能。耳背机的缺点:(1)同耳道式、耳内式助听器相比,仍然不够美观,因此年轻人使用较少。(2)对于多数感音神经性耳聋患者,高频下降型听力损失的特点,其在高频的增益仍存在不足。(3)由于佩戴于耳后,对戴眼镜患者不太方便,防水功能也不好,容易受潮而产生故障。

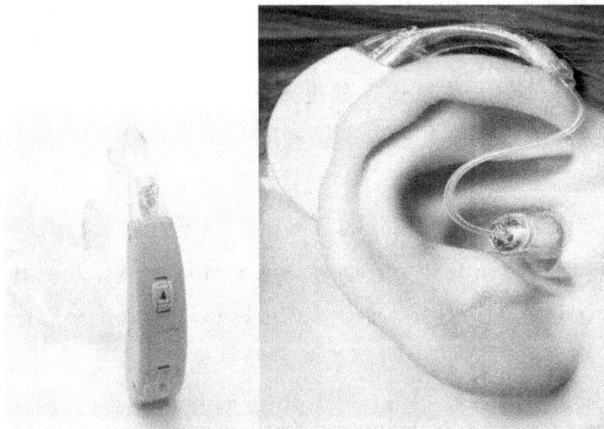

图 10-8　耳背式助听器

3. 耳内式助听器

耳内式助听器是目前使用比较广泛的一种定制式助听器，这种助听器需要根据不同患者的耳道模型定做不同的外壳,壳内装入助听器机芯,(见图 10-9)。模拟线路的耳内式助听器外壳上还安装了音量调控器、音调调节档、最大声输出调节档等,有的数字耳内式助听器上还装有程序转换按钮。此外,有的助听器外侧面还装有拉线,出声孔上还装有耵聍挡板等。耳内式助听器通常使用 A312 或 A13 电池。

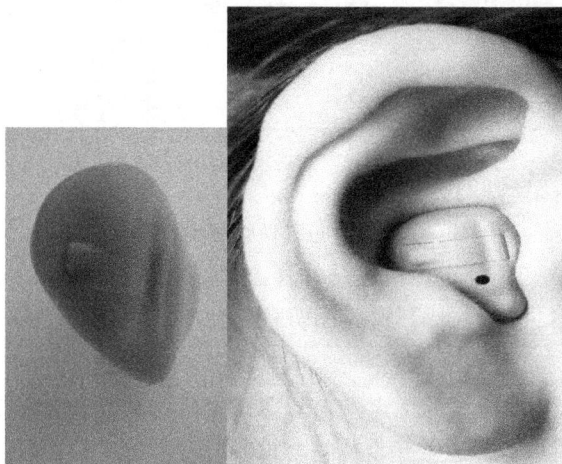

图 10-9　耳内式助听器

耳内式助听器的优点:与耳道式和完全耳道式助听器相比,(1)有较大输出功率,对于一些重度听力损失患者,可以部分满足其美观方面的要求。(2)由于体积较大,可以安装一些功能附件,如双麦克风、拾音线圈等。(3)更换电池、调节音量等操作比较容易。耳内式助听器的缺点:(1)在儿童佩戴过程中,由于其耳道未发育定形,需定期更换外壳,相当不便。(2)和耳背式助听器相比其麦克风与授话器的位置较近,容易产生声反馈。(3)对于老人及双手欠灵活者来说,更换电池、调节音量还是不太方便。(4)形状过大,还不够美观,容易被看到。(5)耳内式助听器充满整个耳甲腔,有些患者会因为过多皮肤受封闭而感到不舒服,容易产生堵耳效应。

4. 耳道式助听器

(1) 耳道式助听器的分类　耳道式助听器也属于定制式助听器。与耳内式助听器不同的是,耳道式助听器位于患者的耳道内。根据外形大小,耳道式助听器常见有耳道式(ITC)(见图 10-10)、完全耳道式助听器(CIC)(见图 10-11)。完全耳道式助听器有两个标准,只有符合这两个标准才能称为 CIC 助听器,也才能获得最佳

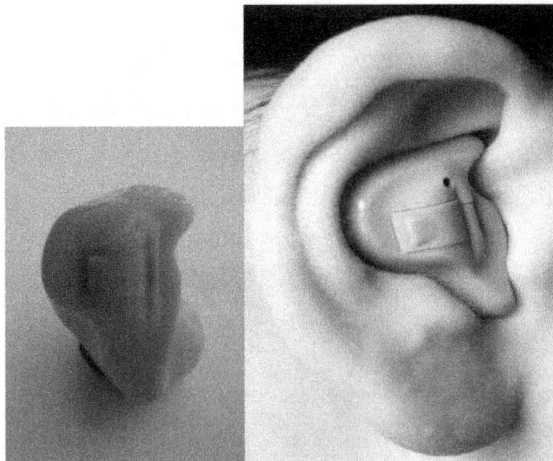

图 10-10　耳道式助听器(ITC)

的增益和输出。第一侧面分至少应紧贴外耳道口或在耳道口内 1~2mm,第二内侧部与鼓膜上部相距 5mm 以内。耳道式助听器也位于耳道内,但外形比完全耳道式助听器略大。

(2) 耳道式(ITC)助听器的优点　与耳背式及耳内式助听器相比,耳道式助听器的外形较小,基本上能满足患者美观的要求,佩戴也较舒适。耳道式助听器位于耳道内,保留了正常的耳廓结构外形,更符合人耳的生理声学特性,有助于提高声增益和声源定位。耳道式助听器的缺点和耳内式助听器一样,由于儿童的耳道未发育定形,需定期更换外壳,因此儿童使用时需慎重。由于工艺和技术水平发展等因素限制,虽然目前耳道式助听器在有些厂家理论上的试配范围已经达到 110dB,但实际的验配中还需要慎重, 建议适配人群的平均听阈还是控制在 90~95dB 之内。耳道式助听器的电池、音量调节器等比耳内式助听器更小,因此更难操作。如前所述,耳道式助听器由于内部空间更小,更容易产生声反馈,也不能连接 FM 系统。和耳内式助听器一样,耳道式助听器位于耳道内,更容易受耵聍的影响。同样如同耳内式助听器,也会产生堵耳效应。

(3) 完全耳道式助听器(CIC)的优点:①由于其位于深耳道内,出声孔接近鼓膜,因此完全耳道式助听器可以提高声增益,尤其是高频声增益,并减少堵耳效应,改善声源定位。②完全耳道式助听器体积小,隐蔽性强,可以最大限度的满足聋人的美学和心理需求。③与耳道皮肤接触少,佩戴舒适,不易脱落;受汗水,灰尘的影响小,受到意外损伤的机会更少。完全耳道式助听器的缺点:①助听器的体积及电池均小,老年人或双手灵活度欠佳者操作不便,且容易遗失。②输出功率有限,对于重度听障的患者验配较困难。③耳道内的皮肤有水份及油脂蒸发,当完全耳道式助听器放置在耳道内,阻塞了耳道,耳道蒸发的水份及油脂有可能损坏助听器内部的零件。④麦克风与声孔距离较近,容易引起声反馈。⑤对配置其他功能线路如方向性及多麦克风系统、拾音线圈、FM 系统存在困难。⑥须专门定做,不能大批量生产,因此价格较贵。⑦和耳道式助听器一样,不适合耳道未发育成形的未成年人。

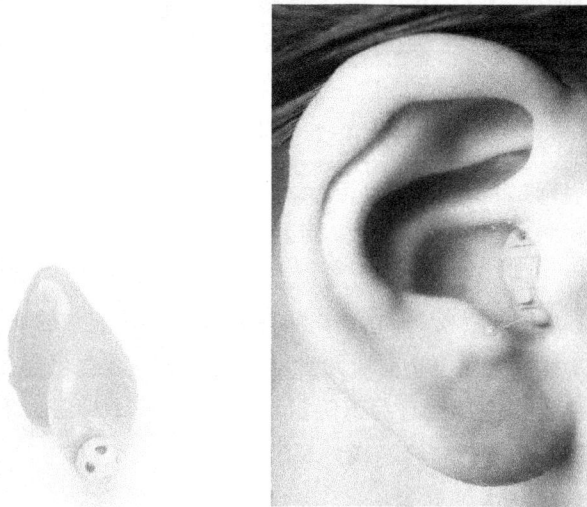

图 10-11　完全耳道式助听器

5. 骨导助听器

一般的气导助听器,它们把放大的电信号转换成声信号后传入耳道。而骨导助听器则是将放大的电信号转换成机械能后, 振动耳蜗内部结构来传递声音 (见图 10-12)。通常将骨传导器上的振动器放置在乳突部位。一般的类型有眼镜式和头夹式,适用于外耳道闭锁、狭窄,或者中耳有先天畸形、慢性化脓性中耳炎反复化脓、传导性听力损失量比较大、一般气导助听器无效的患者。但是骨导助听器佩戴不舒适,长期使用会使皮肤变硬,疼痛,输出有一定的局限性,对声音的方向性有影响,而且 3KHz 到 4KHz 以上能提供的放大功率很小。

（二）助听器的选配

1. 助听器验配适应证

（1）助听器验配适应证:听力损失<80dBHL 的感觉神经性聋患者,首选使用助听器;听力损失>80dB HL,暂时不具备人工耳蜗植入条件者,也应及时选配相应的助听器。

（2）除非一耳全聋,都要坚持双耳配戴助听器,如因故只能单耳配用时,要遵

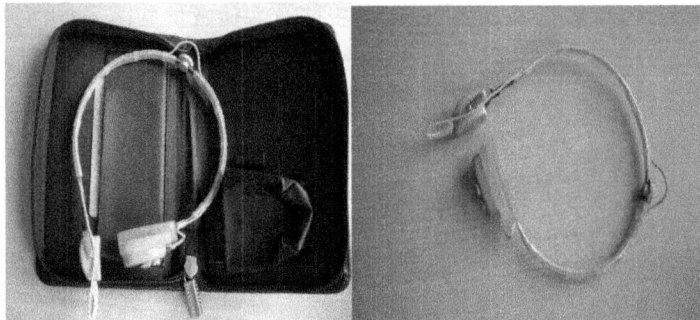

图 10-12 骨导助听器

循以下原则：双耳听力损失均<60dB，选择听力差的一侧；双耳听力损失均>60dB，选择听力好的一侧耳；双耳听力损失相差不多，选择听力曲线平坦的一侧；选择生活中习惯使用的"优势耳"一侧。

（3）选择单耳使用助听器时，要向听障者讲清单耳配戴的缺点。

（4）遇到以下情况应停止向听障者推荐助听器并首先考虑就医：传导性耳聋；发生在近 3 个月内的进行性听力下降；反复出现的波动性听力下降；伴有耳痛、耳鸣、眩晕或头痛；外耳道盯聍栓塞或外耳道闭锁。

2. 助听器选配基本步骤

（1）咨询

通过和病人及家属的交谈，了解病人的一些基本情况，如年龄、职业及社会家庭背景、性格精神因素、耳聋的历史、引起耳聋可能的病因、耳聋的程度情况、交流的困难程度、是否有配戴过助听器的经历等。同时通过耳镜观察耳廓、外耳道及鼓膜情况、是否有畸形、外耳道形状大小及走向、盯聍有无、是否油性及清洁程度、是否有乳突根治术历史、耳膜的完整度及是否有中耳炎等情况。

（2）听力学评估

一般成人以及可以配合的儿童首选纯音测听，6 个月～3 岁婴幼儿可进行视觉强化测听法。大龄听障儿童及成人听障者除了测定气导听阈外，应同时检查骨导听阈。对于不能配合的婴幼儿除行为测听外，可结合 ABR、ASSR、声导抗测试、耳声发射判定其听阈。听力学测试后根据检测结果向病人及（或）家属讲解病人的耳聋程度、类型、双耳情况对比及选配助听器的重要性。

（3）助听器的初选

①选配耳的确定。根据患者听力损失的情况，要对选配耳进行确定，一般如果患者双耳都有残余听力的情况下，应建议其双耳选配。如果由于一些条件的限制，

在需要单耳选配的情况下,要确定选配耳。单耳选配可根据双耳听力损失程度、听力曲线的情况,也可尊重患者的实际需求,如用耳习惯、手的灵活性等情况来确定。

②助听器外观的选择。根据患者的对美观因素、经济条件、年龄因素等方面的需求,对完全耳道式助听器、耳道式助听器、耳内式助听器、耳背式助听器、盒式助听器等种类进行选择。

③助听器的性能选择。数字线路助听器或是模拟线路助听器,以及助听器的通道数、降噪技术、反馈功能、压缩性能、启动时间、麦克风的指向性、程序记忆、是否需要音频电感等进行考虑。

④助听器输出选择。目前各厂家生产的助听器都标明了其听力的适配范围,可根据听力损失程度进行选择。由于助听器选配时要结合病人当时实际的主观感受情况,因此通过与病人的沟通、交流,进而选型、试听、调节最终找到最合适的助听器,让病人的语言分辨能力处于最佳状态,在舒适性与理解力间找到新的平衡点,这种经验的选配也是很重要的。

(4) 助听器的验证

①助听后听阈测定。助听后听阈的测定可通过耳机进行,也可通过声场测定。对于耳背式助听器,助听后听阈的测定要通过声场测听,在声场中,用啭音作为测试音;对于各种耳道式助听器,一般可采用耳机(耳罩式耳机或压耳式耳机)进行助听后的听阈测定,其前提是戴上耳机后,助听器不会产生反馈啸叫。将助听后的听阈值与助听前的听阈值进行比较,这一差值反映了助听器提供的增益情况。

②言语可懂度测定。患者验配助听器主要的目的是为了提高言语听力,因此验配后言语可懂度的提高情况是判断助听器效果最主要的依据。言语测听可在自由声场中进行,测试材料可用单音节词、双音节词、短句进行,测试环境可以根据需要,创设安静环境、不同的噪声环境,对助听前和助听后的分辨情况进行比较,判断其助听效果。

(5) 使用、维护及康复指导

对患者讲解助听器的佩戴方法,功能旋钮的应用,电池的使用及更换,佩带中的保养及维护注意事项,配戴后的适应期情况。

3. 儿童助听器的选配注意事项

(1) 助听器外观选择。在聋儿中听力呈重度或极重度居多,因此大功率耳背式助听器或者耳内助听器,尤其是耳背式助听器在聋儿选配中最多。另外,随着儿童年龄的成长,其耳道也会逐渐增大,验配耳背式助听器便于给儿童及时更换耳模。有的儿童验配完助听器后,需要连接其它的听觉辅助装置,耳背式助听器为他们提供了可能。

（2）助听器性能。自动增益控制、数字电脑编程线路为首选。可根据需要选择适合每个儿童的线路和信号处理方式,可根据公式灵活的调节助听器的频响和输出,保持可听度,比如宽动态压缩技术,多通道压缩,自动声反馈控制,多种的聆听程序等。

（3）双耳同时选配。双耳选配具有提高声源定位能力、压低噪声、避免迟发性听觉剥夺及双耳整合优势等特点,因此对于同时双耳都有听力损失的儿童,除特殊情况外,都应双耳佩戴助听器。

（4）其他因素。在聋儿助听器的验配工作实践中,经济因素是制约聋儿助听器验配的常见因素,因此,在临床上应与客观对待。如当聋儿家庭只能承担验配师推荐的一个助听器的价格时,验配师也可根据实际情况,遵循双耳选配原则,改配价格相当的双耳助听器。在行助听器验配后,要给聋儿家长提供一定的语训方面的信息和方法,这对发挥助听器效果十分重要。

在助听器选配结束后,应该告诫聋儿家长进行定期的复查,并明确跟踪随访,因为在给聋儿助听器验配时,其听阈的测定一般是依赖客观的检测手段,这和其真实的纯音听阈结果存在一定的差距,因此,验配时一般都要根据情况进行一定的纯音听阈值的估计和转换。在聋儿的成长过程中,其听力情况经常会产生一些变化,如进行 ABR 检测的波形变化等,这些都会影响其阈值的判定。因此,一定要进行反复的测试,以保证结果的准确,及时对助听器参数的调整,达到更好的验配效果。

二、人工耳蜗

人工耳蜗又称为电子耳蜗,是用一个电极通过耳蜗直接刺激听神经,通过传导路向大脑听觉中枢发放电信号,产生听觉反应。通俗地讲,电子耳蜗实际上代替了损坏了的耳蜗毛细胞的功能,（见图 10-13）。

（一）人工耳蜗原理

（1）麦克风收集声音并转换成电流讯号传递给言语处理器;

（2）言语处理器将此电讯号"滤波""编码"转换成特定模式电流脉冲;

（3）脉冲传送至感应线圈,经由无线电波感应至皮下的植入体;

（4）植入体将此脉冲送至耳蜗内的电极;

（5）听觉神经拾取这些电流脉冲并传送至大脑;

（6）大脑确认这些讯号为所谓的"声音"。

（二）人工耳蜗适应证筛选标准（中华医学会耳鼻咽喉科学分会,2003 年）

语前聋患者的选择标准:

（1）双耳重度或极重度感音神经性聋;

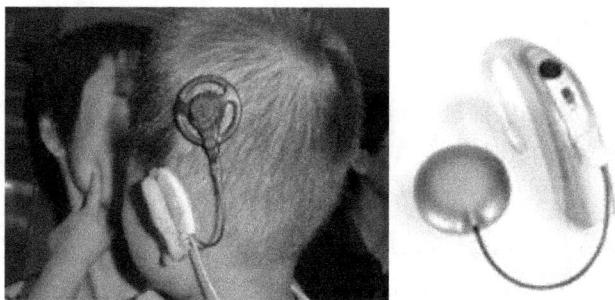

图 10-13　人工耳蜗

（2）最佳年龄应为 12 个月～5 岁；

（3）配戴合适的助听器,经过听力康复训练 3～6 个月后听觉语言能力无明显改善；

（4）无手术禁忌证；

（5）家庭和(或)植入者本人对人工耳蜗有正确认识和适当的期望值；

（6）有听力语言康复教育的条件。

语后聋患者的选择标准：

（1）各年龄段的语后聋患者；

（2）双耳重度或极重度感音神经性聋；

（3）助听器无效或效果很差,开放短句识别率≤30％；

（4）无手术禁忌证；

（5）有良好的心理素质和主观能动性,对人工耳蜗有正确认识和适当的期望值；

（6）有家庭支持。

（三）人工耳蜗手术的禁忌证

人工耳蜗是通过电刺激听神经而使病人感知声音,主要适合耳蜗性聋,而不适合蜗后性聋；听力损失的程度为重度和极重度聋。

1. 耳蜗及听神经因素

从影像学角度认为, 人工耳蜗植入手术的相对禁忌证应该为耳蜗完全缺失和内听道严重狭窄。一般认为内听道直径不足 2mm 时是人工耳蜗植入的禁忌证,这是因为内听道内缺乏听神经和前庭神经。

2. 中耳感染因素

对于化脓性中耳炎病人,植入电极会把感染灶带入内耳,这是非常危险的。如果要植入人工耳蜗,首先要将中耳炎病灶彻底清除。因此,化脓性中耳炎发作期是人工耳蜗手术的禁忌证之一。

3. 耳蜗骨折

耳蜗骨折很可能损伤前庭耳蜗神经,使人工耳蜗植入无效。因此,耳蜗骨折导致听神经损害亦是人工耳蜗植入手术的禁忌证。

4. 精神病

电刺激可能会刺激大脑皮层,因此精神病是人工耳蜗植人手术的禁忌证。

5. 其他外科常规手术禁忌证也不考虑人工耳蜗植入

附:人工耳蜗临床技术操作规范

一、人工耳蜗植入术

【适应证】

(一) 语前聋患者

1. 双耳重度或极重度感音神经性聋;

2. 最佳年龄应为 1～5 岁;

3. 助听器选配后听觉能力无明显改善;

4. 家庭对人工耳蜗有正确认识和适当的期望值。

(二) 语后聋患者

1. 双耳重度或极重度感音神经性聋;

2. 各年龄段的语后聋患者;

3. 助听器选配后言语识别能力无明显改善;

4. 对人工耳蜗有正确认识和适当的期望值。

【禁忌证】

(一) 绝对禁忌证

1. 内耳严重畸形病例,如 Michel 畸形或耳蜗缺如;

2. 听神经缺如;

3. 严重的精神疾病;

4. 中耳乳突化脓性炎症尚未控制者。

(二) 相对禁忌证

1. 全身一般情况差;

2. 不能控制的癫痫。

【操作程序及方法】

1. 耳后切口,分离皮瓣,切开肌骨膜,暴露乳突及骨性外耳道后壁;

2. 开放乳突腔；

3. 颅骨表面磨出安放植入体的骨床；

4. 开放面隐窝,行耳蜗开窗；

5. 将植入体安放在骨床内,将电极植入鼓阶,参考电极置于颞部骨膜下；

6. 依次缝合肌骨膜、皮下和皮肤。

【注意事项】

1. 手术者应该具备较成熟的耳显微外科技能,并经过人工耳蜗手术培训；

2. 特殊病例如中耳、内耳畸形及耳蜗骨化等应谨慎处理。

二、人工耳蜗听力学评估和调试

【病史采集】

病史采集重点是耳聋病因和发病过程,包括发病时间和病程发展情况。

【听力学检查】

1. 主观听阈测定:可采用纯音测听。儿童可采用行为观察、视觉强化和游戏测听法。

2. 声导抗:包括鼓室压曲线和镫骨肌反射。

3. 听性脑干诱发电位,40Hz 相关电位(或多频稳态诱发电位)。

4. 耳声发射。

5. 言语测听。

【开机和调试】

1. 手术后 2～4 周开机,开启外部装置；

2. 测试电极阻抗,了解植入体工作状况；

3. 测试并设定各通道的电刺激阈值和最大舒适值；

4. 实时聆听,并根据受试者的反应进行适当调整；

5. 保存调试结果；

6. 以适当时间间隔进行再次调试。

【注意事项】

1. 调试专业人员应具备听力学和人工耳蜗技术相关知识,并经过相应的专业培训；

2. 开机后应进行听觉语言康复训练。

中华人民共和国卫生部

2006 年 12 月 11 日

第四节 听障儿童的听力语言康复

一、听障儿童语言发展的可能

对于一个正常的人而言，若掌握并运用语言，至少需要具备三个方面的基本条件，即健全的大脑、正常的发音器官和正常的听觉。在人言语交流的过程中，首先通过言语产生的动力源泉即呼吸系统，产生足够的气流，气流振动发声系统部位的声带，产生原始声带音，然后通过人类的共鸣腔，喉腔、咽腔、口腔、鼻腔和唇腔，形成不同的共振，从而产生具有丰富多彩音质的言语。以上整个发音器官完成发音过程，都是要靠大脑来进行支配的，而说话时口咽喉腔等共鸣器的活动也需要由听觉来监督。因此，人的发音器官、听觉器官和大脑的健康和完善，是人的言语活动的先决条件，其中任何部位发育不完善或受到损伤，都会直接影响到人的言语能力。当听觉减弱或完全丧失时，人的言语就不会清晰或完全失去言语能力，即俗话所说："逢聋必哑。"

由此可知，大脑、听觉和言语器官发育是否完善和保持健康，是孩子能否说好话的关键。婴幼儿的大脑及言语器官尚未发育完善，都很娇嫩，易受损害，保护好这些器官的健康和卫生是非常重要的。聋儿和大多数正常人一样，具有完善的大脑和正常的发音器官，他和正常人所不同的是存在着不同程度的听力损失，从而影响了他们的语言发育。实践已经证明，即使是存在30~60分贝的听力损失，足以使儿童言语发育出现明显的迟缓或障碍。目前已经查明，对于听障儿童来说，虽然他们没有了正常的听觉，但绝大多数听障儿童仍具有残余听力，只有极少数全聋，这为学习语言提供了一定的条件。利用他的残余听力，通过借助助听器等声音放大设备，加上科学的训练，大多数聋儿是可以学习语言，走出无声世界，从而获得康复。另外，从20世纪80年代开始，我国婴幼儿听力状况日益受到关注，并针对听力损失儿童提出了"早发现、早诊断、早康复"的原则。近几年，新生儿普遍听力筛查工作开始在全国范围内逐步推广。目前各种语训机构经过20多年的实践已积累了一些经验。这些都为听障儿童的语言发展提供了有益的条件。

二、听障儿童学习语言的困难

由于存在着听力障碍，通过听觉获得言语信息受到影响，语言是思维的工具，语言发育障碍给聋儿的思维能力发展带来负面影响，因此，对于抽象词语及语法规则的理解非常困难。听力损失造成大脑对言语声音的敏感度降低,尽管现在已经研制了一些助听设备,但由于技术原因,助听器仍然存在失真等不足,即便目前最先进的助听器也不能使聋儿达到正常的听力,而只能是或多或少的得到改善,更何况受经济等方面因素的制约,有的儿童难以配上合适的助听器。聋儿虽然具备同正常人一样结构的发音器官,但依然存在长期闲置问题,已经僵化且各器官间协调配合功能差,影响声音正常表现力。目前我国 7 岁以下的聋儿有 13.7 万,能够每年接受系统正规语训的仍然是少部分,缺乏正确语言训练方法制约了聋儿康复的水平。近年来我国听力学专业人才的培养已经取得长足的进步, 但仍然很难满足我国庞大的听障人群服务的需求,在聋儿康复方面专业人才匮乏。虽然很多地区已很好开展了新生儿听力筛查工作,但尚有不少环节没能很好协调,使接受语训失去最佳年龄段。虽然语训工作已开展多年,但语训观念陈旧、手段落后、方法机械、流程不规范、设备不够先进等因素普遍存在。以上这些因素,都限制了聋儿康复的进程。

三、听障儿童的听力语言训练

　　聋儿和正常儿童发展语言的基本条件是相同的, 所不同的是正常儿童可以通过自然途径学习语言,而聋儿不通过专门组织的特殊训练就难于形成完整的语言。要改变聋儿因听力障碍带来的语言障碍,就必须对聋儿进行听力语言训练。

　　如果听觉障碍儿童能做到早发现,早期选配助听器并进行系统的训练,那么其听觉及语言基本还是能与正常儿童同样发育的。但语言发育存在最佳获得期,如果错过这一时期,其训练效果就会受到影响。

　　聋儿听力语言训练分为三部分:听力训练、发音训练、语言训练。

(一) 听力训练

1. 听力训练的基本原则

　　听力训练的基本原则是尽早利用残余听力, 最大限度地提高他们对日常各种声音的辨认、区别和理解的能力,使他们重新回到有声的世界。对聋儿进行听力训练,就是要根据聋儿的听力状况、智力以及语言发展水平,充分利用其残余听力进行听觉唤醒训练。

　　听力训练的目的包括:使听力障碍儿童能够正确反映周围有无声音的存在;正确辨识不同音调、响度的声音,提高听障儿童对不同声音的鉴别能力;配合语言训练, 要求听障儿童开始学习说话与周围人交往时懂得不同的声音是代表不同的意思;帮助听障儿童逐步建立有声语言。

　　听力训练的要求应包含以下方面:坚持用适度的声响开始刺激其残余听力,以唤醒听障儿童的听觉反应。在起初的刺激时可根据听障儿童听力损失特点,一般选择低频刺激声,刺激声音不宜过高,刺激时间不宜过长,在家长或语训教师的示范下,让其感受到听到声音的喜悦,培养其喜欢听声音的良好习惯。在进行听力训练时,要根据听障儿童双耳或单耳助听的实际情况,将刺激声源尽量靠近有助听的一侧,或者是听力较好一侧。必须要有信心和耐心,坚持每天训练。努力创造有声的环境,通过各种方式培养其与周围人进行交往的习惯。

听觉对声音的认识是有一定规律的,这一过程可以分为听觉察知、听觉注意、听觉定向、听觉辨别、听觉记忆、听觉选择、听觉反馈、听觉概念八个阶段对声音信息做出正确的反应。这几个方面是互相联系,互相促进的。听力训练就是让聋儿对声音反复认识、注意、辨别、记忆、理解并形成概念。

听觉察知:是人耳对不同频率、音强、音色声音的感受能力,实际是判断声音的有无。

听觉注意:在感知声音的基础上,培养聋儿注意听声音的习惯,不仅是注意听环境声而且要注意听言语声。引导其关注声音和其代表意义的联系,有意识地培养他们聆听的兴趣和习惯。

听觉定向:培养聋儿辨别声源的方向,寻找声源的能力,双耳听力的存在对听觉定向有很大作用。这种能力需要建立在听觉感知和听觉注意的基础之上。

听觉识别:是区别声音异同的一种能力。聋儿听觉识别能力的提高,有赖于听觉察知、注意、定向等能力的培养。可训练聋儿分辨声音的大小、长短、快慢、高低、左右,分辨各种自然环境声,识别音素、单音节词、双音节词、三音节词、短句等。

听觉记忆:听觉记忆是指人在注意倾听的基础上,保持、回忆一般听觉信息的能力。是在辨别声音的基础上,声音信号在大脑中的储存。听觉记忆能力的培养与提高,有利于聋儿听觉概念的建立。

听觉选择:是在两种以上的声音中,或者在噪音环境中,选择性听取自己需要的、感兴趣的或有吸引力的声音的一种能力。由于我们在进行言语交流时,必然存在着环境噪声,因此培养聋儿在噪声环境中的选择性听取能力是十分必要的。

听觉反馈:是人们在进行发声或言语交流时,通过听觉进行的一种自我调节反应,通过反馈可以调节自己说话声音的强度,纠正自己的发音。聋儿听觉反馈对于学习有声语言,克服言语发音不清等方面具有极为重要的作用。应注意训练帮助聋儿通过倾听自己发音,并及时反馈调整,以纠正错误的发音。

听觉概念:概念是指人类大脑对客观事物的本质认识,是反映事物本质属性的思维产物。聋儿听觉概念的形成是在以上各个阶段的基础上,经过大脑的思维活动,对声音信号所反映出的事物本质的认识。对于聋儿来讲就是听到了,而且能够听懂,并能够作出相应的反应。

2. 听力训练的方法

在训练聋儿时,听力训练通常可分为两个部分:感知声音、辨别声音。

(1) 感知声音

一个听力损失程度极重度的聋儿,当戴上助听器后常会出现熟视无睹的现象,这是因为他的残余听力长期处于一种废用状态,造成大脑对声音的感知力差。因此感知声音训练就是要唤醒聋儿的听觉,充分利用其残余听力,培养其注意声音的习惯。可采用现代化的教学设施如多媒体教学系统、语言障碍诊治仪、哨子、喇叭、锣鼓等用具,进行分成高频、低频音交替进行训练。每次 10～20 分钟,每天 8～10 次,根据聋儿的反应情况调整声音强度,如此持续 2～3 个月。利用多媒体教学和一些游戏更能提高聋儿的学习兴趣。此外,也可以利用视觉和触觉感受声音的振动,以此感知声音的存在。

(2) 辨别声音

我们生活的环境充满了各种各样的声音, 我们的语言更是频率复杂, 抑扬顿挫,当聋儿经过佩戴助听器一段时间之后,他逐渐能够听到了声音。但能够感受到声音的存在还是不够的,还应该学会辨别声音的能力,尤其是在学习语言的交流工具时,更要学会在不同的环境辨别音素、音节、声调、句子、短文等的辨别能力。辨别声音的训练包含了辨别声音的大小、声音的长短、声音的方位、声音的次数等训练,同时应注意创造音乐环境,使其感受到音乐优美的旋律、节奏,并适当地创造一些能够吸引其兴趣的听力游戏。可使用电子琴、钢琴、录音机、电视机等多媒体工具。

(二) 发音训练

语言训练的前提是发音训练,发音训练能帮助聋儿体会发音要领,掌握发音技巧,培养正确的语音习惯,为他们能清楚流利地说出每一个字音打下坚实的基础。发音训练分为:呼吸训练、舌部训练、口部训练、鼻音训练、嗓音训练、音素训练、拼音训练、四声训练 8 个部分。

1. 呼吸训练

语言的声音是由呼出的气流造成的,没有气流冲击声带,声带就不会发出可以听得见的声音。所以气流是声音的原动力。气流强弱的变化与声音的响亮度、字音的清晰度有密切联系。自然呼吸和语言呼吸不同,要让聋儿说清楚话,首先必须进行呼吸训练,学会运用呼吸,控制气流,根据发音的需要恰当运用气流。

可进行最长声时、最大数数能力、深呼吸训练、吹气训练以及声气结合训练等方法。

2. 舌部训练

舌是构音器官中重要的组成部分。舌在口腔中动作灵活,可以前伸,可以后缩,可以卷曲,可以抵住腭壁,因此人类的许多精细发音都和其有关。听障儿童由于存在听力缺陷,其舌的运动功能受到影响,舌肌僵硬,舌体活动不够灵活,伸展位置不够准确,造成他们发音吐字不清,不能发出正确的音。因此对听障儿童进行舌部训练非常重要。舌部训练主要是通过做舌操、模仿发音、拟声训练的方式进行,(图10-14)。

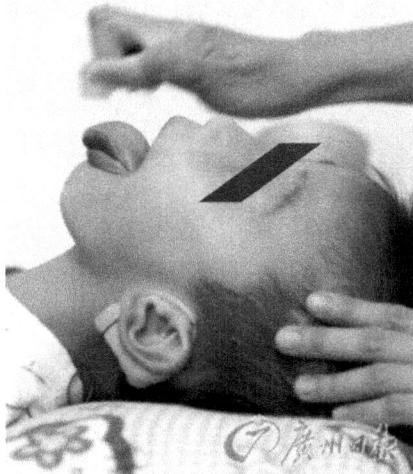

图10-14 舌部训练

3. 口部训练

嘴唇在说话时可圆可扁,可撮伸,可开启,这些不同的运动产生不同的声音。语音正确与否和双唇有极大的关系。聋儿在发音和说话时,嘴唇不用力或不活动,有的嘴唇位置不对,导致说话或发音含糊不清。针对这一特点要进行口部操训练和模仿发声训练。

4. 鼻音训练

鼻腔主要用来发鼻辅音,发鼻辅音常常需要有双唇、舌头、硬腭、软腭等部分的参与。鼻腔的作用是使气流通过。鼻音训练是让聋儿体会气流从鼻子通过的感觉,为发好鼻辅音打下基础。鼻音训练可以用哼唱法以及发有关鼻辅音的发声训练。

5. 嗓音训练

聋儿长期不会使用嗓子,即便使用也只是本能地自然地发一些音,而这些发音往往尖而怪。在聋儿没有接受语言训练前,不注意发音时声带的颤动。而声带的活动是构成语言的首要条件,所以应当对他们进行嗓音训练,促使聋儿活动声带发出响亮的声音。

6. 音素训练

学习语音要从根本上学习音素,音素分元音和辅音。音节是语音的自然单位。一个汉字就是一个音节。音素是音节分为不可再分的最小的语音单位,学习语音要从根本上学习音素。所以要进行元音和辅音的发音训练。对聋儿来说,最容易发的音是韵母,而且是单韵母,难度最小。声母是聋儿发音的难点,要根据发音要领,引导孩子利用看、听、摸等手段进行学习,还应该和词汇相联系来学习。

7. 拼音训练

聋儿经过一系列的发音训练,学会了掌握发音器官的活动,能正确发出元音和辅音,这时,要进行拼音的训练。训练聋儿拼音的目的是:让聋儿掌握汉语拼音。学会说普通话,为将来正音识字打下基础。拼音训练的方法应根据聋儿不同情况来选择合适的方法。

8. 四声训练

汉语字音构造分为三部分,即声母、韵母和声调。聋儿要掌握清楚说话的技巧,声母、韵母和声调都要说的正确,在元音、辅音练习的同时,要加入四声的训练。字调高低升降的形成,是由发声时声带松紧造成的,声带拉紧字调高,声带放松字调低;声带松紧前后如一是平调,前松后紧是升调。先紧再松、再紧是降升调,先紧后松是降调。(对于聋儿来说声调是比较难掌握的)。因为聋儿对声带松紧的运用能力差,控制能力弱,有的聋儿只能发一、两个声调,这样在四声训练中,存在一个由易到难的过程。可先教一声、四声,然后再过渡到二声、三声。经过长期训练,达到聋儿说话有声有调的目的。

(三) 语言训练

语言是人类最重要的交际和思维的工具。语言系统包括语音、词汇和语法三要素,聋儿因听力障碍,造成了掌握有声语言的困难,由此影响了他们抽象思维的发展,也影响着他们的心理、个性、性格、感情、智力、能力等方面的发展,为了消除与健全人的隔阂,使聋儿回归主流,首先应该让聋儿获得语言,回到有声世界,将来才能成为有道德,有知识技能的有用之才。语言训练分为:理解性语言能力的培养和表达性语言能力的培养两部分。

1. 理解性语言能力的培养

发展语言能力的第一步是理解语言,理解力是表达的基础,理解先于表达;首先应当使聋儿获得大量的语言刺激,话题需要是他感兴趣的、常接触到的事和物,也可以让其执行一些简单的指令。并且辅以视觉、触觉,以及其他刺激以使其能把语音与语义结合起来,让聋儿把语言的音与义结合起来后,慢慢地他就会逐步懂得世界上一切事物都有相应的词为代表,也就会努力去掌握这些词汇。

创造一个有声的环境。人类必须通过生活在有声的环境中学习和实践才能建立正常的有声语言,因此培养创造有声的语言环境是聋儿学习语言的首要条件。要努力给他们创造一个正常的有声语言的生活和学习环境,并和日常生活紧密结合起来,让孩子知道周围的声音都是有意义的,如各种自然界的声音、动物叫声、汽车发动和鸣笛声、炒菜声、流水声、电话铃声,特别是各种语言声等,从而主动去学会聆听。语境根据聋儿的特点可通过多种措施来实现,如参考正常小儿学语过程、设计情景教学、进行实践活动(社会、家庭)、实施主题教学等,都能很好的给聋儿创造语言环境,通过在这些语境中的训练能使聋儿更好地学会、掌握语言,进而运用语言。

词汇是语言的基础。每个孩子在能独立使用一个字、词之前,已经大体理解了这个词的含义。孩子理解的词句越多,就越能准确地理解别人的话,对语言表达的学习也就越快、越好,可以说语言学习就是对词汇的理解和使用不断深化的过程。因此,应把词汇作为语言学习的起步。聋儿学习词汇有一定的顺序:先是名词,后是动词、形容词等。在选择所学的词汇时应遵循以下几点:以名词为主。在掌握一些名词后加入动词,选择易于听到、唇读和发音的词汇;选择使用率高的词汇,如生活中经常出现的、或者孩子游戏中经常要使用的、与儿童生活经验联系密切的词汇。选择聋儿感兴趣的事物,如食品、生活用品、玩具、小动物等。为使聋儿容易理解,学习词汇时首先要有直观形象的实物或教具,结合实物和动作教动词。通过聋儿的亲身体验来学习感知方面的词汇,如分辨基本颜色、味觉感受等,并在教会基本词的基础上进行扩展。充分利用聋儿的视觉、听觉和触觉来进行训练。聋儿的听觉器官受损后,他们的视觉和触觉会相应产生医学上称之为的"生理补偿"。而聋儿语言康复实际上是旨在最大限度恢复其社会交往的能力,因此要充分利用多种途径训练聋儿学习语言,发挥其"看话""摸话"能力,利用所有的感觉,提供其最有效的学习语言的感觉途径。例如看唇部的活动,摸咽喉部声带的振动等。

2. 表达性语言能力的培养

表达能力就是说话能力。聋儿通过理解性语言的培养,学会了看话,明白了世界上每一件物体、每一个动作及一切东西都有一定的词来代表,同时,聋儿开始理解别人对他说的话是有意义的。他们试着用所掌握的词来表达他们的意愿,这时要对他们进行表达性语言的培养。表达性语言的培养,实际上就是培养聋儿用词造句的规则,也就是语法的培养。训练者要为他们建立语言模式,让聋儿学会说完整的话,正确表达自己的思想和愿望。表达性语言的培养,跟语言习惯的形成和词汇的掌握一样,是通过语言实践获得的。我们在训练中一定要注意语言实践和语言环境,为聋儿的表达性语言的培养创造条件。句子是表达的单位,人类是通过句子进行交际的。聋儿在学习句子之前,先要让其学会短语,短语是从词到完整句的过渡。学习简单句重点要让聋儿学会使用陈述句、祈使句、发问句、感叹句这四种句子。在陈述句中,应先从简单着手,然后不断扩展,逐步进入到了复合句阶段。根据聋儿掌握复句的特点,聋儿先掌握联合复句中的并列关系复句,再掌握偏正复句中的因果关系复句,同时还要有计划、有目的地教会聋儿对因果连词的运用。

　　语言表达能力可通过对话训练、游戏训练、复述故事、朗读训练等方式进行培养。在对话训练中，父母要十分注意自己语言的完整性，要用规范的语言去影响他，不要轻易就满足孩子用手势表达的要求，而要引导孩子用语言表达自己的要求。可以采取扩展的方式进行引导，既保留了孩子原来的意思，又教会孩子学会讲完整的话。鼓励、逗引孩子说话，让孩子喜欢说话，就必须让他感到说话的乐趣，使其产生说话的愿望。在日常生活中经常引导孩子说话，日常生活是孩子学说话的好机会，如吃饭前、起床时、洗脸、刷牙、牙刷、牙膏、毛巾等都能在生活中教会他。在游戏中引导说话，游戏是孩子喜爱的活动，它具有活动性和广泛性特点，符合孩子的兴趣，容易地把他们吸引到学习活动中来。家长要抽出时间与孩子一起游戏、玩耍，增加与孩子的语言交流。孩子在玩各种游戏时，总会有些感受要想说，家长要适时询问启发他，鼓励他把话说出来。讲故事、讲图片、念儿歌都是培育孩子表达能力的好办法。要多给孩子些提问，鼓励他回答，同时要引导孩子进行提问。在进行讲故事、阅读等练习时，应引导他们主动的去讲故事，念儿歌，发展他们语言能力，同时又能培养他们的胆量和表现欲。在聋儿康复过程中，聋儿交往能力是聋儿康复程度的重要标志之一。要为聋儿多创造语言交往的机会。一个人的语言能力都是在使用的过程中发展起来的，语言环境是学习语言、进行语言交往的必要条件，我们要为聋儿创造丰富的语言环境。只要我们有计划、有目的科学地进行教学，发展聋儿的语言，聋儿是能掌握好复句的。最后让其真正回归到有声世界，回归主流社会。

（王枫　赵乌兰）

【病例】

　　姓名：JG；性别：男；出生年月：2003 年 04 月 22 日；测试时间：2009 年 7 月 30 日；测试地点：某听力中心。

　　病史：母亲述无耳毒性药物使用史，孕期无用药史，足月，顺产，身体发育未见异常，无其他身体疾病史。至出生后经常感冒，偶有发烧，均到市级儿保医院就诊，但常有鼻涕，持续数周。医院诊断为反复中耳炎，2 月前鼓室置管。目前小儿说话口齿还不是很清楚，语言发育有些迟缓。

　　电耳镜：双侧外耳道干净，鼓室置管明显。

　　声阻抗：双耳低 B 型。

　　耳声发射：左耳，未通过；右耳，通过。

　　游戏测听：重复性良好，见下图：

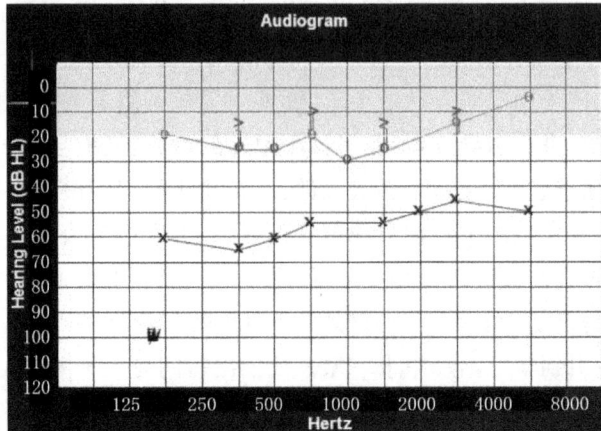

| 气导 | 左耳 | X | 右耳 | O |
| 骨导 | 掩蔽左耳 |] | 掩蔽右耳 | [|

结果与建议：

声阻抗测试为低 B 型,显示鼓室置管正常。耳声发射结果显示左耳未通过和右耳通过,与游戏测听的结果相符合。小孩存在明显的传导性听力损失,右耳为轻度传导性听力损失,左耳为中度传导性听力损失。测试结果相互吻合。长期中耳炎反复发作对小儿的语言发育有很大的影响。建议对小儿进行听力随访,积极治疗中耳炎,预防感冒,增强体质。

参考文献

[1] 吴琼.中国聋儿康复的现状及问题所在[J].民政论坛,2001(6).

[2] 高成华.聋儿康复事业的历史、现状与展望[J].中国听力语言康复科学杂志,第1期,创刊号.

[3] 杨明利,袁茵.农村聋儿早期干预现状分析及对策[J].陕西广播电视大学学报,2007(3).

[4] 梁巍,张琨,陶悦.聋儿康复专业队伍建设存在的问题与对策[J].中国听力语言康复科学杂志,2005(3).

[5] 陈滨.对聋儿家长参与教学的现状调查及教育对策[J].中国听力语言康复科学杂志,2007(6).

［6］ 梁巍.聋儿早期康复教育的历史进程与未来走势［J］.中国听力语言康复科学杂志,2006(14).

［7］ 孙金忠.中国聋儿康复工作的现状及对策［J］.中国特殊教育,2004(2).

［8］ 缪一鸿.回流:聋儿康复教育必须面对的难题［J］.中国听力语言康复科学杂志,2008(3).

［9］ 涂波.聋儿康复教学过程中的几点思考［J］.中国听力语言康复科学杂志,2007(1).

［10］ 韩德民.新生儿听力筛查——聋儿的福音［J］.中国医学文摘·耳鼻咽喉科学,2007(1).

［11］ 陈滨.小龄人工耳蜗植入者术后康复存在的问题与对策［J］.中国听力语言康复科学杂志,2006(5).

［12］ 鲍永清.在训聋儿个体直接康复成本调查分析［J］.中国听力语言康复科学杂志,2008(1).

［13］ 邹建华.广东省聋儿1886例临床表现及致病因素调查［J］.中国临床康复,2003(10).

［14］ 孙喜斌,于丽玫,张晓东,等.中国0～17岁听力残疾儿童抽样调查分析［J］.中国听力语言康复科学杂志,2008(5).

［15］ 李玉香,许时晖.儿康复早期干预的实践与体会［J］.中国听力语言康复科学杂志,2005(2).

［16］ 曹永茂,罗志宏.高频测听及其应用［J］.中国听力语言康复科学杂志,2005(4).

［17］ 廖华,吴展元,周涛.正常新生儿听性脑干反应测试结果分析［J］.听力学及言语疾病杂志,2001(1).

［18］ 许军,陈淑飞,郑周数,等.听力筛查未通过的婴儿听力追踪检查［J］.临床耳鼻咽喉科杂志,2006(10).

［19］ 胥科,郑芸,梁传余.短纯音ABR在听力阈值评估中的应用［J］.听力学及言语疾病杂志,2006(3).

［20］ Gorga MP, Johnson TA, Kaminski JR, et al. Using a com-bination of click-and tone burst-evoked auditory brain stemresponse measurements to estimate pure-tone thresholds［J］. Ear Hear,2006(27).

［21］ Johnson KC. Audiologic assessment of children with suspec-ted hearing loss［J］.Otolaryngol Clin North Am, 2002(35).

［22］ Campbell PE, Harris CM, Hendricks S, et al.Bone conduc-tion auditory brainstem responses in infants[J]. LaryngolOtol,2004(118).

[23] 张静,周慧芳.耳声发射的临床应用[J].国外医学耳鼻咽喉科学分册, 2005(6).

[24] 梁勇,欧阳天斌,谭曼玲,等.高频畸变产物耳声发射在新生儿听力筛查中的应用[J].听力学及言语疾病杂志,2009(5).

[25] 《听力学及言语疾病杂志》编委会助听器验配专业学组.助听器验配指南 [J].听力学及言语疾病杂志,2006(3).

[26] 李胜利.语言治疗学[M].人民卫生出版社,2008.

[27] 罗仁忠,温瑞金,王美芬,等.6岁以内小儿鼓室压与静态声顺值的特点 [J].临床耳鼻咽喉科杂志,2002(5).

[28] Smith CG, Paradise JL, Sabo DL, et al. Tympanometricfindings and the probability of middle-ear effusion in 3686infants and young children[J]. Pediatrics,2006(11).

[29] 温瑞金,罗仁忠,王美芬.226Hz探测音下婴幼儿双峰型鼓室导抗图分析 [J].听力学及言语疾病杂志,2003(11).

[30] 陈文霞,许政敏.声导抗测试在婴儿中的应用[J].听力学及言语疾病杂志 2007(6).

[31] Kuwada S,Anderson JS,Julia S,et al.Sources of the scalp-recorded amplitude-modulation following response.Journalof the American Academy of Audiology,2002(4).

[32] 杨小萍,范利华,周晓蓉.不同听力水平听I生稳态反应阈值与纯音测听阈值比较[J].法医学杂志,2008(5).

[33] Rance G, Tomlin D. Maturation of auditory steady-state re-sponses in normal babies[J]. Ear Hear,2006(2).

[34] Roberson JB JR, O'ROURKE C, Stidham KR. Auditorysteady-state response testing in children: evaluation of a newtechnology [J]. Otolaryngol Head Neck Surg,2003(12).

[35] Small SA, Stapells DR. Multiple auditory steady-state re-sponse thresholds to bone-conduction stimuli in young in-fants with normal hearing [J]. Ear Hear,2006(2).

[36] 李胜利.听觉语言康复[M].中国康复研究中心.日本国际协力事业团中国事务所,1993.

[37] 哈平安.病理语言学[M].北京师范大学出版社,1998.

[38] 昝飞,马红英.言语语言病理学[M].华东师范大学出版社,2005.

[39] 吴海生,蔡来舟.实用语言治疗学[M].人民军医出版社,1995.

[40] 刀维洁.如何教听障儿童学习语言[J].中国听力语言康复科学杂志,2005(4).

[41] 刀维洁.如何教听障儿童学习语言(Ⅲ)[J].中国听力语言康复科学杂志,2005(6).

[42] 万选蓉.简述聋儿早期干预理论及实施方法[J].中国听力语言康复科学杂志,2004,(3).

[43] 邓湘君.儿童语音习得中的语音处理策略[J].清华大学学报(哲学社会科学版),2004,(增1).

[44] 宋彩霞.聋儿语言康复训练中的语训教学发声[J].中国听力语言康复科学杂志,2006(1).

[45] 王永华.耳聋康复知识问答[M].浙江科学技术出版社,2009.

[46] 张明红.学前儿童语言教育[M].华东师范大学出版社,2003.

[47] Joint Committee On Infant Hearing.Year 2000 position statement:principles and guidelines for early hearing detection and intervention pro [J].Am J. Audiol,2000,9.

[48] Widen JE,Bull RW,Folsom RC.Newborn hearing screening:what it means for providers of eraly intervention services[J].Infnats &Young Childern,2003,16.

[49] 黄绮玲.新生儿听力异常早期干预的临床研究[J].中国妇幼保健,2005(7).

[50] 吴胜虎.儿童期听力障碍的研究现状[J].国外医学儿科学分册,2000(5).

[51] 王永华.实用助听器学[M].安徽科学技术出版社,2005.

思考题

1. 哪些因素会影响听障儿童的语言发展？
2. 请阐述听障儿童的言语语言障碍表现。
3. 我国聋儿康复存在的问题。
4. 听障儿童常用听力学评价的方法、用途。
5. 听障儿童常见的语言能力评价方法。

第十一章 孤独症(自闭症)儿童言语语言障碍

第一节 概　述

一、孤独症(自闭症)的概念

孤独症 autism 源于希腊语 autor,原意为"自我",用于表达这类儿童的特征是"自我兴趣"。1911 年最早由瑞士精神病医师 Bleuer 提出 Autistic 并写入专业文献中,把拒绝交往、反应障碍、孤独性的退缩称为精神分裂症的伴随症状。婴儿孤独症由 Kanner 在 1938 年观察到 1 例,以后又陆续观察到 10 例类似病例,1943 年 Kanner 首次报道了这 11 名儿童,把这类儿童命名为"婴儿孤独症",并指出他们共同表现为:

(1) 极端孤僻,不能与他人发展人际关系;

(2) 言语发育迟缓,失去了用语言交流的能力;

(3) 重复简单的游戏活动,并要求维持原样不变;

(4) 缺乏对物体的想象的能力,如不能进行想象性游戏,喜欢刻板地摆放物体的活动。

继 Kanner 首次报道后,美国、欧洲也有类似的报道,但诊断概念混乱,诊断术语众多,1978 年美国孤独症学会提出了孤独症的定义为:

起病年龄在 30 个月之前,并具有四个基本特征的综合征:

(1) 发育的速度和顺序异常;

(2) 对任何一种感觉刺激的反应异常;

(3) 言语、语言认知以及非语言性交流异常;

(4) 与人、物和事的联系异常。

按照国际疾病分类第十版(ICD-10)分类,孤独症是属于广泛发育性障碍,主要表现的特征有:社会交往障碍、语言发育障碍、兴趣狭窄及刻板僵硬行为方式、感知觉异常、智力和认知的缺陷等。孤独症缺乏与人交流的愿望、缺少与人沟通的技能,他们的语言问题非常复杂,矫正训练的难度十分大。Autism 在日本用汉字表达为"自闭症",主要强调自我封闭,自我孤独;台湾、香港地区也沿用"自闭症"表达。在 1982 年由南京脑科医院陶国泰教授首次报道 4 例中国大陆儿童孤独症,在我国的官方文件、主流教材、书籍中多采用"孤独症"一词,(见图 11-1,2)。

图 11-1　沉浸在自己的小天地内的
　　　　　孤独症孩子

图 11-2　执着地反复排起铁罐的孤独症孩子

二、孤独症(自闭症)的病因

自从提出孤独症以来,对孤独症的病因一直进行着争议、探索、修正的过程,使对孤独症的病因研究趋于不断完善之中。目前认为孤独症的病因与下列因素有关:

(一)遗传因素

同病率及高发家系的研究, 染色体的检查均提示遗传因素在发病中是一个不可忽视的因素。

1. 同病率及高发家系的研究

有报道单卵双生同病率为 95.7%，双卵双生同病率为 23.5%；同胞患病率报道 2%～3%，高出一般群体的 50 倍；高发家系研究推测可能是常染色体隐性遗传；家族中认知功能缺陷者比一般群体高。

2. 染色体异常

孤独症与染色体 X 脆性位点的关系密切，出现率高。

(二)神经生物学因素

在这方面的研究不少，有报道有大脑结构的变化，如杏仁核、海马以及小脑的结构变化；大脑影像学检查报道有所发现，但结果不一致，难以有肯定结论；而对孤独症的大脑区域内葡萄糖代谢率测定，有明显的异常。对孤独症神经生物化学测定的研究比较多，意义不清楚，也无定论。对孤独症大脑神经生理学检查，脑电图异常率较高，大多为广泛性异常，诱发电位研究孤独症的 P3 较小，具体意义不清楚。与正常儿童相比，孤独症儿童围产期有较高的并发症发生率，或者在围产期不是处于良好的状态。

(三)社会心理因素

大量社会心理学研究，孤独症不是单独的社会学、心理学因素引起的，可以发生在任何阶层的家庭中。

三、孤独症(自闭症)的言语语言障碍表现

语言障碍和交流障碍是孤独症的主要特征，家长往往从孩子的异常语言，比同龄儿童少得多的词语，从不与人说话，拒绝与人目光交流等方面发现异常，在孤独症康复中，最困难的也是语言训练。

(一)语言理解困难

正常儿童通过与外界交流，逐步理解词义，掌握词汇，学会表达，与人交流。而孤独症儿童拒绝与人交流，失去了语言理解的机会，造成语言理解困难，有的儿童可能会理解某些词语的字面上的意义，但很难理解所隐含的意义，有的儿童是完全无法理解别人的语言。孤独症对词语的理解具有固定的特征，即总是停留在最初所理解的那个含义上，而且很难脱离最初使用该词语的交流情景。这类语言学习习惯导致他们很难从具体的情景中概括出词语的抽象含义，使其语义掌握上表现出刻板现象。在使用时让人难以理解，具有隐喻的特征。

对抽象词语、多义词、同义词或短语、句子的理解上存在着困难，对意义有联系、成组使用的词语在语义理解上出现混淆不清，使用时又常常出现相互替代的现

象。如用"雪"来代替"冷",用"黑暗"来代替"晚上",或者相反。在理解词语时,存在词义理解狭窄的现象,表现出能指和所指的任意性,如"鞋子"通常指"特定的鞋子",而其他的鞋子在他们看来都不是鞋子。

语言的功能是表达思想, 在与人交往中可以通过他人的语言来了解他们的所思所想,孤独症儿童在语言交往中存在着严重的缺陷,他们很难从别人的语言中理解传达的意义,他们更不能从别人说话的音量、语调变化以及表情改变中获得对方所表达的意义。

(二)口语表达困难

严重的孤独症儿童由于无法学会口语,而成为无语者。许多孤独症儿童不仅没有语言,而且也无法利用非语言形式(手势)进行交流。智力正常或智力较高的孤独症儿童可能学会一些简单的有限的口语,但还常常表现出构音问题,如音与音之间的替代、省略、歪曲等。孤独症儿童说话时无法掌握音调,声音变化少,非常机械,无法通过声音的抑扬顿挫来表达自己的情绪感受。

口语能力高的孤独症儿童,在表达时常常存在着词序颠倒的现象,如"把汽车放进箱子"、用"方便面泡水"等。常常忽略介词和连词,如"把杯子在桌子",缺少了方位介词"在……上";"我吃饭,我饿了",缺少了因果关系的连词。在人称代词使用上混乱,存在着"你""我"不分,常常用"你"代替"我",或者"我"代替"你"。孤独症儿童的句法结构简单,处于单词句或者不完整句的阶段,即电报式句子。

孤独症儿童存在着理解上的障碍,语言表达中容易出现词义的错误,如将"开"理解为"关",对多义词、同义词的使用存在着困难。此外,孤独症儿童语言交流内容只能停留在眼前的语境之中,交流内容狭窄。

孤独症儿童的其他特殊表现有:常常有自言自语,重复他人语言的行为。重复他人语言的行为像鹦鹉学舌,称为回声语言(echolalia),是孤独症的一个特殊的语言特征。该语言特征有两种表现形式:即时回声语言,儿童对刚刚的听到语言立即进行重复;延迟回声语言,儿童对听到的语言在间隔一段时间以后再重复。

孤独症儿童语言还具有隐喻的特征,他们的某些语言具有他们所认为的含义,一般人很难理解。如果要理解他们的语言具有的意义,就必须对曾经发生过的事情进行剖析。

第二节　孤独症(自闭症)儿童的言语语言矫正

目前有许多对孤独症儿童进行语言干预的方案，但是并没有一种方法能获得成功，极大多数的孤独症儿童干预后都不乐观。对孤独症儿童的语言康复是一件困难的事，他们中的许多人经过康复训练，仍无法在语言上有所进步。

一、国内外孤独症的主要干预方案

(一)深入、广泛的干预

指高密度的一对一的训练，每周训练时间超过 40 个小时的全天候干预。美国加利福尼亚大学 Lovaas 和他的同事在二到三年内对孤独症儿童进行了深入、广泛的干预。第一年内，训练让儿童服从言语的指令、模仿和恰当的游戏，同时减少他们的自我刺激以及攻击性的不良行为。治疗者通常大声地说"不"或者在他们的大腿上轻轻一拍以示惩罚。第二年的训练目标是语言发展训练。第三年的训练目标是学业前技能和情绪表达训练。通过这样的训练步骤，让孤独症儿童达到适应普通学校的目标。

(二)全方位的干预

采用塑造的方法进行训练。塑造是行为矫正的一种方法，通过将目标行为分解成为难度不同的一个序列，然后从易到难逐个地训练序列中的各个阶段性行为，最终促使孤独症儿童获得目标行为。在这一过程中，儿童每达到一个阶段性行为，都要给予积极的强化物，以促进他们不断地努力。在语言训练中也是通过这样的序列性行为的训练，最终让儿童说出某个单词或句子。语言训练中要注意以下几个问题：

(1) 开始时，对于孤独症儿童口头上发出的任何声音，都要给予鼓励或者积极的奖励。

(2) 只有在训练者发出指令之后，孤独症儿童再发出声音才能给予奖励。

(3) 只有孤独症儿童发出的声音接近训练者给出的目标音时，才能给予奖励。

(4) 一旦儿童能够发出这个单词，只有在训练者发出指令，儿童才能恰当地作出反应。

在塑造过程中，训练者给予模仿和奖励都是非常关键的。孤独症儿童需要不断地激励，才能保持良好的动机，否则很容易放弃。塑造过程可能非常漫长，进展非常缓慢,而且非常痛苦,父母和训练者都需要不断地坚持,而且最终所获得的词语也可能与正常儿童的交流有所不同。

对孤独症干预取得成功的案例都是通过年幼的、智力正常的、父母积极配合训练的、接受深入、广泛的干预。深入广泛的干预不仅在时间上要有保证,而且在训练的内容、训练的过程、训练的环境都具有高度的结构化特征,所涉及的各种因素都是尽可能进行控制的,能够防止其他无关的条件、事件影响儿童。对父母的训练是非常重要的,与儿童相处时间最多的是他们的父母,任何训练的内容都是需要父母在家中不断给予训练的。

二、孤独症干预中需要普遍注意的问题

对孤独症的干预是全面的干预,并不能着重于在某一个方面,要根据儿童的不同能力和特点制定适合他们的训练计划。在干预中应该注意以下问题:

(一)非语言交流行为

从儿童的语言发展来看,非语言交流能力的发展是语言发展的基础,只有非语言交流能力如手势交流能力得到发展,口语交流能力才能得到良好的发展。非语言(前语言)交流能促进儿童有意识地进行语言交流,非语言(前语言)的符号形式是多种多样的,如手势、面部表情、身体动作、眼神、声音等都可以传递信息,表达意图。孤独症儿童常常用一些原始的动作来表达自己的意思,如攻击性、自我刺激、自我伤害等,用这些非正常行为来表达自己的要求,具有不同的功能。对他们的非语言训练是使用日常生活中最常见的交流方式训练,如摇手、点头、摇头、指点等进行训练,其中特别要重视对指示动作的训练,指示动作使得儿童与周围环境之间的交流更加准确,能促进儿童的认知能力发展,指示动作的出现是儿童智力发展过程中的一个飞跃。

对严重的孤独症儿童的训练重点要放在他们的前语言的社会和交流上,建立一套比较实用的符号交流系统,手势动作也是一种交流符号。目前有着不同流派的训练方式,如离散单元教法中的个体目光接触训练,视觉教学法中的利用图片进行交流训练等。

(二)共同注意

儿童在学习语言、认识世界、获得语言之前,必须发展共同注意能力(手势共同注意能力)。共同注意能力是孤独症儿童早期训练的目标,能否获得手势共同注意能力是孤独症语言发展的关键因素之一。在训练中要把重点放在儿童的注意点上,对发出的各项训练指令都要引导儿童的注意力完全集中到所要训练的项目中,通

过物质强化物和社会强化物来引导儿童,使他们逐渐地形成这种共享性注意。

对共同注意能力的训练要穿插在各项训练之中,如利用离散单元教法进行"坐"的训练,先训练儿童对椅子的共同注意,当具备了对椅子的共同注意后,才能听到"坐"的指令之后坐在椅子上;在动作模仿过程中,需要儿童对要模仿的动作行为给予共同注意,才能完成模仿动作。随着儿童的共同注意能力的进展,孤独症儿童听从指令的能力也会增强,语言模仿能力也会得到相应的提高。

(三)社会情感沟通

社会情感的缺陷是造成孤独症儿童社会交往能力低下的重要原因之一,在早期发展阶段,他们在模仿他人的行为、对社会刺激的反应、与他人一起进行共同注意的事物、理解他人的情感以及参与游戏存在着困难,他们不能对各种情感信息加以反应,不能注意到他人提供的这些情绪的因素,无法感受他人的非语言和语言所表达的情感。而他们所表达情感的肢体语言与正常儿童完全不同,面部表情奇怪、僵硬或机械化,是用一种完全不同于正常儿童的表达方式。

孤独症儿童在表达自己情绪上存在着严重的缺陷,他们通过古怪的行为来表达自己的内心感受,所以在训练中要帮助他们学会用合理的方式来表达自己的感受。父母与孤独症儿童的交流方式要进行调整,不能用与正常儿童沟通的方式来对待孤独症儿童,需要采取特殊的教养方式来建立良好的亲子关系,只有高质量的亲子依恋关系才能进行更好的干预。因此,孤独症儿童与父母之间的良好情感沟通是评估和训练的一个重要指标。在训练中要注意孤独症儿童的各种情绪表达方式,采取恰当的手段给予反应,促进他们与他人交流。

为加强有效的情感沟通,通过特殊教养手段建立起良好的亲子关系和高质量的依恋关系是十分重要的,但是要防止对儿童无原则的爱和退让。孤独症儿童在生活中会不断地用自己的行为去探索父母的容忍极限,一旦形成行为习惯,就很难进行纠正。所以,在对儿童情感沟通和训练中一定要坚持让他们形成正确、合理的行为规范。

(四)象征性游戏

儿童的语言不是经过正式的教育或训练习得,而是通过非正式的交往获得,游戏在这一过程中有着特殊的作用。

游戏与儿童的理解性、表达性存在密切的关系,游戏与语言有一个共同的特征,即他们都是一种符号。儿童通过游戏来表达某种含义,而语言也是某种概念表达的象征符号。游戏能够促进儿童进行有效的交流,儿童要掌握有效的交流必须能够进行象征性游戏。

儿童象征性游戏都有一个前提,即对生活中的一些事件、人物和物体之间的关系有一定的了解,并且能够推测在这一事件中人们的某些想法,如过家家、扮演医生给娃娃看病等。孤独症儿童在发展象征、假想游戏方面的能力存在着严重的缺陷,所以只有对孤独症儿童的训练达到一定程度时,才能进行象征性游戏的训练。

孤独症的语言训练是一项非常艰巨的任务,需要父母、老师、训练花费极大的耐心、精力、时间和财力,而这种巨大的花费与所获得的效果是不成比例的,但是如果不开展对孤独症儿童的训练,那么他们的语言发展肯定是不可能的,为今后生活自理、回归社会增添更大的困难。

【病例】

男童,5 岁,因发音不清,语言少,机械地重复他人语言,以及刻板语言而求诊。

病史:足月顺产,体重 3 公斤,生长发育中无异常。语言发育:9 个月会叫妈妈,语言发育正常,18 个月时会应用双词句表达,如"出去""回来"等,但以后语言不再发育,一直到 30 个月时短暂有过语言发育,后停滞,至 4 岁半又开始语言发育。目前能知道父母亲的名字,懂得"出去""回来"等简单词语,表达词汇 3 个字,有用的语言少,语言不够清晰;勉强能与人眼睛对视,踮脚走路,常发脾气,有自己撞墙等自伤行为,检查不配合。心理教育量表(PEP)测定:心理发育水平落后,整体能力水平相当于 2 岁儿童,知觉和大动作发育水平最差。

1. 训练方案

(1) 第一阶段:感知觉训练、运动训练和词汇认知能力训练

感知觉和运动是儿童心理发展的基础,儿童视觉、触觉所产生的辨认事物的能力,身体运动对动作的认识,对语言发展起着重要的作用。

室内训练如痛温触觉、精细动作、爬行、上下楼梯、走平衡木、跳蹦床、接球等;户外活动散步、爬山、游泳、打球等;把日常生活的知识不失时机地告诉患儿。

(2) 第二阶段:培养使用完整句子来叙述和表达简单意愿

提供模仿语言,多提问,培养应答意识。训练要按照从简单到复杂的原则,刚开始用简单问句,如:"你要不要吃饭?"回答只有肯定或否定两种,回答的内容也比较简单,"要"或者"不要"。简单问句,儿童容易掌握,以后再过渡到比较复杂的选择问句,如"你要吃稀饭还是馒头?"通过反复练习、示范、辅助儿童来完成。最后训练用完整句子来表达,如"现在是吃饭的时间了,我要……",引导他把话说出来,或者先教他说,让他进行模仿,反复练习。

(3) 第三阶段:培养主动交流意向和能力

这个阶段要扩大儿童在语言交流方面的机会,培养主动意识,比上二个阶段的难度要大得多,花的时间也比较长。因为儿童要直接回答别人的问句,不是像模仿训练者的示范句子那样简单,需要有理性的思考,需要对儿童慢慢地培养和引导。通过训练儿童表达比较复杂的句子,与他人进行简单的交谈,如"这是一张什么图片?""这是一张风景图片。""多么美丽啊!"

2. 注意事项

(1) 提供良好的语言环境　语言发展是个体与环境之间的相互作用的结果,在与人相处之中,诱发儿童的主动语言,对语言发展起着重要的作用。

(2) 感知觉和运动训练　把语言训练建立在感知觉和运动训练的基础之上,使语言随儿童的整体发展而发展,整体发展又促进了儿童语言的发展。

(3) 低起点,多重复的训练　对正常儿童很简单的内容,对孤独症来说却很困难,不可能很快接受,必须考虑到他们的实际能力水平。要以他们的最高水平为训练的最低起点来制定训练计划,合理安排训练的内容,使训练获得良好的效果。

(4) 把训练贯穿于日常生活的细节之中　要提高儿童的社会交往能力,提供与人交往的机会,通过在生活化的环境中学习语言,使语言的发展随着社会交往的发展而发展,社会交往的发展又能促进语言的发展。

(卢亦鲁)

参考文献

[1] 李雪荣.现代儿童精神医学[M].湖南科技出版社,1994.
[2] 周耿,王梅.孤独症儿童的教育训练[M].中国统计出版社,1999.
[3] 昝飞,马红英.言语语言病理学[M].华东师范大学出版社,2005.
[4] 魏书珍,张秋业.儿童生长发育性疾病[M].人民卫生出版社,1995.

思考题

1. 请简述孤独症的主要表现特征。
2. 请简述与孤独症病因相关的因素。
3. 请简述孤独症语言矫正的干预方案。
4. 请简述对孤独症干预中的注意问题。

第十二章　唇腭裂儿童的言语语言障碍

第一节　概　述

一、唇腭裂的概念

　　唇腭裂是一种常见的口腔颌面部的先天性畸形，其发生率大约为1‰~2‰。有种族及地区差异。唇腭裂可以引起除视力以外的颌面部多器官形态和功能的障碍,不仅造成患儿容貌上的畸形和语音功能上的残缺,还影响患儿的身心健康,甚至导致患儿成长中的心理障碍和行为问题,对其生活和学习造成影响,极大地影响其心理状态及生活质量.唇腭裂可以单独出现也可以同时存在.可以是以某综合征的表型之一出现，称为综合征型唇腭裂。也可以不是，称为非综合征型唇腭裂。Schutte 和 Murray 将唇腭裂分为:非综合征型唇裂伴或不伴腭裂,非综合征型腭裂;综合征型唇裂伴或不伴腭裂及综合征型腭裂。临床上最常见的是非综合征型唇腭裂,(见图 12-1,12-2)。

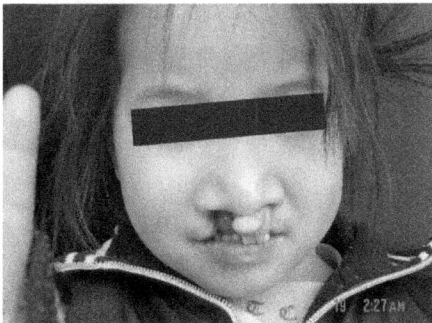

図 12-1　唇裂患儿

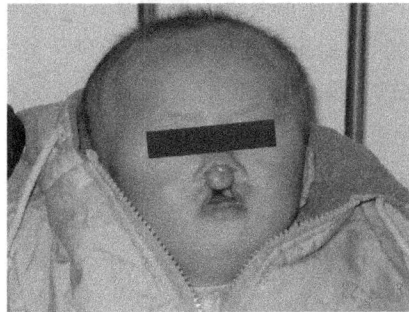

図 12-2　唇腭裂患儿

二、唇腭裂的中国古籍记载

据记载,历史上第一位修复唇裂的人是中国晋代一名医家。《晋书·魏泳之传》记载:"魏泳之,字长道,任成人也。家世贫,素而躬耕为事,好学不倦,生而兔缺,年十八,闻荆州刺史殷仲堪帐下有名医能疗之,贫无行装,谓家人曰:'残丑如此,用活何为?'遂数斛米西上,以投仲堪。既至,造门自通,仲伯与语,嘉其盛意,招医视之。医曰:'可割而补之,但须百日进粥,不得笑语。'泳之曰:'半生不语,而有半生,亦当疗之,况百日耶?'仲伯于是处之别室,令医善疗之。遂闭口不语,唯食薄粥,其历志如此,及瘥,仲堪厚资遣之。"这段文字说的是我国晋代有一位医家对先天性唇裂的患者施行"割而补之"的手术,以及"须百日进粥,不得笑语"等的术后处理,可惜医家的名字已无从考证。又据《唐诗记事》记载,公元 9 世纪曾有一名叫方干的医生,为 10 余人成功地进行了唇裂修复术,人称"唇裂医生"。《古今图书集成·医部全录》载,15 世纪外科医学家洪涛曾为化成皇帝第九子进行唇裂修复术,达到"如天成"的水平。

三、病因研究

唇腭裂发生在胚胎发育 6 至 12 周时。在这一阶段由于各种致畸因素的作用,使面突、腭突的外胚间质细胞生长停止或减慢,最终导致上颌突与球状突、中腭突与侧腭突未能融合或只有部分融合,出现相应程度的唇腭裂。

近年来,随着遗传学研究方法的进步,唇腭裂病因的研究发展迅速,一部分综合征性唇腭裂的病因已明确;而大量的实验研究及流行病学调查结果表明,非综合征性唇腭裂可能为多种因素的影响而非单一的因素。概括说来,可分为遗传因素及环境因素两个方面。

(一) 遗传因素

唇腭裂的家族性因素和遗传模式,从 18 世纪开始就受到广泛的关注。自 1757 年 Trew 首先报道了唇腭裂的家族聚集性,1942 年 Fogh-Anderson 通过一份由 703 例病例组成的遗传学研究资料, 首先以统计分析的方法研究了非综合型唇腭裂的遗传因素以来,长期的家系研究、双生子研究和流行病学调查都显示了遗传学因素在唇腭裂发病中所起的重要作用。如盛汉平报道的 2531 例唇腭裂患者中有家族遗传史者占 8.1%。胡庆等分析的 4758 例唇腭裂患者中有家族遗传史者占 7.65%,其中 1、2、3 级亲属发病率依次为 4.35%、1.77%、1.53%,符合亲属关系愈近发病率愈高的规律。流行病学研究还显示与唇腭裂的发生相关的遗传因素除了家族史外还和血型、性别等有关。

除了流行病学研究外,目前遗传学方面研究的进展可以从两个层次来体现:从染色体水平来看,学者们通过染色体遗传定位技术发现并鉴定出染色体上有 5 个区域出现异常就会发生较高频率的唇腭裂,染色体臂(包括 X 染色体)上区域的缺失或重叠均能导致唇腭裂的发生,说明有多种基因共同参与了这个过程。

从分子遗传学水平来看,目前认为其遗传模式主要有以下两种:多因子阈值模式(multifactor threshold, MF/T)以及两位点模式。多因子阈值模式即大量基因彼此削弱或叠加的效应,再加上环境因子的影响,累及达到阈值时便发生唇腭裂;随着研究的深入,1995 年 Clementi 和 Tenconi 提出了两位点模式,即一个主要的占统治地位的位点和至少一个次要的修饰性的位点对唇腭裂的发生起作用。

虽然关于唇腭裂的遗传因素研究在国外已取得了可喜的成果,但国内仍没有关于唇腭裂易感基因的研究,尽管我国有较高的唇腭裂发病率,具有丰富的唇腭裂病因研究资源,但迄今唯一报道的关于中国人种唇腭裂易感基因的研究却是由外国人完成。因此,发现和鉴定唇腭裂的相关基因或易感基因,并阐明其在染色体上的位置,破译其遗传信息,仍然是研究热点。

(二) 环境因素

对唇腭裂的发生产生影响的环境因素主要是指孕妇在怀孕前 1 个月和怀孕的前 3 个月所接触到的不良因素,包括药物、营养物质的缺乏、病毒感染、环境污染、职业影响、吸烟、酒精、感染、缺氧、生育年龄、胎次、胎儿出生季节等。这些因素诱导胎儿发生畸形有两方面作用,一是外界因素直接作用于胚胎组织导致畸形,二是作用于母体,导致母体体液成分变异,影响胚胎组织的正常发育与融合。

1. 药物作用

激素类药物:可的松、地塞米松等,能引起腭突发育过程中 EGF 表皮生长因子和 TGF 转化生长因子及其受体分布的改变,导致腭裂的发生。国外学者调查表明,母亲孕期服用非甾体抗炎药、止痛药都可以使畸形率明显上升。某些抗生素如土霉素可以诱导唇腭裂的发生。

抗惊厥药物可以增加子代发生唇腭裂的危险性。如认为苯妥英纳改变肠道的PH 环境,从而既抑制叶酸在肠道的吸收,又影响许多重要生物活性物质的合成,引起 DNA 及蛋白质合成的代谢障碍导致畸形。

2. 营养因素

母亲怀孕期间剧烈的呕吐可影响营养摄入,造成维生素的缺乏,维生素 B_2、A、E 等的缺乏可诱导唇腭裂的发生,但早期维生素 A 的大量摄入,可促使突起的上皮组织过早的成熟分化,使突起接触时,彼此上皮不能粘连,融合。母体缺乏叶酸会导致胚胎在宫内的生长发育障碍,所以一些学者提倡对母体孕前孕期补充叶酸,可对唇腭裂的发生起到预防作用。

3. 病毒感染

目前已知有 12 种病毒可导致畸形,它们是风疹病毒、疱疹病毒、水痘病毒、麻疹病毒、天花病毒、腮腺炎病毒等,其中风疹病毒与唇腭裂的发生关系密切。病毒由母体通过胎盘进入胚胎,使胚胎血管结构发生异常,导致胚胎发育异常,出现唇腭裂畸形。

4. 环境污染

石油化工企业中的有毒物质,汞、砷、铅、锌、锰、有机磷、有机氯、有机溶剂、重金属尘埃、地区放射性影响,都可以引起唇腭裂发生比例上升。

5. 职业影响

母亲职业接触某些化学物质与唇腭裂的发生有关。脂肪醛、乙醇醚可诱导唇腭裂的发生;脂肪酸、抗肿瘤药、三氯乙烯、杀虫剂可诱导腭裂的发生。孕妇工作生活环境接触较多的放射线、超声波、微波等,损伤了正常发育的胚胎,导致唇腭裂的发生,或上述原因改变了生殖细胞的遗传基因。

6. 不良习惯如吸烟和饮酒

烟和酒精一直被认为是唇腭裂发病的风险因素,但以往众多学者所进行的研究结果却未能达成统一的结论。

四、唇腭裂的分类

国内主要是按裂隙的部位分为单侧或双侧,再进一步按其裂隙的程度分为完全性和不完全性。另一种分类方法是按裂隙的程度,将其分为Ⅰ度、Ⅱ度、Ⅲ度,(见图 12-3)。

国际上的分类方法有 IPRS 分类、Y 型分类法、LAHSHA 分类法等。早在 1968 年有 IPRS(international for plastic and reconstructive surgery classification)分类。此分类法将唇腭裂分为三组:

第一组为前腭裂(cleft of anterior palate):包括唇裂及齿槽裂。

第二组为前及后腭裂(cleft of anterior and posterior palate):包括唇裂、齿槽裂及腭裂。

第三组为后腭裂(cleft of posterior palate):包括腭裂。

Y 型分类法是 Kernahan 于 1971 年提出的。此法虽是比较全面而形象地概括唇腭裂的分类(见图 12-4),却只能表达 74%唇腭裂病人的临床情况,且缺乏数字化能力。

LAHSHA 分类法是 Otto Kriens 于 1990 年提出的(见图 12-5)。

A. 单侧完全唇裂
B. 单侧不完全唇裂
C. 双侧完全唇裂
D. 双侧不完全唇裂

A. 软、硬腭裂
B. 单侧唇腭裂
C. 双侧唇腭裂

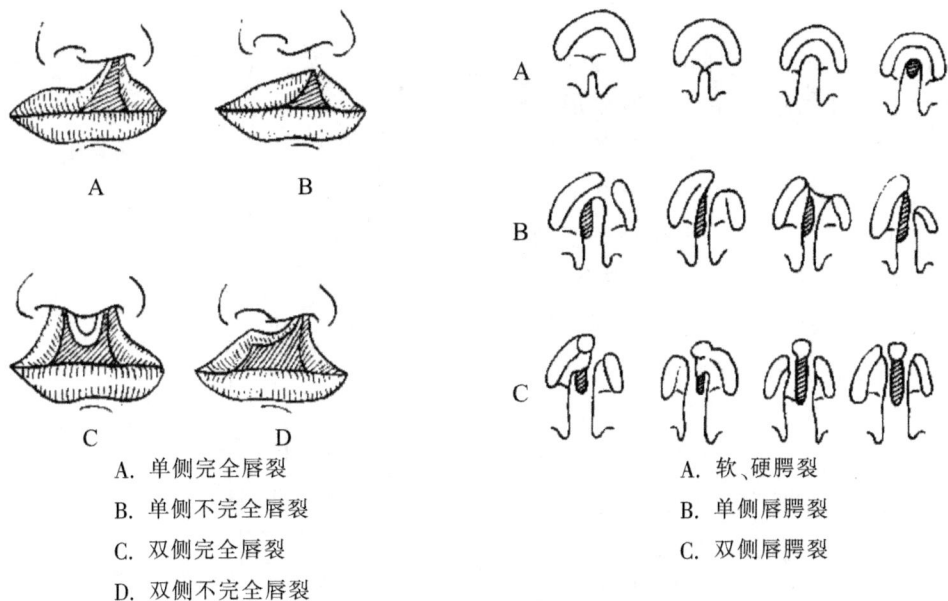

图 12-3　(引自尹音、胡敏《儿童口腔医学》)

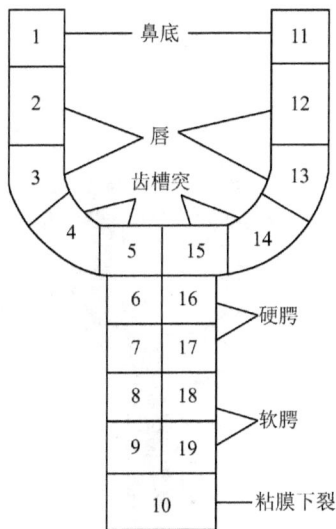

图 12-4　Y 型分类法图解

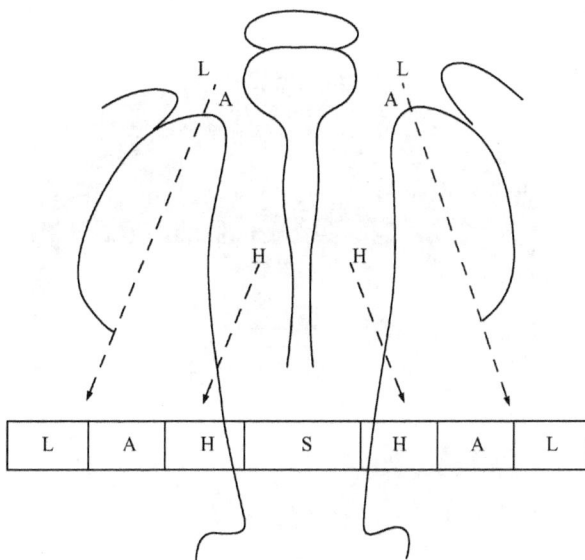

图 12-5　LAHSHA 分类法图解

南京医科大学附属口腔医院口腔颌面外科的袁冶、邢树忠等(2001)设计了一种简单实用的改良象形 Y 分类,这种方法可详细表达各种畸形情况(如图 12-6)。此 Y 图分 9 个部分,其中每个部分又分为 4 种类型:0 表示正常;1 或 1 个格表示不完全裂;2 或 2 个格表示完全裂;3 表示隐裂。对于鼻底:0 表示正常;1 或 1 个格表示鼻底轻度畸形;2 或 2 个格表示鼻底重度畸形;3 表示鼻底隐裂。表达方法可根据裂隙情况进行相应标图和数字描述。标图时以阴影表示畸形的部位和程度。数字描述以两位数系统表示某部位的畸形情况,第 1 个数字表示畸形的部位,第 2 个数字表示畸形的程度。例如,一名左侧完全性唇腭裂病人,可表示为 10 20 30 40 52 62 72 82 92,简写为 52 62 72 82 92(见图 12-7)。

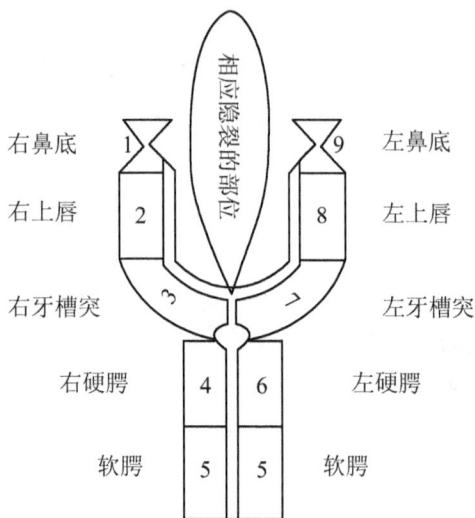

图 12-6 改良象形 Y 分类图

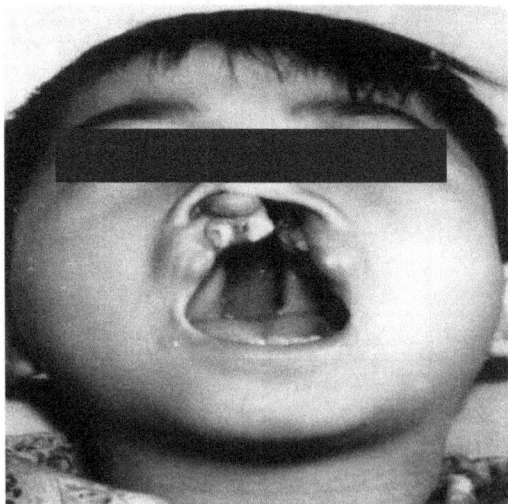

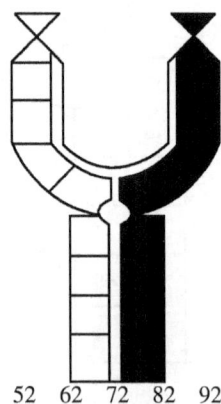

图 12-7 左侧完全性唇腭裂

五、唇腭裂儿童的言语语言障碍表现

唇腭裂儿童的言语语言障碍主要表现在语音方面。正常的发音需要发音器官的结构和功能正常,而唇腭裂儿童由于唇腭部的裂开畸形,使得鼻腔与口腔相通和腭咽闭合不全,同时唇、舌、腭、齿的位置、形态和功能异常,必将导致语音障碍。唇腭裂儿童的语音障碍主要表现在构音障碍和嗓音障碍两方面。

(一) 构音障碍

唇腭裂患者的构音异常主要表现为代偿性发音、腭化构音、侧化构音和鼻腔构音。

1. 代偿性发音

由于患者的口鼻腔相通,腭咽闭合功能不全,患儿发音时特别是发辅音时,用各种方式替代腭咽闭合阻塞气流,以满足生理缺陷难以完成的发音条件。因此产生了许多代偿性的语音。代偿性构音是唇腭裂患者一个典型的语音特征。

如术后仍有代偿性语音存在,可能是修复的腭咽闭合解剖结构不正常,也可能是虽然重建了正常的腭咽闭合解剖结构但腭咽闭合功能没有恢复。前者需要通过手术解决,后者需要通过语音康复治疗。

(1) 喉塞代偿。腭咽闭合功能不全。患儿在发音过程中为了阻挡气流进入鼻腔而通过改变咽部与喉部的肌肉的紧张性来进行代偿发音, 此时就会形成气流在声门处的异常摩擦和舌咽部的异常摩擦。其语音特点表现为声门爆破音、咽喉摩擦音、咽喉爆破音,发音时辅音异常、脱落,语音清晰度低。

(2) 浊化代偿。发清辅音时,声带振动,有重浊感,成了浊辅音。

(3) 送气代偿。用送气音代偿不送气音。如在发不送气塞音、塞擦音时,受强烈的模仿意识支配,患者努力让气流集中从口腔出来形成爆破,发成带鼻化的送气音。

2. 腭化构音、侧化构音和鼻腔构音

由于患者发音器官形态的异常,腭咽闭合功能不全,气流自鼻腔流出,致使口腔内压力不足,为了获得足够的口腔内压力,患者即通过舌的运动来补偿,补偿的方式有两种:一是将舌后缩以缩小气流腔体积;二是尽量抬高舌背以协助闭锁咽腔。这些舌的异常运动导致了舌腭接触点的异常,形成了错误的构音方法。这种错误的方式一旦形成即使术后腭咽闭合良好也不易自我纠正,只有通过语音康复治疗,才能重新建立起良好的语音模式。有研究表明,即使在腭裂修复术后仍有 42%～80% 的患儿由于发音时舌的运动异常造成舌头与腭的接触位置失调,导致发音异常。

(1) 腭化构音:发音时舌后缩,舌前部或后部向硬腭拱起,齿音构音点后移的发音方式。累及的辅音有:舌尖前音[z]、[c]、[s],舌尖中音[d]、[t]、[n]、、舌尖后

音[zh]、[ch]、[sh],舌面音[j]、[q]、[x]。

(2)侧化构音:发音时舌与硬腭或齿龈接触,形成阻碍,除阻时气流从患者的牙槽脊和牙弓的一侧或双侧的缝隙中流出,形成气流与颊黏膜之间的共振,而不能像正常人除阻时气流从舌与硬腭或齿龈正中的缝隙中冲出。累及的辅音有:舌尖前音[z]、[c]、[s],舌面音[j]、[q]、[x]。

(3)鼻腔构音:发音时舌后部与软腭接触,关闭口腔通路,气流由鼻腔通过。鼻音构音常出现在[i]、[u]相关音上。

(二)嗓音障碍

1. 共鸣异常

正常人发音时都能有效地控制"腭咽闭合",根据发音的需要,可以通过腭咽闭合来完全分隔鼻口腔,在发元音及非鼻音的任何辅音时,使口腔独立完成共鸣。腭裂患者由于上腭有裂缝,鼻腔口腔相通,当软腭收缩时就无法形成"腭咽闭合",口鼻腔处于交通状态,从而不能有效地控制气流,导致在发元音及非鼻音的任何辅音时,有一部分气流进入鼻腔而产生鼻腔共鸣。

患者术后仍存在腭咽闭合功能不全而导致共鸣异常的原因很复杂,与以下几种情况有关:一是初次修复手术未能建立完善的腭咽闭合解剖结构,据统计,有20%—30%的患者术后遗留不同程度的腭咽闭合不全,确诊后,需进行二次咽部手术。二是术后半年内,软腭肌肉群在手术创伤后不能协调运动,导致腭咽不能完全闭合,随着软腭的功能逐渐恢复,腭咽闭合不全的状态才慢慢好转,在这期间,腭裂语音无法避免。三是唇、舌、腭等发音器官与口颌系统肌肉运动的协调欠佳以及尚存在术前固定的错误的发音模式等。

(1)过高鼻音。发非鼻音性语音时,鼻腔参与了共鸣,引起口腔鼻腔同时共鸣,使鼻音过重,语音清晰度低。过高鼻音是腭裂语音的重要特征之一,过高鼻音可以出现在元音也可以出现在辅音,尤其在塞音、擦音及塞擦音。

元音的鼻化。元音都是口音。元音的发音只和舌位的高低、舌位的前后、唇形的圆展有关。正常人发元音时可以通过控制软腭的升降使气流完全从口腔出来,而腭裂患者却因腭部的裂隙,软腭不能自由升降,亦即不能控制鼻腔或口腔的通道,因而在发音时,也会有部分气流从鼻腔出来,使所发口元音都带有鼻化色彩。有人在调查了大量的唇腭裂患者手术前和手术后的发音后提出,一般来说,前高元音鼻化程度高,而后低元音鼻化程度低。如i与a比较,i舌位高,口腔开度小,鼻腔气流量大,口腔气流量小,鼻音则重。a张口大,舌位低,口腔气流量大,鼻腔气流量小,鼻音较轻;元音的发音在口腔不受任何阻碍,发音器官保持均衡紧张状态,气流量小,因此在腭裂语音中元音很少发生音质的改变,它不是腭裂患者交际的主要障碍。

辅音的鼻化。腭裂语音的特点集中表现在辅音的发音。其中辅音的鼻音化也是最显著的特点。正常人发辅音时,除了鼻辅音外都需将软腭上抬,咽部收缩,即所谓"腭咽闭合"以关闭鼻腔的通路,使气流从口腔内出来,经过不同部位的阻碍发出正确的口辅音。而腭裂患者因腭部缺损术前不能形成腭咽闭合,或软腭长度不够、软腭功能未恢复、术后仍不能形成完全的腭咽闭合,故在发口辅音时也有一部分气流从鼻腔出来形成鼻化辅音甚至完全的鼻音。据研究结果可以看出辅音的鼻化是随腭裂程度的加深而渐向同一发音部位的鼻音转化的。同一发音部位的辅音,不送气音比送气音鼻化程度高。因为发送气音时气流冲力大,容易使这股气流集中形成爆破,流入鼻腔的气流相对要少。而不送气音最能直接反映腭咽闭合功能状况。因为发不送气音时必须关闭鼻腔,维持一定的口内压,然后突然除阻释放完成发音;腭裂患者发音时不能完全关闭鼻腔,气流部分从鼻腔逸出,无法维持发音所需的口内压,因此不送气音最容易发生音质的改变。

(2) 鼻漏气。发音时气流从鼻腔泄出,使口腔内气流减少。语音清晰度低,音量减小、音调降低。鼻漏气也是腭裂语音的重要特点。

引起鼻漏气的主要原因是腭咽闭合不全,描述鼻漏气的名词有很多, 如鼻息音,鼻音变形等。为统一标准,Mcwilliams(1990)将鼻漏气按其程度划分为三级:①不可闻及的鼻漏气;②可闻及的鼻漏气;③鼻湍流音。

由于鼻漏气与过高鼻音常常同时存在,所以临床上易与过高鼻音相混淆。其实二者是根本不同性质的问题。过高鼻音是由于共鸣异常而引起元音和辅音音质发生改变。鼻漏气是指在发塞音、擦音、塞擦音等压力性辅音时多量气流从鼻腔逸出,口内压力下降难以形成超压,而使辅音变形,可表现为辅音变弱、脱落或异常。且易继发发音动作异常。

2. 发声异常

腭裂患者在语音习得过程中为了使自己的语音在响度、清晰度等方面尽量接近正常语音,因此常常会用力大声发音,这种不恰当的发音习惯使声带处于过度紧张、用力的状态,长期以往即导致声带发生组织病理学改变。当气流经过声腔时,两侧声带质量、厚度的差异使声带两侧振动频率不一致,或声带开放相位不正常,若声带出现结节或有声带麻痹,则会出现声音嘶哑、音响偏低、声带漏气等现象。由于声带病理改变导致的发声异常,在有些大龄患者即使接受正规的语言康复治疗,其音色也无法恢复正常。

以上只是腭裂语音的一些较普遍的规律。实际上腭裂语音的表现是千差万别的。不管是共同的特点，还是个体的差异，在手术和语音矫治过程中都是不容忽视的，因此有必要考察造成腭裂语音的原因。患者的唇腭裂状态无疑是造成腭裂语音的最直接也是最主要的原因。但有人在大量的调查过程中却常常发现具有相同生理解剖形态的患者发音状况并不相同，甚至差别很大，有的患者在手术修复以后，语音状况却几乎没什么改观，以此现象，学者们分析生理解剖状态并不是造成腭裂语音的唯一原因，应该还有其他方面的原因。首先是个人心理方面的原因，表现在不同的患者有不同的发音习惯。因为腭部的缺损，发音时须找成阻部位的代偿，不同的患者由于个人的原因，寻找的代偿部位不一定相同，就导致产生了不同的音质。其次，还有一些社会原因。如来自城市的患者比来自农村的患者发音要好一些，女性患者比男性患者更羞于启齿，因此没有男性患者发音好，学过汉语拼音的患者比没学过的发音要好，有的患者说普通话时的发音比说方言的发音要好。

另外，部分腭裂患者由于受先天发音器官畸形，智力和家庭语言环境等综合因素影响，导致比同龄的正常人在语言发展上进步缓慢，语言应用能力较低下。

第二节　唇腭裂治疗现状简介

一、唇腭裂手术治疗现状

目前对于单侧唇裂修复术的适宜条件认识较为一致，在出生后 3~6 个月进行，掌握三个"10"，即：体重超过 10 lbs (1b=0.4536kg)，年龄大于 10 周，血红蛋白超过 10g(100g/L)。几大院校的唇腭裂中心以 Millard 修复术式为主，有的医生也采用一些改良方法。但也有医院对单侧唇裂修复术仍以下三角瓣法为主。不过在具体实施时切勿盲目追求 3 个"10"，要根据各手术医师及所在医院的设施，以及患者的全身情况而定。双侧唇裂修复术的手术年龄，国内目前主张 6 个月以后，在实际工作中是在 6~12 月进行。可选用旋转推进法、三角瓣法和直线拉拢修复双侧唇裂的方法，前者占 72%。腭裂修复术国内较多采用两瓣术式——兰氏手术。手术年龄在国内外学者中认识基本一致，一般认为 1.5 岁左右完成腭裂整复术比较理想，但就咽成形术的手术年龄，至今国内外仍存在着争议，国外有不少学者建议 3~5 岁即可行咽成形术，国内众多学者仍建议 8 岁以后进行较为安全。王国民等主张在有条件的单位，咽成形术的年龄可以适当提早。

二、唇腭裂的序列治疗

目前唇腭裂治疗的总体趋势是以外科手术为中心的序列治疗。由于唇腭裂的先天不足并非单一的缺陷，常常伴有鼻唇等部位的复合畸形同时也可伴牙槽裂的腭裂，还存在患者及其家庭的心理压力和精神障碍等社会问题。而且随着唇腭裂患儿年龄的增长，不同年龄时期又会出现各自不同的问题，所有这些问题的解决涉及到多个学科，并不是单一的手术治疗就能达到满意效果的，也不是任何一个科室的医生单独能够胜任与完成好的。因此，唇腭裂的治疗应由多个学科协同合作，根据各个发育阶段的需要，按照一定的程序进行治疗。也就是需要建立一个"矫形–外科—正畸—语音—心理"的治疗模式，即所谓的"序列治疗"。唇腭裂序列治疗的概念在上世纪 30 年代由美国 Lancaster 唇腭裂诊所的创始人 H. K. cooper 先生首先提出，指从患儿出生到长大成人，随着生长发育的每一阶段，治疗其相应的形态、生理、心理缺陷。也就是由多学科专家参与，在患者恰当的年龄，按照一定程序对唇腭裂患者进行全面治疗的过程。多学科的概念包括颌面外科、儿科、牙正畸科、口腔修复科、耳鼻喉科、正颌外科、语言病理学、医学影像学、护理学、遗传学、心理学、美容医学以及社会和公共卫生工作者。序列治疗的主要内容包括：外科治疗、矫形与正畸治疗、语音治疗、中耳疾患及听力减退治疗、牙体病及牙周病的治疗和心理治疗等 7 个方面。

1948 年，挪威 Oslo 建立了世界上第一个唇腭裂治疗组，首次强调了唇腭裂治疗的中心化、规范化、多元化、序列化、长期性和连续性，从而使唇腭裂治疗开始了序列治疗的新纪元。至上世纪 50～60 年代在西方发达国家及地区已针对唇腭裂综合治疗的要求先后建立了唇腭裂治疗研究中心或治疗小组。患者出生后即在医生的监控下根据各发育时期需要进行针对性的治疗，从而有效地提高了治疗效果，最大限度地减少由于唇腭裂发生的继发畸形。唇腭裂治疗研究中心或治疗小组的成员组成各个国家并不相同。但整形外科(口腔颌面外科)医生、口腔正畸科医生、牙科医生、儿科医生、耳鼻喉科医生及语言病理学家是基本成员。参与治疗的专家的主要工作是对患者共同讨论会诊，制定出适合该患者的治疗计划及具体时间表，各成员按各时期需要完成本专业的治疗工作，各科专家必须统一观点、协调工作，相互联系，作为一个整体而起作用。

我国开始开展序列治疗已是上世纪 80 年代后期了，1989 年在上海举行的中青年口腔会议上，第一次提到了唇腭裂序列治疗的概念。1990 年，王光和教授在第三届全国口腔颌面外科会议上首次作了题为"唇腭裂综合序列治疗"的报告。20世纪 90 年代在北京、上海、成都、武汉等少数一些医学院校成立唇腭裂治疗研究中心,1993 年成立全国唇腭裂治疗协作组。据调查,我国唇腭裂研究中心以病例讨论为主要的活动形式,参与的人员主要有口腔颌面外科、正畸科、口腔修复科、耳鼻咽喉科、儿童牙科、预防科以及从事语音治疗学的专业人员。目前已经有医院在积极组建专门的治疗中心开展序列治疗。

北京医科大学唇腭裂治疗中心是全国成立最早的唇腭裂治疗中心之一,自 20世纪 90 年代初开始进行唇腭裂的序列治疗。其治疗程序包括:进行唇腭裂早期治疗的宣传;新生儿的正畸治疗(视畸形而定);唇裂修复:在一般情况下,单侧裂 3～6 个月,双侧裂 6～12 个月;腭裂修复:在语音开始发育前进行,一般 9～12 个月;语音治疗:学龄前的随访及语音评价,必要时进行语音训练及二次咽成形术;乳牙期及替牙期正畸治疗;齿槽突植骨术:一般于 9～12 岁时进行,即尖牙未萌根形成 2／3;外科正畸治疗:采用正颌外科手段矫治唇腭裂术后遗留的牙颌发育畸形,常在患者 16 岁以后进行;矫形修复治疗:用于无条件手术的腭裂患者,或协助治疗腭咽闭合不全和不良发音习惯;唇腭裂二期修复:一般在颌骨畸形矫治后进行;耳科治疗:唇腭裂患儿就诊的早期即应进行耳科及听力检查,发现问题后早期治疗;心理治疗:贯彻在整个治疗过程中,及时做患者及家长的思想工作,使其正确对待疾病,配合治疗以争取好的治疗效果,必要时请心理专家会诊。但我国序列治疗的程序和时间表目前尚不统一,参与科室和人员也难一致。如各项手术时间选择、二期修复时间、各科配合的程序、语音评价检查及训练时间等尚需在进一步研究的基础上逐步完善,制定出公认的序列治疗程序。

第三节　唇腭裂儿童言语语言障碍的评估与矫正

一、唇腭裂儿童言语语言障碍的评估

唇腭裂儿童的言语语言障碍评估,主要侧重于言语障碍的评估,如果由于唇腭裂造成了患儿语言发展迟缓,或者患儿不单纯存在唇腭裂,还伴随有其他如智力落后等问题,则需要结合相应项目的评估。言语障碍方面的评估项目主要包括构音障碍的评估和嗓音障碍的评估。

(一)一般资料收集

在进行构音障碍和嗓音障碍的评估前，首先要全面收集患者的一般资料，包括母亲的怀孕史、患儿出生史、疾病史等。如果患者曾经做过腭裂修补术或者唇部的手术，也要收集手术方面的相关资料。

(二)构音器官形态与功能评定

因为构音器官的形态和功能正常与否对患者的语音发展至关重要，因而首先要进行构音器官形态和功能评定，从而了解构音器官包括口面部、鼻部、唇、齿、舌、硬腭、软腭、咽喉部和下颌的解剖形态、大小、运动状态和功能的基本情况。

(三)腭咽闭合功能检查

对于唇腭裂儿童，腭咽闭合功能不全或者闭合功能失调是常见的情况，因此，要对患儿的腭咽闭合功能进行检查。目前，国内外对腭咽闭合功能不全的诊断标准基本一致，但在检测方法上有很大的差别。如美国诊断腭咽闭合功能不全的常用方法是鼻咽纤维内镜、动态录像以及气流气压测定、鼻息计，其中鼻咽纤维内镜是最常用的方法，其次是动态录像；日本语音病理师则更多地采用吹水泡试验、雾镜以及语音清晰度等方法，而采用鼻咽纤维内镜检查者远不如美国普遍。

目前常用的方法，概括起来包括主观测试和客观测试两大类。现介绍如下：

1. 汉语语音清晰度的检查

汉语语音清晰度测试是一种主观性测试，是评价语音清晰度最重要的方法之一，该方法主要通过应用标准化的汉语音节、词和语句的量表对患者的发音作出测试，记录其发音的错误，计算发音错误词数占总测试词数的百分比，从而得出量化的言语清晰比值。该方法简单易操作，已被广泛应用。目前国内语音清晰度分级标准：≥96％为正常，70％～96％为轻度异常，35％～75％为中度异常，0％～35％为重度障碍。

2. 鼻息镜检查法

用一块带刻度的金属板或玻璃板，将其平放于鼻腔下方并与鼻唇部紧贴，嘱患者发/a/音，通过观察板上雾气的范围来评价鼻漏气程度。此方法简单、实用、灵敏。

3. 鼻咽纤维镜的评价

鼻咽纤维镜是一种可随意弯曲、细小、柔软的内腔镜，由导光性能良好的玻璃纤维制成，其外部有冷光源照明，能按操作要求进人成角度的小腔道内，通过鼻咽纤维镜可直接观察发音时腭咽闭合的形态、腭咽闭合不全面积的大小，及其四壁的肌肉活动度等。并可通过软腭的动度预测腭裂患者术后的效果。此仪器还可对腭咽闭合功能进行定量分析及同步录像、录音,还可利用人的反馈系统进行语音训练。当患者在荧光屏上看到自己的软腭与咽后壁关系时,可通过视、听反馈系统,努力使自己达到良好的腭咽闭合。但由于鼻咽纤维镜是一种侵入性仪器,需要对鼻咽腔黏膜局部麻醉,对发音有一定影响,且需要患儿的配合,可行性受到年龄限制,4 岁以下患者不宜应用,术后腭咽闭合功能的检查需在术后 10 个月左右进行。而且它仅能提供二维图像,图像存在放大率不能直接测量。不能观察到矢状面运动的情况和进行具体的测量分析。

4. 语图仪

是一种能把声音信号转变为可见图谱的仪器,通过观察分析这种图谱中声音信号的频率、振幅和时间等参数可以了解被测声音信号的声学特征。因此可以对语音中的许多现象,诸如辅音的发音方法、发音部位、元音的音色、复合元音的动程、声调和语调的高低以及轻重音的强度等直接或间接地作出定性或定量的分析,它既可用来分析元音,也可以分析辅音。可为明确诊断、客观评价腭裂语音和语音训练提供有意义的理论依据。

5. 鼻音计

是一种目前临床上较为常用的检测异常语音的仪器,通过计算鼻音化率来了解过高鼻音的程度,从而反映腭咽闭合功能不全的状况。所谓鼻音化率,是指受试者在发音时鼻腔的声能占口腔加鼻腔声能的百分率。鼻音化率的计算方法:分别收集受试者发音时口腔、鼻腔辐射出的声音能量,再通过电子声音转换器的滤波和数字化,转变成鼻腔和口腔加鼻腔的声能比率,再将其百分化。鼻息计可以从数值和图形上较全面地反映患者发音时的腭咽部生理状态、舌的运动位置。也可作治疗仪器,患者可以通过显示器上图形和数字的变化,分辨自己的发音情况,提高发音技巧。因此该仪器不仅可以作为评估时使用,在术后腭咽闭合功能恢复的反馈训练中也能发挥重要的作用。

6. 气流、气压测定仪

是应用空气动力学间接对腭咽部开口评价的仪器,是无损伤性检查,能有效测定患者在发音时的口、鼻腔压力,鼻腔气流速度和腭咽闭合时的腭咽部的面积。

7. 吹水泡试验

该法是目前临床上最为常用的方法之一,具体检查方法是在一般杯内放入 1/3 水后,受试者用一根吸管置于水中不间断吹气,并记录吹气维持的时间,正常人一般可维持连续吹气 20 秒以上,腭咽闭合功能不全者往往只能维持 2～5 秒左右。

（四）构音评定详见第六章"构音障碍"。

（五）其他一些相关检查：

1. X 线影像

可以对腭咽部分的形态进行评估,也为非侵入性检查。应用比较广泛的是头颅侧位片和 X 线动态录像。头颅侧位片侧位摆位简单、准确,可重复性强,可观察矢状面腭咽闭合时软腭上抬高度、伸长度、咽腔深度、软腭与咽腔的比例等,缺点是影像清晰度欠佳,二维影像不能真实反映三维运动,且具有辐射危险。多角度 X 线动态录像可提供三维图像,了解舌、软腭等发音器官的运动,但图像分辨率低,尤其是腺样体的存在干扰了图像清晰度,不能准确显示腭咽闭合情况,同样具有辐射危害。

2. 腭电图仪

是一种提供言语活动中舌腭接触情况的同步视觉反馈系统。检查时患者通过牙托将含有多个电极的软质人工腭佩戴在硬腭部,发音时描记舌腭接触的运动轨迹,并转化为电信号产生腭图显示在视屏上,从而能观察到发音过程中的舌腭接触关系,识别异常构音方式和位置。同时,还配有每个辅音的舌腭接触标准模板,患者可以在屏幕上将自己的舌腭接触位置和模板对照,反复模仿,还可通过重播录音、同步监听方式得到视、听结合的反馈治疗,这种可以反复的视觉化的训练方式,极大地缩短了语音治疗的周期,但花费昂贵、较难推广。

3. 计算机断层扫描（CT）

计算机断层扫描属于非侵入性的定量检查,可以对静止下的腭咽腔进行三维的观察,并能精确测量出腭咽腔的宽度和长度,所得到的图像清晰,腭咽腔的边界明确,图像容易处理。对于腭裂患者的术前和术后评估都有指导意义。但 CT 只能对静态图像进行判断,且有一定的放射性危害。

4. 磁共振检查

近年来,核磁共振成像（MRI）作为无侵入性的快速并可重复的评价腭咽功能的检查方法逐渐被采用。磁共振（MRI）可以对腭咽闭合的静态和发音位置时腭咽形态进行多个角度的观察,图像清晰,并能够进行测量,可利用专业软件将扫描到的多平面图像制作成三维图像,能够提供清晰的软组织成像,了解局部的血管形态,为手术治疗提供依据。但 MRI 检查费用昂贵,是 X 线检查和鼻咽纤维镜检查的数倍。数据采集时间长,在这个过程中,患者体位不能移动,这对于 8 岁以下儿童来说,配合难度颇大。另外,口腔内的金属修补物会造成成像的干扰,因此,目前 MRI 还不能广泛应用于临床评价治疗中。

5. 计算机语音分析仪

一种动态可视、可定量的音声语音分析仪。它在语谱仪的基础上，又结合计算机高科技优势，能将动态的声音信号图像化，并且可以记录，供分析和定量。尤其是它将异常语音视觉化，弥补了传统检测方法难以捕捉到的辅音部分，为评价各种异常语音的音声特征提供客观的重要理论依据。

二、唇腭裂儿童的语言训练

前面的阐述中已经提到，对于唇腭裂目前公认的恰当的治疗方法是序列化治疗。语言训练是序列治疗的一部分，而且已被公认为是重要的一个部分与手术治疗同等重要。

如果唇腭裂患者在 1～2 岁时通过手术建立起正常的腭部解剖结构，则大部分患者术后基本就可以习得正常语音，不必再作语音治疗。那么在这一时期，选择手术时间和手术方法就显得尤为重要。在手术方法上要选择个性化的方案，为术后语音康复治疗提供良好的生理解剖基础。

从语音发音的角度出发，手术的最佳时机应在 2 岁之前，一般手术时间越早语音效果越好。目前手术年龄上一般认为唇裂手术在 1 岁以前，腭裂整复时间在 1.5 岁左右完成比较理想，但在实际工作中各家医院的选择很不一致，尤其对于腭裂患者各地会根据自己的麻醉条件和医生技术，并结合患者实际发育和健康状况，以患者手术完成为绝对保证来选择时机，而不会强求，所以有的 5～6 岁才进行手术。因为 5 岁以后上颌骨发育基本完成，麻醉和手术的困难就会减少。

那些未能在早期得到手术治疗的患者或虽早期进行了手术但治疗不当的患者，虽然通过手术使腭咽闭合的解剖结构恢复了正常，但异常语音会依然存在。原因之一是术后腭咽闭合的功能没有恢复正常，因为腭咽闭合解剖结构正常虽是正确发音的前提条件、必要条件但不是唯一条件，因此发音器官结构正常并不等于发音器官功能正常；二是术前在语音发育和发展过程中，不良语音代偿习惯已经成为患者固定的语音模式，术后如果不进行语音康复治疗，这些不良语音代偿习惯就难以纠正，也就无法获得正常语音，即使再较小年龄完成手术的患者，也会出现异常语音。

唇腭裂修补术后，首先通过言语语言障碍的评估，确定患者语言障碍类型及其生理因素，训练前还需要向家长及其患者交代训练的目标、持续时间，以取得相互间的配合。

（一）唇腭裂儿童语言训练原则和注意事项。

（1）增加儿童对口语交流能力的信心。

（2）减轻父母对儿童口语交流能力改变可能性的过度焦虑。

（3）鼓励并调动孩子口语交流中任何细微的，甚至是尚未表现出的潜在的积极因素。

（4）当儿童的生理解剖条件得到改善后，应最大限度地改善其口语交流能力，改正不正常的代偿发音方法及不正常的发音习惯。

（5）尽可能于早期使患者获得良好的腭咽闭合功能及口语交流能力。

（6）努力成为孩子及家长的真诚朋友，取得家长的配合。

（7）原则上采取一对一训练方式，注意适当休息或游戏。

（8）注意腭裂患者的听力、智力、心理等多方面异常，及时采取相应措施。

（二）语音训练的基础及时机

1. 语音训练的基础

腭咽闭合解剖结构的正常是获得正常语音的首要条件。故腭部解剖结构的重新建立是唇腭裂患儿获得正常语音的基础。

2. 语音训练的时机

腭裂患儿由于语言能力的下降，每次与人们进行语言交流时都意味着暴露自己的生理不足而产生巨大的心理压力，导致自卑、倔强、孤僻的个性。患儿防御心理越强，在语音训练中的配合就越差，年龄越大，越不易纠正其错误发音习惯。因此，尽早获得语言训练至关重要。语音训练一般宜在腭裂修复术后 2～3 月开始，因为此时手术局部肿胀已基本消退，缝线已自行脱落或拆除，上腭的知觉开始恢复。

但是，应注意的是，手术后患者仍有可能存在腭咽闭合不全或分泌性中耳炎。前者必须进行二期咽成形术，后者则由于腭帆张肌、腭帆提肌的附着与走向异常影响咽鼓管的正常开闭功能，逐渐造成鼓室内粘膜血管通透性增加，鼓室内浆液积聚。后期(术后>3 个月)，病变的粘膜分泌黏稠的液体，致使患儿听力下降而影响语言获得的准确性。此时须进行鼓室置管术后方能有效地进行语音训练。

（三）确定语言训练计划

语音训练是一个较长的治疗过程，其训练目标一般分为三个阶段：

（1）开始训练的 3～4 个月，音素、音节、双声词的发音，在控制鼻部气流逸出的条件下能正确发音。

（2）4～6 个月开始向短语、短文过渡，要求控制鼻腔气流，速度慢于正常阅读的条件下，能逐渐准确地发准每一个音，并逐步减少外界条件对鼻气流的控制。

（3）6～10 个月逐渐向正常语速过度，最终形成正常交流的标准语音。

在整个训练过程中，要求患儿来院接受训练，1～2 次／周，每次 1 小时左右；

在家中配合训练,1 次／天,每次 1 小时以上。

(四) 训练方法

唇腭裂儿童的语音障碍主要表现在嗓音障碍(包括发声异常和共鸣障碍)和构音障碍两方面。因此,语言康复训练时也从这两个方面着手。

1. 发声异常的训练

对存在发声异常的患者,首先需要改善其发声特点。如对于出现声音嘶哑的患者,首先要使其放松喉部压力,以无声的/au/向低沉浑厚的/a/过渡。如因发音时大部分气流从鼻腔逸出而使患者感觉气流不足则可堵住鼻孔。待/a/音稳定后以开口大的音向开口小的音的顺序逐步过渡,避免首先选择舌位高不易控制的音素开始训练。

2. 共鸣障碍的训练

共鸣障碍实际上是腭咽闭合不全的问题。因此,共鸣障碍的训练实际上就是腭咽闭合功能的训练。

(1) 软腭按摩:用中指指腹由硬腭后缘向腭垂肌方向轻柔按摩,以软化术后瘢痕,每天 3 次,每次 10 分钟。

(2) 软腭抬高:打开咽喉部使劲发"啊"的口型但不出声,作恶心状。每天练习 3 次,每次重复 16 下。

(3) 软腭活动:连续做鼓气—含漱—吞咽动作,每天练习 3 次,每次重复 16 下。

(4) 增加口腔空气压力:将空气缓慢吸入口腔后紧闭口唇,使空气压力增至最大时, 开口用力将气流喷出。如口腔内有部分气体从鼻腔逸出练习时需要捏住鼻孔。每天练习 3 次,每次重复 16 下。

3. 构音障碍的训练

(1) 对构音错误的认识

进行语音辨别能力的训练。可以通过录音机等设备加强其分辨错误语音与正确语音的能力。提高患者对自己语音缺陷的认识,在自我认识的基础上通过听觉反馈辨别自己的发音错误, 从而逐步对自己的发音从发音部位和发音方法上加以自我修正。

(2) 呼吸训练

采用吹羽毛、棉花、纸片等轻质物品,吹火柴、蜡烛,用吸管吹水或肥皂泡,吹气球、口琴、口哨等训练,以改善语音呼气控制能力。进行这些训练时要注意进度不要太快,以免过度用力使腭部的伤口裂开。

（3）构音器官训练

包括唇舌的肌肉活动,腭裂患者在发音时常常运用唇舌的运动强行代偿,因此必须重新训练以纠正其不正确的习惯,使唇舌肌肉变得灵活和协调。

训练包括舌的伸出、后缩、上举,弹、舌腭摩擦等运动训练;唇展开、闭合、唇角外展训练。

（4）构音训练

在构音器官训练完成后,开始进行语音逐渐向口语交流过渡。顺序一般先是单音练习,即练习单个元、辅音的发音,掌握正确的口形、舌位(元音)和正确的发音部位、发音方法;在能正确发单音后还要进行音节的拼合练习,防止在音节拼合时辅音的丢失,进一步就要进行单句、长句和朗读的训练。

要获得正常语音,需较长的语言训练过程。其动作单调、重复,使患儿难以坚持,故应融入趣味、娱乐的训练活动,以提高患儿的兴趣。嘱患儿坚持按时到医院接受训练、指导,及时评价效果,发现语音异常及时纠正,并指导家长下一步的训练内容与方法。恢复正常语音一直是腭裂治疗的最终目的。训练要从易到难,从简单到复杂。循序渐进,训练者注意捕捉患儿口语练习中的细微进步,及时加以鼓励,使患儿对自己的进步充满信心,提高主动参与的积极性。

（林　馨）

参考文献

[1] 史晓泓,唐慧,梁怡.新生儿唇腭裂畸形的致病因素研究进展[J].中国妇幼保健,2006,21(7).

[2] 吴海生,蔡来舟.实用语言治疗学[M].人民军医出版社,1995.

[3] 昝飞,马红英.言语语言病理学[M].华东师范大学出版社,2005.

[4] 乔静,陈仁吉.唇腭裂遗传学研究现状[J].国外医学口腔医学分册,2004,31(3).

[5] 傅豫川.用国际化视野审视唇腭裂的序列治疗[J].首届唇腭裂新理论与新技术研讨会资料汇编,2006(6).

[6] 戴俊峰,邢树林.先天性唇腭裂病因学研究的新进展[J].中国优生与遗传杂志,2008,16(12).

[7] 张芳真.先天性唇腭裂病因研究进展[J].深圳中西医结合杂志,2007,17

(2).

[8] 王法刚,赵敏.唇腭裂病原学研究进展[J].中华整形外科杂志,2003,19(5).

[9] 乔静,陈仁吉.唇腭裂遗传学研究现状[J].国外医学口腔医学分册,2004,31(3).

[10] 黄洪章.唇腭裂病因学研究的新进展[J].口腔颌面外科杂志,2007,17(3).

[11] 徐慧高.孕期环境因素与新生儿唇腭裂畸形相关性研究[J].临床口腔医学杂志,2001,17(3).

[12] 臧光祥,穆亚冰.环境因素对非综合征性唇腭裂发生的影响[J].国外医学口腔医学分册,2005,32(2).

[13] 黄迪炎,朱国雄.腭裂术后语音训练[M].人民军医出版社,2007,5.

[14] 朱国雄.腭裂术后语音训练[M].人民军医出版社,2007,5.

[15] 袁冶,邢树忠.唇腭裂改良象形Y分类法[J].中华整形外科杂志,2001,17(5).

[16] 李胜利.语言治疗学[M].人民卫生出版社,2008(5).

[17] 朱洪平,王光.腭裂语音特点及分类[J].现代口腔医学杂志,1997,11(3).

[18] 王国民,袁文化.唇腭裂治疗的新进展(临床部分)[J].口腔颌面外科杂志,2001,11(1).

[19] 王国民,杨育生.唇腭裂治疗现状与展望[J].上海口腔医学,2006,15(2).

[20] 石冰.唇腭裂修复外科学[M].四川大学出版社,2003.

[21] 王国民,袁文化.我国唇腭裂序列治疗的现状[J].口腔颌面外科杂志,1999,9(3).

[22] 王光和.唇腭裂的序列治疗[M].人民卫生出版社,1995.

[23] 王光和,马莲.唇腭裂的序列治疗[J].医学研究通讯,2001,30(6).

[24] 沈恩龙,戴永雨.腭裂治疗进展[J].中国听力语言康复科学杂志,2007(1).

[25] 王国民.腭咽闭合功能不全的诊断与治疗[J].口腔颌面外科杂志,2003,13(4).

[26] 王国民,杨育生.唇腭裂治疗现状与展望[J].上海口腔医学,2006,15(2).

[27] 刘娟.唇腭裂语音的特点及重建对策[J].山东医科大学学报(社会科学版)1999(1).

[28] 石文岚.腭裂术后语音训练策略[J].护理学杂志,2000,15(6).

[29] 钟奕,郑谦.核磁共振成像在腭咽闭合功能评价中的应用[J].国际口腔医学杂志,2007,34(4).

思考题

1. 什么是唇腭裂?
2. 什么是腭咽闭合功能? 什么是腭咽闭合功能不全?
3. 唇腭裂儿童的主要言语语言障碍有哪些?
4. 请简述唇腭裂儿童语音训练的时机。

第十三章　吞咽障碍

第一节　概　述

　　吞咽障碍是临床常见的一组症状,对吞咽障碍的研究是一门交叉或边缘学科。在我国,对吞咽障碍开展研究的时间并不长,系统研究的成果较少。研究较早的有上海交通大学附属第六医院人民医院,1995 年该院在国内首先开设了首家吞咽障碍专题门诊,应用咽食管动态造影录像、管腔内测压等先进检查方法,采用中西药物、康复体操、进食姿势指导、管腔成形术、外科手术等手段,共诊治各种吞咽障碍患者几万例,均取得了较好的效果。而在国外,由于吞咽障碍涉及的人数多、后果严重,如在美国该类病人占美国养老院人数的 50%,每年因吞咽障碍患者吞咽各种吞咽物导致窒息死亡的人数约达 1 万人,已引起西方国家的高度重视,于 1985 年即开始吞咽障碍的研究工作,已成立了世界性吞咽障碍研究会、出版专业杂志,各国都有自己的国家级吞咽障碍研究中心, 吞咽障碍已成为现代医学研究的一个新热点。

　　吞咽障碍不仅会给患者造成痛苦,影响营养,损害健康,还能导致吸入性肺炎、大量食物进入气管导致窒息死亡等严重后果。随着人类寿命的延长和疾病、外伤、手术等机会的增加以及咽喉部插管的增多,吞咽障碍的发生率呈明显增加趋势。已成为医疗、护理、家庭、养老、"医保"支出等工作的一项责任和沉重负担。

　　但由于引起吞咽障碍的原因较多,涉及的学科可包括:口腔、耳鼻咽喉、消化、呼吸、神经、老年、放疗、康复、护理等多个临床领域。因此,诊断和治疗均较为困难。

一、吞咽障碍的概念

吞咽障碍与医学中常用的吞咽困难一词为同义词,但前者含义似乎更加广泛,学术专指性更少,所以近年文献渐多采用前者。吞咽障碍是一个总的症状名称,是指口腔、咽、食管等吞咽器官发生病变时,患者的饮食出现障碍或不便而引起的许多自觉症状。吞咽障碍的症状因病变发生的部位、性质和程度而有很大的不同。轻者仅有吞咽不畅,重者滴水难进且有呕吐。

吞咽障碍的常见症状有:咽部异物感;口内食物咽下困难或须多次小口吞咽;食物吸入(气管)导致呛咳或窒息,或进入鼻腔,或吞咽后口中有残留;进食后反酸嗳气、呕出食物、胸骨后有烧灼感、堵塞感和疼痛感;有些患者以声音"湿润低沉"、发声低沉为主要主诉。

吞咽障碍可按照发生的部位分为口咽性和食管性吞咽障碍两大类, 或按照疾病性质分为功能性(动力性)或结构性吞咽障碍两大类,各类间互有影响。因为食管病变常波及咽部,所以咽部的吞咽障碍比食管者多见。

二、吞咽障碍的原因

任何疾病或病理状态,凡可暂时地或持久地引起吞咽通道的阻塞和狭窄、肌肉收缩力减弱或不协调、腺体分泌减少等情况出现时均可能导致吞咽障碍,常见原因有以下几种:

(1) 吞咽通道(口腔、咽部、食管)及其邻近器官的炎症;

(2) 卒中;

(3) 头颈部的肿瘤、外伤、手术或放射治疗;

(4) 颈椎增生压迫;

(5) 食管动力性病变;

(6) 儿童期的咽部和食管上下括约肌发育未完善;

(7) 老人吞咽器官组织结构的萎缩性病变、神经感觉和运动反射的功能降低;

(8) 某些其他系统疾病的影响;

(9) 全身衰弱导致咽部肌肉萎缩或收缩舒张功能不协调。

伴发吞咽障碍症状的神经肌肉病变,(见表 13-1)。

表 13-1 伴发吞咽障碍症状的神经肌肉病变

脑实质和脑干疾病

- 脑血管病;累及皮质球束的腔隙梗塞,双侧假性球麻痹,累及下运动原的脑干卒中
- 意识状态的改变(由于戒断,服用药物,癫痫发作,代谢性脑病等)
- 多发性硬化,运动神经元病,脊髓灰质炎累及球部,脊髓灰质炎后肌萎缩
- 帕金森病,肌张力性牵缩,肌动力异常
- 老年痴呆
- 头颅外伤
- 脑瘫
- 其他:脑炎,脑膜炎,神经梅毒

颅神经病

- 慢性或肿瘤性脑膜炎累及基底脑膜
- 神经病变(肉样瘤,Guillain-Barre 综合征,面神经麻痹,糖尿病性迷走神经病变)

神经肌肉连接病变

- 重症肌无力
- Eaton-Lambert 综合征(肿瘤旁胆碱释放障碍)
- 肉毒中毒
- 药物(氨基醣苷等)

肌肉疾病

- 皮肌炎
- 代谢性肌病
- 张力性肌营养不良
- 眼咽营养不良

引自尚克中编著《吞咽障碍诊疗学》。

伴发吞咽障碍症状的若干局部病变,(见表 13-2)。

表 13-2 伴发吞咽障碍症状的若干局部病变

症状	原因
牙齿缺陷	老年或未镶补
黏膜炎症	萎缩,放射反应,腐蚀性(抗生素,非甾体类化合物,抗炎症性药物),化疗,感染(疱疹,巨病毒),链球菌,霉菌,反流性食管炎
唾液分泌缺乏	萎缩(自体免疫或放射反应)、药物所致(脱水剂,抗胆碱剂)
蹼,环,狭窄	环咽隆起,Plummer-Vinson 综合征,强酸或碱腐蚀性狭窄,Schatzki 环)
憩室	Zenker 憩室
肿瘤	唇、口、舌的癌,鼻咽癌或淋巴瘤,喉癌,食管癌,肺癌侵犯食管
结构缺损	先天性腭裂等,舌、下颌、咽、颈部的外伤或手术切除
支持结构缺陷	局部关节活动力降低,颈椎骨刺,咽、颈、食管的手术,关节炎,胶原病,骨骼畸形

引自尚克中编著《吞咽障碍诊疗学》。

三、吞咽的应用解剖

(一)口腔

口腔为吞咽器官的起始部分，其前壁为唇，经口裂通向外界，后经咽峡(由腭帆、腭舌弓和舌根共同围成)与口咽部相续，两侧为面颊，上壁为腭、下壁为舌下区组成，侧方为颊，(见图 13-1)。

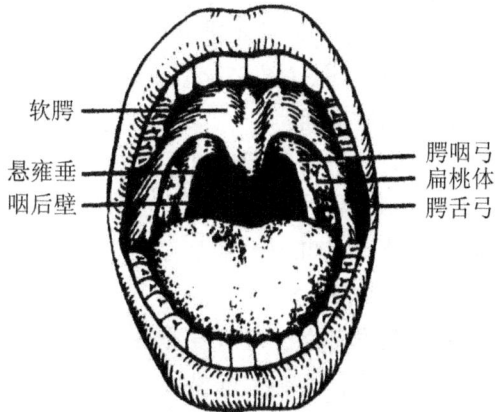

图 13-1　口腔正面观

(二)咽

咽为上宽下窄、前后稍扁呈漏斗形的肌膜管。上起颅底，下达第六颈椎平面，在环状软骨下缘续接食管；前壁自上而下与后鼻孔、咽峡和喉口相通，后壁与颈椎相邻；两侧壁有茎突和附着于茎突的肌肉及颈内动脉、颈内静脉和迷走神经。咽腔是连接口腔、食管、鼻腔到喉腔的共同通道，是消化道和呼吸道相交叉的部分。咽腔根据其前方的毗邻，以软腭和会厌上缘为界，自上而下分为鼻咽、口咽和喉咽三部分，(见图13-2)。

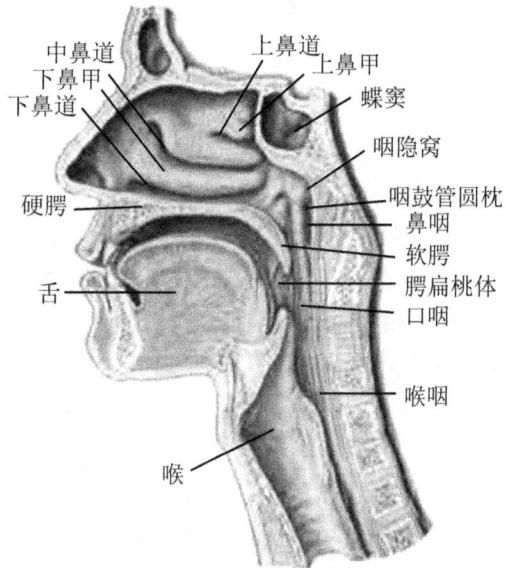

图 13-2　咽

(三)食管

食管是一个前后压扁的肌性管道，位于脊柱前方，上端在第6颈椎下缘平面与咽相续，下端续于胃的贲门，全长约 25 厘米，依其行程可分为颈部、胸部和腹部三段。食管全程有三处较狭窄：第一个狭窄位于食管和咽的连接处，距中切牙约 15 厘米；第二个狭窄位于食管与左支气管交叉处，距中切牙约 25 厘米；第三狭窄为穿经膈肌处。这些狭窄处异物容易滞留，也是肿瘤好发部位，(见图 13-3)。

四、正常吞咽动作

通常将正常的吞咽分为五个期：口腔前期、口腔准备期、口腔期、咽期和食管期，(图 13-4)。

(一)口腔前期

在口腔前期，患者通过视觉和嗅觉感知食物,用餐具、杯子或手指将食物送至口中。

(二)口腔准备期

在口腔准备期，患者要充分张口，接受食团并将其保持在口腔中,在口腔感知食物,品评食团的味道与质地。如果是固体食物,需要咀嚼肌、下颌及面颊运动操作,准备食团使其适于吞咽。在这个阶段,软腭位于舌后部以阻止食物或流质流入咽部。

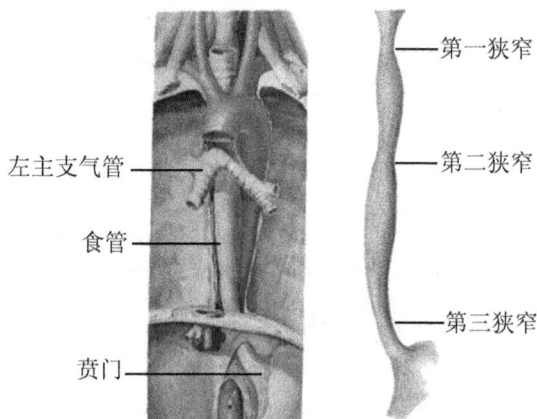

图 13-3　食管前面观

(三)口腔期

在吞咽的口腔期，预备好的食团经口腔向咽推动。唇及颊肌收缩向后传递食团,同时舌与硬腭接触向后推动食团,驱动食团通过口腔到舌根部。

(四)咽期

在吞咽的这个阶段,后续的运动快速、顺序发生,产生吞咽反应,软腭上抬,关闭鼻腔、声门关闭、气道关闭防止误吸、喉穿透。会厌襞在咽部开口之上(喉前庭),也防止食团穿透入喉,直接进入梨状窝。喉向上、向前倾斜运动,咽蠕动挤压食团通过咽下移向环咽肌。环咽肌位于食管上部,放松时食团可通过,进入食管。

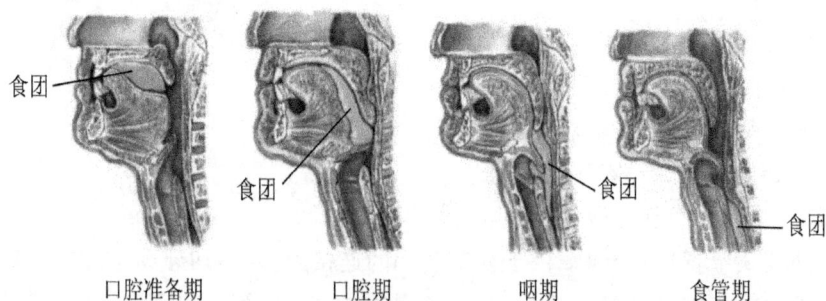

图 13-4　正常吞咽动作

(五)食管期

食管期开始于食团通过环咽肌。食管产生顺序蠕动波推动食团通过食管,位于食管下端的下食管括约肌随之放松,使食团进入胃。

咽的适应能力极强,能根据吞咽物大小和结构的不同作出不同的反应,并能因体位的不同改变其收缩的速度和强度。

当咽部某一结构的活动因受疾病或伤害的影响而发生欠缺或活动受限制时,其附近的结构可作超出原来范围的弥补性或代偿性活动,使吞咽仍能顺利进行,即为吞咽障碍的代偿期。如果结构或功能欠缺的程度超过弥补性活动可能达到的范围和时间的限制时,即出现失代偿,失代偿最突出的表现是食物团块可向喉、鼻咽、或口腔漏溢,其中又以吸入至气管的出现频率最多,后果最严重。

第二节　吞咽障碍的检查与评估要点

一、吞咽障碍的症状

(一)咽部吞咽障碍的症状

1. 咽痛

可表现为自发性咽痛和激发性咽痛。所谓的自发性咽痛是指咽部平静,无任何动作时出现的咽痛。有时为持续性,有时为间歇性或阵发性。多为钝痛、刺痛,或跳跃痛。常局限于咽的某一部位。所谓的激发性咽痛指咽部活动时或黏膜受到刺激时,如吞咽动作、进食、呕吐等可引起的咽痛。

2. 咽部异物感

病人主诉咽部异物感所感到的"异物"可能为鱼刺、球状物、草梗、毛发等。常因此而用力发出"吭""喀"声,或频繁吞咽以期望能将其清除。

3. 吞咽困难

4. 饮水反流

吞饮下的液体反流入鼻腔自前鼻孔溢出,即漏溢。

5. 声音异常

可表现为口齿不清、音色改变等。

(二)食管吞咽障碍的症状

最常见的是胸骨后胀满,梗阻和胸骨后灼痛。可根据吞咽食物后感觉到出现吞咽障碍的时间估计食管病变的部位。

二、吞咽障碍检查与评价

(一)吞咽障碍症状和病史询问的要点,(见表13-3)

表13-3　吞咽障碍症状和病史询问的要点

发生的部位和时间
- 口内:咀嚼、食团聚集、吞咽起始等方面有困难
- 咽:病状出现在吞咽时;或噎呛发生于吞咽完成后,提示为咽内残余食物的再吸入
- 食管:症状由吞咽引起;胸骨后痛

起病,频度,进程
- 持续时间:与某种事件(如中风、服食药丸时梗堵)有关的突然起病
- 频度:经常性或间隔性
- 症状的进程和严重程度

促发因素和代偿机制
- 食物硬度:固体和/或液体
- 愿意接受的食物温度
- 是否用吸吮法,有无头颈部转动或倾斜
- 症状出现是间隔性或经常性,是否出现在疲劳时

合并症状
- 语言或声音的改变
- 衰弱;肌肉控制力缺失,特别在头颈部
- 噎呛或咳嗽
- 反复多次吞咽,或"清嗓"动作增加
- 反呕:咽性,鼻性,食管性或胃性;进食后即刻或延迟
  发生;反呕物为未消化食物,腐烂物质或分泌物
- 咽喉部饱满感,紧绷感(球状物感)
- 疼痛:局部性或放射性
- 吞咽痛(食团通过时痛感)

次要症状或发生并发症的证据
- 体重减轻,缺少活力,包括因脱水而致者
- 对食物的态度、胃口等较差
- 呼吸症状:咳嗽,痰量增多,气短,呼吸道感染,肺炎
- 睡眠障碍(继发于清理分泌物或反呕)
- 唾液分泌:过多或口干

引自尚克中编著《吞咽障碍诊疗学》。

(二)临床判断吞咽功能正常程度的一般根据

对患者作初步病史问讯和体检后,可根据下列情况判断患者有无吞咽障碍和

吞咽功能正常的程度,(见表 13-4)。

表 13-4 临床判断吞咽功能正常程度的一般根据

观察项目
被挑选食物的硬度、种类的适当性
食团的大小的适当性
进食时口和面颊协调动作的适当性
咀嚼和清除口内食物的有效性
口唇封闭和语言控制的有效性
不需再次吞咽或加做外加动作
吞咽完毕口咽无残留物和倒水声
检查项目
用听诊器分别在颈旁和上腹部听诊,可分别在吞咽后 3s 和 7s 听到典型的瑟鸣音

引自尚克中编著《吞咽障碍诊疗学》。

(三)吞咽障碍的临床分类和进一步检查方法的选择(见表 13-5)

进一步检查方法的选择可参照 Schulze-Delrieu 等专家的建议:

表 13-5 吞咽障碍的临床分类和进一步检查方法的选择

咽和喉的结构性病病
喉镜;咽镜;
钡剂造影
食管结构性病变
食管镜;
钡剂造影
口腔、咽或喉的神经肌肉功能异常
动态纤维喉镜;
动态钡剂造影;超声,肌电图
食管的神经肌肉功能异常
动态食管造影
食管测压
胃肠学检查
附近结构或支持结构异常
头、颈、胸的 CT 或 MRI 扫描
咽喉科和肺科检查
严重吸入、感觉下降、认知障碍、营养不足
暂时性:插喂养管
慢性:胃造瘘术,空肠造瘘术,胃肠外喂养

引自尚克中编著《吞咽障碍诊疗学》。

第三节　吞咽障碍的治疗

一、吞咽障碍训练的适应人群

吞咽障碍具有一定的风险性，因此要正确评估患者的意识情况和身体的耐受状况。对于吞咽障碍的治疗要建立在患者意识清醒，具有一定理解能力的基础上。对于以下患者不宜进行吞咽能力的训练：

(1) 严重意识障碍者；

(2) 严重理解障碍不能进行基本模仿者；

(3) 反复发生肺炎者；

(4) 年龄大于 80 岁合并其他障碍，如严重营养不良和体质衰弱者；

(5) 咳嗽反射消失的患者也不应急于进行进食训练。

二、吞咽训练

吞咽训练可以分为三个阶段进行：

(一)准备阶段

包括呼吸训练、屏气训练、咳嗽与清嗓训练、头位及体位的调整与保持。患者通过以上训练获得一定的肺部保护功能，同时保持一个安全的进食体位。此外，持续发声的训练可以增强声门闭合的力量，也可以嘱患者多进行。

(二)第二阶段的训练即吞咽的功能训练

包括口腔本体感觉刺激训练、唇的包纳训练、下颌的运动训练、舌的运动训练、空咽训练以及颈部放松训练。

口腔的本体感觉刺激训练可以利用冰刺激进行，也可以采用其他的刺激物如针灸，常用的冰刺激是采用冰棉拭子对黏膜进行接触刺激。

刺激的常用部位有双唇内侧、下唇的唇龈沟、双侧颊部黏膜，口底黏膜(注意刺激舌埠的两侧)、舌的两侧与舌面、双侧舌腭弓、舌体中后份与软腭的游离缘，咽反射迟钝或消失的患者可以刺激颚咽弓、舌根和咽后壁，刺激的同时嘱患者进行自主的空咽动作。

空咽练习指在自我控制下进行的咽部生理性吞咽动作。由于此类方法需要一定的技巧和多次的锻炼，而且会消耗较多的体力，所以一般应在治疗师仔细的指导和密切观察下进行。此方法不宜用于意识或领悟方面有障碍的患者，衰弱的患者或极易疲劳的患者，只能短期使用，一旦恢复生理性吞咽后即应停止训练。空咽练习主要有以下几种：声门上吞咽，上声门上吞咽，强力吞咽和门德尔松动作。

1. 声门上吞咽：在吸气后屏气时（此时声带和气道关闭）作吞咽动作，以后立即作咳嗽动作；亦可在吸气后呼出少量气体，再作屏气和吞咽动作及吞咽后咳嗽。

2. 上声门上吞咽：吸气后屏气，再作加强屏气动作，吞咽后咳出咽部残留物，亦可在吸气后呼出少量气体，再用力作上述动作。此方法通常可使假声带关闭，勺状软骨倾向前方与增厚的会厌基底部会合。

3. 强力吞咽：吞咽时用力紧缩全身肌肉，可在咽期吞咽时增加舌基底部向后的移动，促进会厌溪残留物的清除。

4. 门德尔松动作：吞咽唾液数次，吞咽时注意自己的"喉结"（甲状软骨），说出能否感到该处有某物在作上下移动的感觉。当吞咽后感到喉结上升时，收缩肌肉使其在数秒钟内不下降。此法可增加吞咽时喉提升的幅度并延长提升后保持不降的时间，因而也能增加环咽段开放的宽度和时间，起到治疗的作用。

（三）第三阶段的训练

即食物的吞咽训练，训练时选用的食物要注意黏稠度，易形成食团，避免在口腔内存留过长时间，减轻患者咀嚼的负担。患者进食时要规定一口量，进食后需要2次吞咽，并且在训练完成后的30分钟内进行拍背排痰，避免训练时误吸造成肺炎感染。

训练进食的顺序可以是先用平勺送至患者舌面中后，然后反转勺子将食物置于舌面，压舌后退出勺子，嘱患者吞咽1次，如果喉上提幅度不够，要使用门德尔松手法辅助上提喉部，吞咽完成后要求患者清嗓或咳嗽后再咽1次，完成2次吞咽，以清除在会厌及梨状窝内残留的食物。食物的选择应按照以下顺序：首先是有黏性的半流质食物，如果冻/酸奶；其次是成形的半固态食物，如米粥/面片，然后是易咀嚼的固体食物，如饺子/馄饨；最后是有黏度流质食物，如可口可乐等。肉类和无黏度的液体如温水属于难以咀嚼的食物，难度最大，因此要在明确患者进食能力基本改善后才能指导食用。训练中需要采取患者安全的体位，一般是半坐位头前倾15°～30°为宜。饮水早期应选择经吸管饮水，控制饮水时的一口量。治疗人员在本阶段的训练时还要注意患者的进食时间和体温变化。

三、电刺激治疗

近年来，应用神经肌肉电刺激疗法治疗吞咽障碍受到越来越多临床工作者的关注。认为吞咽时同步电刺激甲状舌骨肌通过减少喉上提改善吞咽困难,同步电刺激具有非侵袭性帮助吞咽困难的优点,有利于恢复正常的吞咽机制和减少鼻饲和胃造瘘术的发生率。

四、球囊扩张术

球囊扩张术是采用机械方法使环状咽肌的张力、收缩性和(或)弹性正常化,解决环状咽肌功能障碍导致的吞咽困难称之为扩张治疗。卒中所致环状咽肌痉挛的治疗首选局部扩张术,多采用球囊。球囊导管目前一般从鼻腔插入,亦可从口腔插入,通过扩张食管上括约肌,使环状咽肌逐渐扩张。该方法危险性很小,但初次进行时应检查导管扩张时患者心功能和植物神经反射等情况。

五、外科治疗

有时对吞咽困难的患者采用气管切开以利于通气与清理气道,但并不提倡使用带气囊的气管插管时经口进食,因为这并不能阻止误吸,反而能促进误吸。对于管饲饮食也有误吸的患者可以采用手术方法,手术目的是减少气管与食管之间相通,从而减少和消除误吸,促进咽部食物的清除。相对保守的保留发音功能的方法有:环咽肌切开术,会厌重塑,部分或全部环状软骨切除,喉部悬吊,喉造口术等。

此外,我国传统医学中的针刺治疗,积累了许多关于治疗吞咽困难的经验,加大挖掘、整理这些资料的力度,结合现代医学理论,通过循证医学手段,对其进行研究、筛选和创新,会对针刺治疗吞咽困难在国内外的推广和应用起到积极的促进作用。

(林　馨)

参考文献

[1] 张庆苏.吞咽障碍评价及治疗流程的初步探讨[J].中国卒中杂志,2007,2(10).

[2] 李其富.脑卒中后吞咽困难治疗的理论研究与实践应用[J].中国临床康复,2006,10(20).

[3] 晋丹丹,张华.卒中性吞咽困难的临床评估方法及治疗进展[J].宁夏医学杂志,2009,31(10).

[4] 李胜利.语言治疗学[M].人民卫生出版社,2008,6.

[5] 尚克中,程英升.吞咽障碍诊疗学[M].人民卫生出版社,2005,10.

思考题

1. 哪些神经肌肉病变会伴发吞咽障碍？
2. 目前吞咽障碍训练有哪些手段？